高速铁路及其四电系统集成

Gaosu Tielu Jiqi Sidian Xitong Jicheng

赵丽平 ◎ 主编

西南交通大学出版社
·成 都·

内容简介

高速铁路系统集成的建设模式为高速铁路核心系统的建设提供了技术、方法、组织等方面的强有力的保障。本书介绍了高速铁路四电系统集成的产生及其必要性，介绍了四电系统的组成和原理，介绍了系统集成的概念、高速铁路的系统集成范围及内容、四电集成的接口管理、四电集成的RAMS分析方法及四电系统集成试验。

图书在版编目（CIP）数据
高速铁路及其四电系统集成 / 赵丽平主编. —成都：西南交通大学出版社，2018.8
ISBN 978-7-5643-6367-3

Ⅰ. ①高… Ⅱ. ①赵… Ⅲ. ①高速铁路－电力系统 Ⅳ. ①U238

中国版本图书馆 CIP 数据核字（2018）第 195284 号

高速铁路及其四电系统集成

赵丽平　主编

责任编辑　黄淑文
封面设计　何东琳设计工作室

出版发行　西南交通大学出版社
（四川省成都市二环路北一段 111 号
西南交通大学创新大厦 21 楼）
邮政编码　610031
发行部电话　028-87600564　028-87600533
官网　http://www.xnjdcbs.com
印刷　四川煤田地质制图印刷厂

成品尺寸　185 mm × 260 mm
印张　17
字数　342 千
版次　2018 年 8 月第 1 版
印次　2018 年 8 月第 1 次
定价　45.00 元
书号　ISBN 978-7-5643-6367-3

课件咨询电话：028-87600533
图书如有印装质量问题　本社负责退换

前 言

京津城际高速铁路的动工，标志着我国高速铁路建设的开始，京津城际四电系统建设采用的系统集成工程总承包的建设模式，也掀开了高速铁路四电系统建设的新篇章。系统集成为我国高速铁路四电系统的建设提供了相应的理论、方法和平台，为大规模的高速铁路建设提供了有效的途径和动力。

高速铁路的电力牵引系统、电力供电系统、通信系统和信号系统，简称为“四电”系统，是实现高速铁路的速度及能力目标值、确保高速铁路安全可靠运行的核心系统。与普速铁路相比，高速铁路四电系统与动车组、土建工程和外部系统的相互影响和衔接更为紧密。四电系统内容一体化、相互整合的进程也呈加快趋势。如何将四电系统及其相关的系统集约在一起，克服短板效应，实现整体最优，满足高速铁路对四电系统的要求，是四电系统首先要解决的问题。高速铁路四电系统集多学科、多领域的先进技术于一体，是一个既相互独立又密切相关且与外部系统有着复杂联系的巨型系统。本书具有较强的理论性和实践指导性，是相关研究人员、工程技术人员和在校学生学习和了解相关内容的重要资料。

全书共分为 7 章。第 1 章介绍高速铁路的发展背景、经济技术特征、四电系统的产生等。第 2 章介绍中国高速铁路技术体系的形成。第 3 章介绍高速动车组的组成原理，讨论中国高速动车组的打造情况。第 4 章介绍高速铁路牵引供电系统的组成和接口技术。第 5 章介绍高速铁路的列车运行控制技术。第 6 章介绍高速铁路的通信技术。第 7 章介绍系统集成的概念、高速铁路的系统集成范围及内容、四电集成的接口管理、四电集成的 RAMS 评估及其集成试验。

本书由赵丽平担任主编。参加本书编写的主要人员及其分工为：张婷婷编写第 1 章和第 2 章；刘明杰编写第 3 章；董昭德编写第 4 章；权伟编写第 5 章；刘丽娜编写第 6 章，陈金强编写第 7 章。全书由赵丽平修改和统稿。

在本书编写过程中，参考和使用了相关文献和资料，同时不少专家提出了宝贵的建议和意见，在此一并表示感谢。

由于作者水平有限，书中难免存在疏漏和不足之处，恳请各位专家、读者批评指正。

编 者

2018 年 5 月

目　录

第 1 章 绪 论

1964 年，世界第一条高速铁路——东海道新干线在日本诞生。新干线刚一问世，就让世人领略了高速铁路高速、安全、节能、环保、运能大的独特魅力。于是，从 20 世纪 70 年代开始，高速铁路的建设热潮先在欧洲掀起。至 2015 年底，日本新干线运营里程约 2616 km，最高运营时速 320 km，正在积极组织试验 360 km/h 高速列车及相关配套技术；法国于 1981 年开通第 1 条高速铁路，至 2015 年底，法国高铁总里程约 1986 km，最高运营速度 320 km/h，并创下了世界轨道交通系统的最高试验速度 574.8 km/h；德国于 1991 年开通第 1 条高速铁路，至 2015 年底，德国高铁总里程约 1000 km，最高运营速度 280 km/h，最高试验速度 406.9 km/h。至 2015 年底，全世界拥有或正在建设高速铁路的国家和地区已达到 29 个。目前世界上已有十余个国家制定了发展建设高速铁路的规划，规划总里程近 2 万千米。

截止到 2017 年底，全球高铁里程 8.7 万千米（含规划），中国高铁 2.5 万千米，占世界高铁运营里程的 66.3%，铁路电气化率、复线率分别居世界第一和第二位。京沪高铁运营速度 350 km/h，为世界高铁运营最高速度。

高速铁路是世界铁路的一项重大技术成就，它集中反映了一个国家铁路线路结构、列车牵引动力、高速运行控制、高速运输组织和经营管理等方面的技术进步，也体现了一个国家的科技和工业水平。

高速是一个相对的概念，也是不断发展变化的。1970 年 5 月日本 71 法令规定“列车在主要区间以 200 km/h 以上速度运行”为高速铁路，1985 年 5 月联合国欧经会规定“客运专线 300 km/h，客货混线 250 km/h”为高速铁路，国际铁路联盟（UIC）规定“新线 250 km/h 以上，既有线改造 200 km/h 以上的铁路”称为高速铁路。

世界铁路速度等级一般划分如下：120 km/h 以下的一般称普速（或常速）；120 ~ 160 km/h 称为中速；160 ~ 200 km/h 称为准高速（或快速）；200 ~ 400 km/h 称为高速；400 km/h 以上称为超高速。

1.1 高速铁路格局的演变

1.1.1 “夕阳产业”论调的终结

1945 年，第二次世界大战结束后，世界各国的经济开始迅速复苏，与人们生活息息相关的交通运输方式也开始孕育一场新的变革。

从 20 世纪 50 年代开始，以美国为代表的汽车工业得到大力发展，高速公路快速修建，走进寻常百姓家的汽车让人们体会到了门到门的便利服务。到 60 年代，大型民航客机出现，飞机以无可争议的速度优势，广受人们青睐。

在生机勃勃的新生交通工具面前，曾经为人类带来 20 世纪文明的铁路，却日益面临“门前冷落鞍马稀”的尴尬处境。的确，在便利性方面，铁路不如公路；在速度方面，铁路又比不过航空。铁路似乎真的走进了垂暮，于是，人们发出了无力的感叹——铁路已是夕阳产业！

然而，日本的高速铁路——新干线的诞生改变了世界铁路的命运。

1964 年 10 月 1 日，世界上第一条全长 515 km、最高速度 210 km/h 的高速铁路（东海道新干线）正式开始商业运行！从此，新干线（Shinkansen）成为英语的专有名词，也成为日本高速铁路的代名词。图 1-1 所示为新干线运行的 0 系动车组。

新干线开通后，很快便以高速、正点、安全、大运量、全天候的独特优势，受到日本国民的广泛欢迎。新干线以它在技术和经营上的成功，对“铁路运输已是夕阳产业”的悲观论调给予了最明确的否定！这一壮举极大地振奋了世界铁路界人士对铁路运输的信心，人们开始重新认识铁路交通尤其是高速铁路的价值，从而引发了继新干线之后的英、德、法等欧洲国家建设高速铁路的热潮，从此拉开了欧洲和日本高铁竞争的序幕……

图 1-1　世界高速列车元老 0 系动车组

1.1.2　日本新干线一枝独秀（1964—1980 年）

“一举成名天下知”，新干线诞生后，只要人们谈论到高速铁路，就绕不开新干线这个话题。新干线使日本一跃成为世界铁路技术强国，日本也凭此奠定了在世界铁路界无可争辩的先驱者地位。

新干线开通后，英、法、德、美、苏联等国很快做出反应，开始着手研发自己的高速列车。当时，欧美等国的列车最高运行速度为 160 km/h。1965 年 6 月，距离新干线开通后不到一年，原联邦德国在慕尼黑召开国际运输展览会期间，每天开行 200 km/h 的 E03 型电力机车牵引的列车，主要运送参加博览会的客人。1967 年 5 月，法国的 CC-6500 型高速电力机车牵引的列车，在线路条件好、长约 80 km 的既有线区间也实现了 200 km/h 运行。

紧随新干线之后，真正下大力气研发高速列车的是英国、美国和苏联。

最早成功的是 1976 年由英国人开发的 HST（High Speed Train）动车组，如图 1-2 所示。HST 动车组为 2M7T 的 9 辆编组，列车前、后各配置一辆功率为 1680 kW 的电传动内燃机车。在列车的前、后各配置一辆机车，这样列车在终点站就省去了调换车头的麻烦，后来法、德等国的动力集中方式的高速动车组也都采用了这一机车配置方式。从 1976 年 10 月 4 日起，HST 的 IC125 型列车在英国东海岸线既有线上开始了 200 km/h 商业运行的生涯，并在商业上获得了巨大成功。

图 1-2 大获成功的英国 HST 动车组

追随新干线的失败者主要有两种失败方式。

一种是设计目标过高，因采用新技术带来的可靠性无法得到保证，其代表是由英国研发的 APT （Advanced Passenger Train）动车组。APT 动车组采用了大量当时的新技术，如用燃气涡轮机作为动力装置、为提高曲线通过速度的油压控制的车体倾斜技术、流体动力制动装置等，同时它的最高运行速度定为 250 km/h，比当时新干线的最高速度要高 40 km/h。由于 APT 列车的设计目标过高，未经验证的技术太多，所以虽然数次尝试正式商业运营，但都因列车故障频发，最终以失败告终。

另外一种是前期技术储备不够，直接仿造动力分散方式的新干线列车而导致的失败，其代表是美国和苏联。在 20 世纪 60 年代，美、苏是当时世界的两个超级大国，在科技的诸多领域都处于世界的最前沿，然而，在高速铁路技术领域却属于二流水准的国家。美、苏两国模仿新干线列车，制造了本国的动力分散式高速列车并投入商业运行。然而，由于两国自身在高速铁路技术方面几乎没有积累，复制的新干线高速列车故障频发，加之轨道损坏过大，最终导致不得已而取消高速列车的商业运行。

从上面的介绍来看，德、法、英三国似乎都圆了 200 km/h 高速运行的梦。然而，如果让他们对外宣称本国已经拥有高速铁路，终究有些底气不足。原因在于：联邦德国在国际运输展览会期间的 200 km/h 运行昙花一现，只能算是展览会期间的一道亮丽风景线；而法国和英国还没有脱离既有线上提速的范畴。

要想在高速铁路领域和新干线平分秋色甚至超越新干线，需要像新干线一样建一条高规格的高速新线。欧洲诸强中，法国人最先抛出建设高速新线的构想。当然，法国人准备建设高速新线，绝非单纯的意气用事或只是为了和新干线竞争，拯救国内日渐式微的铁路运输才是它的最终目的。

1965 年年底，也就是新干线开通的第二年，法国国营铁路公司（SNCF，以下简称法国国铁）开始拟定法国高速铁路的构想，并把这个计划定名为“TGV”（“超高速铁路”的法文缩写）；1966 年，法国国铁新设立了主要研究高速铁路技术的研究局；1967 年 7 月 10 日，TGV 计划正式开始启动；1968 年 6 月，在维也纳召开的关于铁路高速化的国际研讨会上，法国国铁对外宣称：法国将要建设巴黎至里昂约 500 km 长的 TGV 高速铁路。

不过，高速铁路的修建以及相关技术的研发毕竟需要时日，在 1980 年前，世界上只有日本才有高速铁路，新干线没有一个真正的竞争对手，这是属于日本新干线的时代。

1.1.3 欧洲的反超（1981—1991 年）

1. 法国的 TGV 列车

1981 年 9 月 27 日，一列前后各一辆电力机车、中间 8 辆客车构成的列车，从巴黎向里昂方向飞驰而去，它就是 TGV—PSE。它的车头形状就像欧洲人的脸庞一样轮廓分明，最高运行速度达 260 km/h。

这就是法国人的 TGV！

东海道新干线把日本最大的两座城市（东京和大阪）连接在一起。与此相同，法国的高速新线东南线，也连接了法国最大的两座城市（巴黎和里昂）。这一天，虽然还只是东南线的部分区间开通，但仅是 260 km/h 的速度，就足够让人感受到法国人制造的 TGV“舍我其谁”的不凡气势！

在高速运行方面，朝气蓬勃的 TGV 一开始就远远地把新干线甩在了后面。不过，TGV 列车的高速运行表演还没有结束。两年后，当东南线全线开通时，TGV

—PSE 列车的最高速度更上一层楼，提高到了 270 km/h！而此时新干线的最高速度依旧在 220 km/h 徘徊不前。

TGV 的优势不仅仅是速度。TGV 和新干线是两条形神迥异的高速铁路，二者主要不同点如表 1-1 所示。虽然 TGV 比新干线晚出现 17 年，但从 TGV 上几乎看不到新干线的影子。

表 1-1　TGV 开通时和新干线的主要不同点

比较项目		新干线	TGV
车辆	动力方式	动力分散	动力集中
	受电弓数量	多	少
	转向架	独立式	铰接式
	车体尺寸	大	小
线路	最大坡道值	小（15‰）	大（35‰）
	隧道	多	无
	列车利用既有线进入城市中心	不可（需建设新线）	可
运输组织	既有线的直通	不可	可
	列车编组	固定	不固定（可两个编组联挂运行）
	票价	固定	可变
	列车运行班次	固定	根据需要临时增发列车

TGV 和新干线有那么多的不同之处，实是事出有因。法国针对新干线的缺点提出了如表 1-2 所示的应对之策。当然，表 1-2 所示新干线的缺点，仅限于法国在 TGV 开通前对当时新干线技术的认识，因为后来欧洲和日本在技术上互相借鉴，TGV 和新干线的技术都有了新的发展。

表 1-2　法国人分析的新干线缺点及其相应的改善方法

新干线的缺点	缺点产生的原因	TGV 的改善方法	对后来日本新干线的影响
受电弓受流不良、接触线事故多发、电磁干扰多发	受电弓数量过多	在高速运行区间只使用 1 台受电弓	受电弓数量逐渐减少，最后形成日本独有的 2 台受电弓受流方式
运输力调整欠弹性	固定编组、固定列车运行图、固定票价制	2 个编组联挂运行、临时增发列车、变动票价制	东北、上越、山阳采用多种编组区分使用的方法，东北新干线引入临时列车增发运输繁忙期和闲散期票价不同
和既有线必须换乘	无法和既有线直通运行	和既有线直通	导入山形新干线方式，现在研发可实现不同轨距直通的技术来应对
维护管理费用过高，车内乘坐舒适度欠佳	动力分散方式	动力集中方式，采用铰接式转向架	日、欧见解不一致的地方很多

续表

新干线的缺点	缺点产生的原因	TGV 的改善方法	对后来日本新干线的影响
造价昂贵	小坡道、隧道多、桥梁多、无碴轨道、都市中心部建设新线	大坡道、不要隧道、筑堤、有碴轨道、利用都市中心部既有线直通	北陆新干线采用 30‰的大坡道，后来开通的 TGV 线路有些区间也有隧道，根据地质不同采用不同工法 同上 日本难以实现

针对新干线的缺点，TGV 的相应改善办法如下。

1）降低高速铁路造价

东海道和山阳新干线这两条线路总工程费分别是 3800 亿日元和 9100 亿日元，考虑物价上涨因素再折合成人民币，东海道新干线和山阳新干线平均每千米的建设费约为 4 亿人民币。法国人认为这个造价太高了！高速铁路的建设费用主要是在土木工程上，所以节省这部分费用对降低高速铁路造价至关重要。乘坐东海道新干线或山阳新干线，不管是否留意过沿途线路，都会给人留下这样的印象：没有太多的陡坡（最大坡道 15‰），隧道多、桥梁多，列车在东京都市区内虽然放慢速度运行，但依然是在新干线的专用线路上运行。在法国人看来，坡道小、隧道多、桥梁多、城市中的新线建设等，这些都是造成新干线高价的直接原因。

法国人要尽量克服新干线建设中的这些不足。

东南线地处丘陵地带，它的陡坡多（最大坡度值为 35‰），沿途没有一个隧道，可以建桥梁的地方一般都用路堤代替，城市中心没有高速新线，由于法国既有线和高速新线的轨距相同，TGV 列车直接利用既有线路进入城市中心……这些努力，都是为了尽量降低 TGV 的造价。

除了土木工程外，法国人还认为动力分散式的新干线的机器数量太多，初期投资和维护保养费用都较大，所以 TGV 采用法国人擅长的动力集中方式。不过，到底是动力集中好还是动力分散好，不能一概而论，应该从各国的技术积累、线路条件等诸多方面综合考虑决定。从结果看，法国和日本都选择了适合各自国情的动力方式。

2）改善运输组织的灵活性

只要在中国乘坐过远距离火车的人，想必都有过买不到票或者买不到卧铺票的担心。万一不幸没买到车票，大家都希望列车能临时加挂车厢或者能增加一个班次的列车。

虽然法、日等国的铁路运输不像中国这么紧张，但在节假日或遇到团队旅游等情况时，仍会出现运力不足的问题。法国人发现东海道和山阳新干线在运输组织方面欠缺灵活性：列车编组是固定的；票价也是固定的；出现求大于供的时候不能临时增发加班列车等。针对新干线的这些问题，法国人采取了一系列解决办法。TGV列车的编组是不固定的，如果乘客过多，一个编组的列车不能满足运输要求，可以使两个编组的列车联挂运行。万一联挂运行还不能满足运输要求的话，根据情况可以临时增发时刻表上没有的列车。临时列车和计划列车的发车时间间隔一般不过5 min。由于TGV多采用临时列车在计划列车之前发出，所以乘坐临时列车的乘客不会出现晚到目的地或者途中赶不上换乘列车的问题。此外，为了使客流量的分布更加均匀，和新干线的固定票价制不同，TGV 采用客流高峰时间段票价高于客流量少时的票价制。

3）减少换乘麻烦

新干线与既有线无论轨距、车辆尺寸还是信号等都“格格不入”，所以新干线在整个铁路网中显得相当孤立，无法和既有线直通，这就给很多乘客带来既有线和新干线之间必须换车的麻烦。更糟糕的是，乘客还无法在同一个站台上换乘，必须得先出了新干线的检票口，再去乘坐既有线列车。

换乘，对于拿着行李的长途旅客来说，费力、费时又费事！

法国人意识到新干线的这种弱点后，充分利用自己的高速新线和既有线轨距相同的特点，采取高速线和既有线直通的运行原则，这样就大大扩大了TGV列车的运行范围，从而使TGV列车利用既有线到达更多的边远城市，使前往这些城市的乘客省去了换承的麻烦。不过要说明的是，TGV 列车下高速线进入既有线后，得按照既有线许可的速度运行。

4）改善受电弓受流状况

日本0系新干线列车和TGV-PSE列车在运行中使用的受电弓台数之比为8∶1，即1辆列车8台受电弓。这实在是太多了！这不单纯只是一个经济问题，它带来的是严重的受电安全和质量问题。高速运行中的受电弓会让接触线发生振动，因前面的受电弓引起的振动会直接影响后面的受电弓和接触网的接触，受电弓的台数越多，这种现象也就越明显。所以，0系列车设置8台受电弓，无论从受电特性、经济性还是景观的角度讲，都是不合理的。TGV 注意到0系列车这个设计上的重大缺陷，运行中只使用后面的电力机车的一台受电弓受电。要说明的是，日本后来吸收了TGV列车受电弓少的这一长处，100系列车的受电弓减为3台，300系以后变为只使用2台受电弓。

5）提高乘坐舒适度

法国人认为，动力分散方式列车把机器分散在各车辆地板下，机器的振动和噪声影响乘坐舒适度，而动力集中方式恰好没有此缺点。所以，TGV 采用动力集中方式。当然，动力集中和动力分散的优劣，绝非一个技术指标就可以评定。动力集中方式的确有乘坐舒适度优于动力分散的优点，但可以肯定地讲，这个优点不是TGV 选择动力集中方式的根本理由。更合理的解释是，法国人选用了自己所擅长也有扎实的技术基础的动力集中方式，客观上这种方式具有乘坐舒适度好的优点。

在改善乘坐舒适度方面，TGV 的另一个重大技术举措是，不用新干线的独立式转向架，而选用铰接式转向架，如图 1-3 所示。铰接式转向架的主要优点在于：一是可以降低车辆地板高度达到降低车辆重心的目的，从而提高列车曲线通过能力，改善乘坐舒适度；二是转向架不在客室的正下方，可以降低车内噪声；三是和采用车辆式转向架相比，列车使用转向架的数量可以减少，达到列车轻量化的目的。当然，铰接式转向架也有使轴重增加、车辆之间不易分离等缺点。

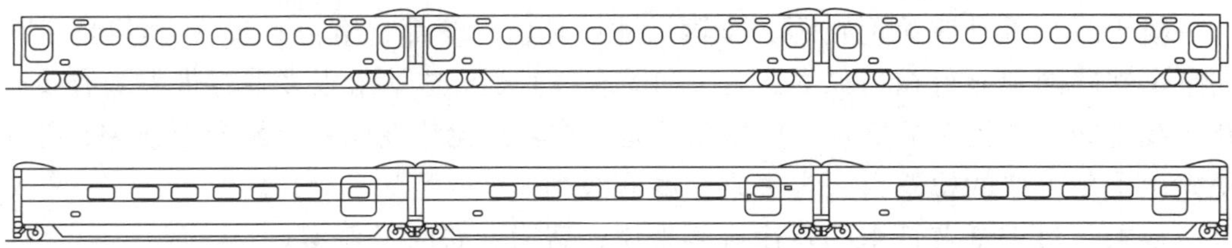

图 1-3　独立式转向架（上）和铰接式转向架（下）

总之，TGV 的成功使新干线相形见绌。作为高速铁路的先驱，新干线落后了！

1989 年 9 月 24 日，法国大西洋线的巴黎—勒芒区间 207 km 的线路开通，第二年线路延伸至图尔，线路长度达到 280 km。在大西洋线投入运行的是法国第二代高速列车 TGV-A，如图 1-4 所示，其最高运行速度达到 300 km/h！世界上法国人首先尝到了列车以最高速度 300 km/h 商业运行的滋味。1990 年 5 月 18 日，TGV-A 在大西洋线上的试验速度达到 515.3 km/h，创下了当时的世界纪录。

图 1-4　世界上首开 300 km/h 高速运行先河的 TGV-A 列车

2. 德国的 ICE 列车

1981 年法国 TGV 开通的时候，德国还在进行高速铁路的建设和研究。

日本早就有了新干线，邻国法国的 TGV 又如耀眼的新星迅速升起，此时德国人内心的酸涩是可想而知的。TGV 的成功开通，给此前在高速铁路建设上犹疑不决的德国政府泼了一盆冷水，清醒后的德国立即加快了高速铁路建设的步伐！

从 TGV 开通后的第二年起，德国的高速列车研制和高速新线建设的步伐明显加快。1982 年高速试验列车的研制工作展开，1985 年 7 月动力集中方式的 ICE（Inter City Express）试验列车研制成功，这一年也正值德国铁路创建 150 周年。1988 年 4 月 28 日，ICE 首次突破了人类铁道史上 400 km/h 速度大关，2 天后的 5 月 1 日，406.9 km/h 的新世界纪录，让人们从此无法无视德国高速铁路技术的存在。不过，ICE 享受世界第一速度的荣耀并不长久，半年后，实力强劲的法国 TGV 就以 482.4 km/h 的速度跃居速度榜榜首。

1991 年 6 月 2 日，全长 327 km 的汉诺威—维尔茨堡线和 107 km（其中新线 99 km）的曼海姆—斯图加特线终于全线开通，最高速度 280 km/h 的 ICE1 型列车（见图 1-5）闪亮登场，世人开始关注这个本该早到却迟来的竞争者——ICE。

图 1-5 德国 ICE1 列车

与日本人和法国人的高速铁路之路相比，德国人走得显然没有那么顺当。作为高速铁路的前辈，日本可以以高速铁路的鼻祖自居，法国的 TGV 已经成为世界新霸主。高速铁路领域已被日、法占先了，在高速运行方面，当时 ICE 不如 TGV 但优于新干线。ICE 靠什么作为自己的“卖点”呢？通过对日、法高速列车的研究，德国人决定给乘客提供比新干线和 TGV 列车更加宽敞、舒适的乘车环境。

ICE1 型列车和 TGV 列车一样属动力集中方式，列车前后各配置一辆动力车，根据客流量需要中间可附挂 7 ~ 14 节拖车，按照空气动力学设计的车头外形美观，空气阻力小。ICE1 的最高速度达 280 km/h，这个速度比当时的新干线高出 60 km/h，但比 TGV-A 要低 20 km/h。

速度不是 ICE1 列车的卖点，但在乘坐环境方面，ICE1 列车是高速列车中当之无愧的佼佼者。中间拖车 14 辆的 ICE1 的乘客平均占有地板面积为 1.32 m^2/人，这个数字是 200 系的 1.4 倍（0.933 m^2/人）和 TGV-A 的 1.26 倍（1.041 m^2/人）。ICE1 列车不仅宽敞，而且车内装潢设计美观、明亮、大方。ICE1 列车分头等客车、二等客车和餐车。如果你和家人或者朋友结伴出行，既可以利用敞开式客室，要是想不受他人影响的话，也可以利用头等客车或二等客车的 5 人或 6 人包间式客室；如果是出差，你还可以和同事在带有会议桌的包间里开会。在这里，工作所需的复印机、传真机、电话等设备一应俱全；此外，ICE1 上还设有堪称一流的餐车。总之，ICE1 列车就像一座移动的高级宾馆。

ICE 重视乘坐环境的设计思想，对偏重于大量运输的新干线列车设计也有积极的影响。后来的 700 系列车在保证列车高速的同时，也开始注重为乘客提供更加宽敞、舒适的乘车环境。

然而，有得必有失，ICE1 在提供高规格的乘车环境的同时，也付出了列车重量增大的代价。日、法、德三国的高速列车中，ICE1 的轴重最大，达到 19 t，这个数字比 100 系新干线列车重 3 t，比 TGV 重 2 t。后来，这个 19 t 的轴重为德国带来了很多意想不到的烦恼。

从 1981 年到 1991 年，法国 TGV 开通了，德国 ICE 也开通了，意大利的高速客运专线建设也接近尾声，欧洲高速铁路界显得热闹而富有朝气。相比之下，远在亚洲的日本新干线则充满了沉闷之气。

1982 年，日本东北和上越两条新干线开通。由于这两条线路地处严寒多雪地区，日本国铁为这两条线路量身定制的 200 系动车组开始登场。200 系动车组比 TGV-PSE 动车组晚一年问世，且不说 210 km/h 的最高速度无法和 TGV-PSE 的 260 km/h 相提并论，而且因为增设了防雪装置，动力分散方式的 200 系的轴重居然也变得和动力集中方式的 TGV-PSE 相等，都是 17 t。日本一直强调的动力分散式列车轴重轻的优点，在 200 系身上也荡然无存！

有意无意之间，200 系的出现，越加凸显了 TGV 的绝对优势。

1985 年 10 月 1 日，东海道新干线上的 0 系动车组终于迎来了一位新伙伴——100 系动车组，此前，0 系动车组孤身在东海道新干线上跑了整整 21 年！遗憾的是，100 系的最高速度只有 230 km/h，在技术上除了导入双层车还算引人注目外，其他并没有令人耳目一新的突破。

眼看欧洲超越了自己，这一时期，看不出日本有向欧洲发起强烈挑战的欲望。日本选择了沉默……

1.1.4 日欧双雄并行（1992 年至今）

从 1992 年开始，世界高速铁路发展进入了一个全新的时期：新干线重新崛起，法国 TGV 走向世界，德国成功开发了动力分散式高速列车 ICE3，意大利、瑞典高速摆式列车的运行，亚洲的韩国和中国台湾的高速铁路……进入这个时期，世界上的高速铁路新闻让人目不暇接。日欧之间在继续竞争的同时，也彼此借鉴对方的长处，从而使世界高速铁路技术发展到一个前所未有的高度。这个时期，日欧各自都没有明显的绝对优势，出现了日欧双雄并行的局面。

1987 年，日本国铁解散，实现民营化。负责经营新干线的 JR 东海、JR 西日本、JR 东日本加大了高速铁路研发的力度，开始努力挽回新干线在日欧竞争中的颓势。

新干线卷土重来了！

1992 年 3 月 14 日，300 系“希望”号新干线动车组（见图 1-6）向 TGV、ICE 发起挑战。

图 1-6 开一代新风的 300 系动车组

如果只看最高运行速度，300 系列车依然不能和法国的 TGV 和 ICE 抗衡。因为法国早在 3 年前，在大西洋线上投入运行的 TGV-A 列车的最高速度就已经达到了 300 km/h，而前一年刚投入运行的 ICE1 列车的最高速度是 280 km/h。300 系之所以会对 TGV、ICE 形成一种挑战，是因为动力分散式列车的优点在它身上真正显示出来了。

首先 300 系动车组的轻量化技术取得了骄人的成绩。TGV-PSE 和 TGV-A 动车组的轴重为 17 t，而 300 系动车组的轴重只有 11.3 t！ICE1 的轴重达到 19 t，更是无法和 300 系相提并论。如果只介绍轴重你还很难想象两者在列车轻量化方面的差距的话，那就来比较一下两者可供乘客利用的单位面积地板的重量吧。比较的结果是 TGV-PSE 和 TGV-A 分别为 1.041 t/m^2 和 0.937 t/m^2，而 300 系为 0.584 t/m^2——只相当于 TGV-PSE 和 TGV-A 的 56%和 62%！

其次，动力分散方式常为动力集中论者所诟病的一个明显弱点是机器数量太多，机器的维护保养费事费钱。在直流传动的时代，动力分散方式的这个缺点的确比较明显。然而，随着电力电子技术的发展，300 系动车组采用交流传动技术后，电传动系统的维护保养工作大大减少。

同时，300 系动车组采用再生制动技术，使分散在各车厢下部的牵引电机在列车制动时可作为制动装置使用，再生制动不但对于系统的节能发挥了作用，更为重要的是，再生制动成为列车制动的主体后，大大减小了机械制动装置的负担。具体地讲，新干线列车在正常制动时，列车一般在 30 km/h 以上使用再生制动，30 km/h 以下才切换成机械制动。而动力集中方式的列车，各拖车的制动力得靠机械制动装置来承担，所以机械制动装置的维护保养工作量很大。

还有一点也应该提及，法国人在研发 TGV 列车之前就指出的新干线列车受电弓多的缺点，日本认真吸收了对方的意见，300 系动车组只使用 2 台受电弓。

日本成功开发 300 系动车组后，其前进的步伐并没有停止，日本没有忘记在最高运行速度方面，新干线还落后于法国和德国的事实。1997 年 3 月，由 JR 西日本公司开发的 500 系动车组的最高速度达到 300 km/h，新干线动车组的速度在落后 TGV 列车 16 年后，终于和对手打成平手。

在旅行速度和平均速度方面，500 系动车组还超过了 TGV 动车组。可能是日本极欲在最高运行速度方面达到甚至超过欧洲，所以 500 系动车组为 16M 的全动车方式，列车的造价高是可想而知的。同时，由于太过追求速度，列车的断面积小，乘客的乘坐舒适度受到影响。

基于这两个原因，由 JR 东海和 JR 西日本联手开发的 700 系动车组于 1999 年 3 月投入运行。12M4T 的 700 系列车充分吸收了 300 系动车组和 500 系动车组的优点，它集速度、经济性和乘坐舒适度于一身，代表了日本高速列车研制的最高水平。中国台湾引进的日本高速列车就是以 700 系动车组为基准的。

从 1992 年到现在，新干线引人注目的“举动”还有：世界上第一列全部双层客车的 E1 系“MAX”号问世；新干线和既有线直通运行；部分线路区间采用数字 ATC 信号系统；新干线走出国门，在我国台湾高速铁路建设国际招标中中标；车体可倾斜式 N700 系动车组于 2007 年投入运营；研发了速度为 360 km/h 的新一代新干线超高速动车组，等等。

这一时期，欧洲的高速铁路表现得同样活跃。

法国人不只是要让 TGV（见图 1-7）活跃在国内，他们还要让 TGV 走向世界。这个梦想，在 1992 年便实现了，TGV 首先到了西班牙。

这一年恰逢 300 系新干线动车组开通。好像是故意要和日本拉开距离，当日本在高速列车技术上向法、德重新发起挑战的时候，TGV 却已经走出了国门。法国是世界上第一个向海外输出高速列车技术的国家。1992 年 4 月，西班牙的马德里—塞维利亚长约 471 km 的高速新线开通。在这条线路上运行的 AVE（Alta Velocidad

Espanola）型高速列车，是通过技术转让从法国购置引进的，是在 TGV-A 型高速列车的基础上设计制造的。AVE 列车为 2L8T 的 10 辆编组，列车最高速度 300 km/h。

图 1-7 TGV 列车

1993 年 8 月 20 日，在韩国的首尔——釜山高速铁路的高速列车竞标中，法、德、日三国经过激烈争夺，最终法国胜出。韩国决定引进 46 列法国的 TGV-R 型高速列车（见图 1-7）。TGV 已经走出欧洲，实现了进军亚洲的梦想。

1994 年 11 月，从法国/巴黎出发，穿过英吉利海峡海底隧道，然后到达英国/伦敦的高速铁路开通。被命名为“Eurostar（欧洲之星）”的高速列车飞驰在该线路上，“Eurostar”仍是根据 TGV 的技术研制而成的。

1996 年 6 月 2 日，同样根据 TGV 列车技术研制的高速动车组“Thalys”，在法国/巴黎—比利时/布鲁塞尔—荷兰/阿姆斯特丹之间运行。1997 年 12 月 10 日，“Thalys”的足迹又延伸到德国的科隆。

在 TGV 走向世界的同时，法国国内的高速铁路建设同样令人瞩目。1993 年 5 月 23 日，北方线开通；2001 年 6 月 10 日，地中海线开通。在高速列车技术方面，对应 3 种不同供电方式（交流 25 kV/50 Hz，直流 1500 V 和 3000 V）的 TGV-R 列车、1996 年投入运行的 TGV-Duplex 双层列车、为了将来实现东部线 350 km/h 运行而研制的 AGV 型动力分散式列车等都取得了巨大成功。

1991 年 ICE1 列车投入运行后，第二年，德国开始研制第二代高速动车组 ICE2。ICE2 动车组的长度只有 ICE1 的一半，它在技术上没有什么新的突破，基本技术参数和 ICE1 完全相同。说得简单一些，把 ICE1 动车组从中间一分为二，就基本上变成了 2 列 ICE2 动车组。由于 ICE2 只有 1 辆电力机车，为了在终点站不用换车头就能够双向运行，所以在列车另一端的先头车辆也设有驾驶台。德国之所以要专门研制这样的短动车组，是因为 ICE1 是用作干线运输的动车组，如果 ICE1 动车组到支线上直通运行，则显得运力过剩。而 ICE2 动车组可联挂运行，这样就可以根据运输量的要求，让动车组单独或联挂运行。

德国的 ICE1 和 ICE2 在乘坐环境方面都堪称一流，但这两种动车组 19 t 的轴重却给德国带来了烦恼。原因在于，按照欧洲的铁路运输规范，国际直通列车的轴重必须限制在 17 t 以下，而 ICE1 和 ICE2 都因轴重太大，无法像 TGV 那样走出国门实现国际直通运行。眼见法国的 TGV 已经走出了国门，无奈之下，德国人决定研发动力分散方式的高速动车组 ICE3（见图 1-8），以达到减轻轴重的目的。德国决定研发动力分散方式列车的另一个原因是，1995 年已经开始动工修建的科隆—法兰克福高速新线的最大坡度为 40‰，要求最高运行速度是 300 km/h，而原有的 ICE1 和 ICE2 不能满足这条新线的运输要求。ICE3 型动力分散方式列车就是在这种背景下诞生的。ICE3，也因此开了欧洲动力分散方式高速动车组的先河。

图 1-8　德国的动力分散方式高速列车 ICE3

ICE3 于 2000 年投入商业运行，列车为 4M4T 的 8 辆编组。性能上，ICE3 的最高运行速度可达 330 km/h，实际商业运行速度为 300 km/h。

1.1.5　今后：亚欧时代

与欧洲国家相比，亚洲国家人口众多，人口密度大，加以日渐凸显的全球能源与环保问题，按理，亚洲国家更应该大力发展高速铁路。然而，整个 20 世纪，日本与欧洲几乎占尽了世界高速铁路的所有风光。

时光进入 21 世纪，日欧的高速铁路建设步伐明显放缓，与此形成鲜明对比的是，亚洲的高速铁路建设却显得生机勃勃。

2005 年，韩国首尔—釜山高速铁路开通，该线路全长 426 km，高速动车组 KTX 的最高运行速度达 300 km/h。

2006 年，中国台湾全长 345 km 的台北—高雄高速铁路投入运营，从日本引进的高速动车组 T700 的最高运行速度为 300 km/h。

2007 年 4 月 18 日，中国铁路实施第六次大面积提速。这次提速，中国推出三种时速 200 km 及以上的高速动车组 CRH，时速 200 km 及以上线路里程一次达到 6003 km，其中时速 250 km 的线路长度达到 846 km。

2008 年 7 月，在举世瞩目的北京奥运会召开之前，时速 300 km 的北京—天津高速客运专线开通；2011 年投资规模最大、技术含量最高的京沪高速铁路开通；中国多条高速客运专线也正在如火如荼地建设；中国将在 2020 年前建成世界最大的高速铁路网……

世界关注高速铁路界的目光开始聚焦亚洲！世界高速铁路格局在经历了日本时代、欧洲时代、欧日时代之后，可以预言，今后将进入——亚欧时代！

1.2 世界高速铁路路网

1. 日本新干线高速铁路网

日本 1964 年建成世界上第一条高速铁路——东海道新干线，运营速度 210 km/h，将东京至大阪的旅行时间缩短了一半。这条专门用于客运的电气化、标准轨距双线铁路，代表了当时世界高速铁路的最高技术水平。

东海道新干线投运后，以其安全、快速、准时、舒适、运输能力大、环境污染轻、节省能源和土地资源等优越性博得了政府和公众的支持及欢迎，使一度被贬为“夕阳产业”的铁路显示出强大生命力。

1971 年日本国会审议并通过了《全国铁道新干线建设法》，掀起了高速铁路建设的浪潮。1975 年山阳新干线通车运营，最高时速 270 km；1985 年东北新干线通车运营，最高时速 240 km；1982 年上越新干线通车运营，最高时速 240 km；1997 年长野新干线通车运营，最高时速 260 km。至 2015 年，日本已形成新干线网络，是世界上修建高速铁路最多的国家之一。图 1-9 为日本新干线分布示意图。

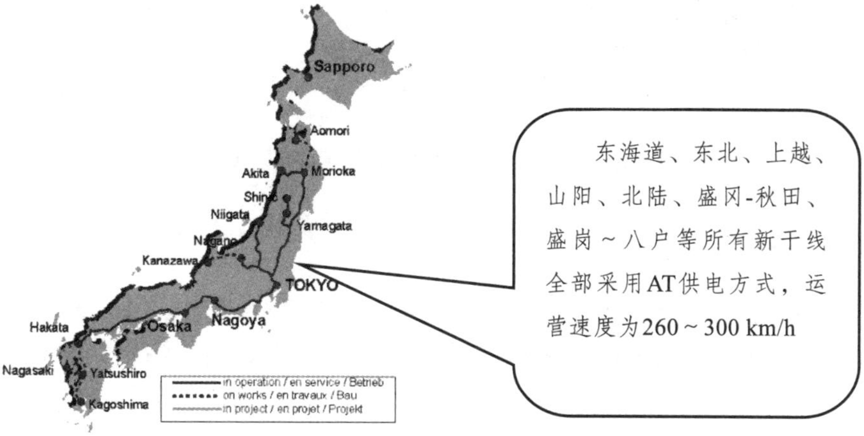

图 1-9 日本新干线分布示意图

2. 法国以巴黎为中心的高速铁路网

1971 年法国政府批准修建巴黎—里昂 TGV 东南线（全长 417 km，其中新建线 389 km），1976 年 10 月正式开工，1983 年 9 月全线建成通车。TGV 高速列车最高运行时速 270 km，巴黎至里昂的旅行时间由原来的 3 h 50 min 缩短到 2 h，客运量迅速增长，预期的经济效益良好。TGV 东南线的成功运营，证明高速铁路是一种具有竞争力的现代交通工具。

1989 年和 1990 年，法国建成了巴黎—勒芒以及巴黎—图尔的大西洋线，最高时速达到 300 km。1993 年，法国第三条高速铁路 TGV 北方线开通运营，由巴黎经里尔，穿过英吉利海峡隧道通往伦敦，并与欧洲北部比利时布鲁塞尔、德国科隆、荷兰阿姆斯特丹相连，是一条重要的国际通道。

根据规划，法国在 21 世纪的头 10 年内，把东南线延伸至马赛，还要修建通向意大利和西班牙的南部欧洲线以及巴黎至德国斯特拉斯堡的东部欧洲线。图 1-10 为法国高速铁路分布示意图。

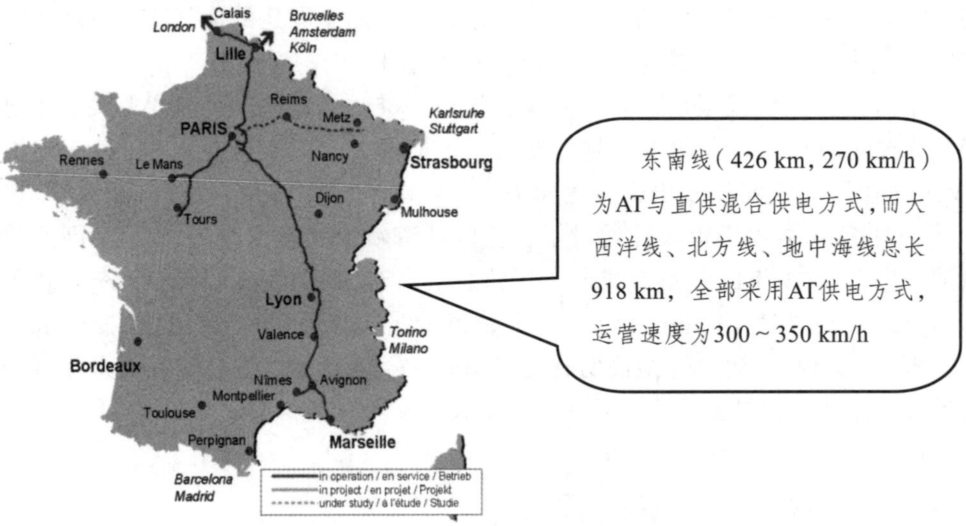

图 1-10　法国高速铁路分布示意图

3. 德国高速铁路网

德国高速铁路技术储备不亚于法国，1988 年高速铁路行车试验速度突破 400 km/h 大关，达到 406.9 km/h。德国因高速公路较完善，所以高速铁路到 20 世纪 90 年代初才开始修建，其建设目标是：扩大货运能力，改善运输质量，消除运输瓶颈区间。

德国高速铁路网由改造的旧线和新建高速线混合而成。1991 年建成曼海姆—斯图加特线，1992 年建成汉诺威—维尔茨堡线。高速铁路上开行 ICE 城际高速列车，时速 250 km。1993 年以来，ICE 高速列车进入柏林，把德国首都纳入 ICE 高速运输系统。ICE 穿过德国与瑞士边界，实现了苏黎世—法兰克福等线路的国际直通运输。目前，德国正在新修柏林—汉诺威、科隆—法兰克福两条高速铁路。图 1-11 为德国高速铁路分布示意图。

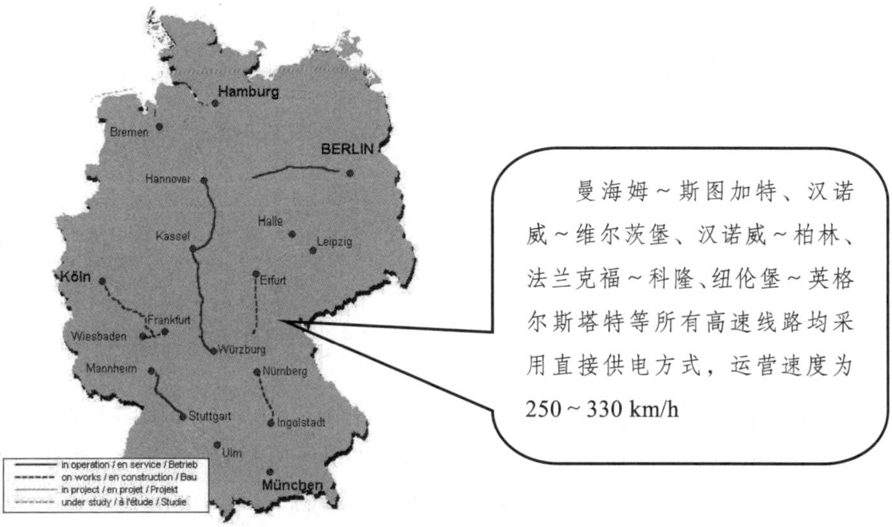

图 1-11　德国高速铁路分布示意图

4. 西班牙高速铁路网

1992 年 4 月，西班牙在巴塞罗那奥运会前夕开通了马德里—塞维利亚高速铁路，赶上了世界高速铁路运输的发展步伐。西班牙高速列车简称 AVE，采用法国技术，最高时速达 300 km。

1994 年西班牙政府决定修建第二条准轨高速铁路：马德里—巴塞罗那—法国边境线，全长 760 km，可客货混运。2009 年 1 月西班牙政府公布了高速铁路 10 年建设规划，将修建成总里程达 9000 km 的全国高速铁路网。

1.3　中国高速铁路的起源和发展

中国自 1995 年开始尝试高速铁路建设，在“创新”的旗帜下开拓进取、与时俱进；自 2004 年拉开中国高铁大建设的序幕，通过“引进、消化、吸收、再创新”

的创新发展模式，极大推动了高速铁路技术的发展。

2004 年，中国完成了高速动车组技术与生产工艺的“引进”工作；2007 年，铁路第六次大提速后，中国干线铁路时速达到 200 ~ 250 km；2008 年 2 月 26 日，铁道部和科技部签署共同研发 380 km/h 复兴号列车计划；2008 年 8 月 1 日，京津城际铁路运营通车，运营速度 300 ~ 350 km/h；2009 年 12 月 26 日，世界上一次建成里程最长、工程类型最复杂的京港高铁武广段开通运营，运营速度 300 ~ 350 km/h。京广高铁全长 2298 km，是全球运营里程最长的高铁；2010 年 2 月 6 日，世界首条修建在湿陷性黄土地区、连接中国中部和西部的郑西高铁开通运营，运营速度 300 ~ 350 km/h；2010 年 12 月 3 日，CRH380A 在京沪先导试验段创造了 486.1 km/h 的世界铁路运营试验最高速；2011 年 6 月 30 日，京沪高铁开通，运营速度 300 ~ 350 km/h；2012 年 12 月 1 日，世界上第一条高寒地区高铁—哈大高铁开通运营；2014 年 12 月 26 日，世界上第一条高风沙地区高铁—兰新高铁开通运营。

从 2003 年始，至 2017 年底，中国已开通的设计时速 200 ~ 250 km 的高速铁路为 19 240 km，占总里程的 65.73%；设计时速 300 ~ 350 km 的高速铁路为 10 032 km，占总里程的 34.27%。

到 2017 年底，全国铁路营业里程达 12.7 万千米，其中高铁近 3.0 万千米，占世界高铁总量的 66%以上，铁路电气化率、复线率分别居世界第一位和第二位。

2016 年 6 月 29 日，国务院通过《中长期铁路网规划（2016 版）》，2016 年 7 月 13 日，发改委、交通部、中国铁路总公司联合正式印发 。中国高铁网正式由“四纵四横”升级为“八纵八横”，铁路网覆盖 20 万人口以上城市，路网达 20.4 万千米。快速铁路网连接所有 50 万以上人口城市。高速铁路网连接所有 100 万以上城市。城际高铁连接城市群内部城市。高速铁路达 7.2 万千米。

经过 20 年的发展，中国构建了具有自主知识产权的、时速 300 ~ 350 km 的高速铁路理论体系和工程体系，建立了设计、设备制造、施工、检测、运行、运营维护等系统的标准体系，已成为具有国际竞争能力的高速铁路系统集成商。

1.4 高速铁路的技术经济特征

高速铁路技术是当代世界铁路的一项重大技术成就，它集中反映了一个国家铁路线路结构、列车牵引动力、运行控制、运输组织和经营管理等方面的技术进步，也体现了一个国家的科技和工业水平；同时，高速铁路在经济发达、人口密集的地区具有突出的经济效益和社会效益。

与公路、航空相比，高速铁路的主要技术经济优势表现在以下几个方面。

（1）速度快。

速度是高速铁路技术水平的最主要标志，各国都在不断提高列车的运营速度。法国、日本、德国、西班牙和意大利高速列车的最高运营时速分别达到 350 km、300 km、330 km、270 km 和 350 km。如果做进一步改进，运行时速可以达到 350 km ~ 400 km。除最高运营速度外，旅客更关心的是旅行时间，而旅行时间是由运行速度决定的，高速列车可以大大缩短全程旅行时间。

有数据表明，运营速度 250 ~ 300 km/h 的高速铁路，与公路（100 km/h）、航空（700 km/h）的旅行时间相比，分别在运距 250 ~ 600 km 和 200 ~ 800 km 的范围内具有明显优势。如果考虑高速列车的安全、方便、舒适、票价等优点，其“优势运距”还可延伸。

（2）安全性好。

高速铁路由于在全封闭环境中自动化运行，又有一系列完善的安全保障系统，所以其安全程度是目前任何交通工具无法比拟的。几个主要高速铁路国家，一天要发出上千对的高速列车，其事故率及人员伤亡率远远低于其他现代交通运输方式。因此，高速铁路被认为是最安全的。

与此相比，全世界每年由于公路交通事故造成 25 万 ~ 30 万人死亡；2006 年，全世界民用航空最大起飞质量超过 2250 kg（通常为 7 个座位或以上）的航空器，共发生了 26 起涉及旅客死亡的航空器事故（不包括由非法干扰行为造成的航空器事故），造成 836 名旅客死亡。

（3）列车运行准点率高。

从国外实际运行情况看，高速线上运行列车普遍具有很高的正点率，终到误差时间小于 5 min 的概率都在 90%以上。法国高速铁路目前达到平均晚点时间为 30 s；行车密度很高的日本仍能达到 98.5%的正点率，平均晚点时间不超过 1 min。

西班牙 AVE 高速列车承诺晚点 5 min 退赔全部票款。自从这一庄严承诺宣布后，西班牙国有铁路公司的正点率大大提高。

（4）输送能力大。

输送能力大是高速铁路的主要技术优势之一。目前各国铁路几乎都能满足最小行车间隔 4 min 的要求。日本东海道新干线高峰期发车间隔为 3.5 min，平均每小时发车达 11 列，在东京和新大阪间 2.5 h 的运行路程中，年均输送旅客达到 1.2 亿人次。相比较而言，4 车道高速公路年均单向输送能力为 8760 万人；目前最大的飞机可乘坐 300 ~ 400 人/架，两地飞行按单向每天 20 架计算，每天单向输送旅客仅 7000 ~ 8000 人。

（5）全天候。

高速铁路线路采用全封闭的结构，具有自动化的控制系统和自动驾驶系统，且取消了地面信号，一般情况下不受天气变化的影响，可以做到安全运行，按图行车；

在较为严重的自然灾害条件下，可以采取减速运行的方式维持行车，不会像公路和航空运输一样对大雾、暴雨、大雪、雷电、大风天气那样敏感。高速铁路的安全保障系统不但保证了高速列车运行安全，也使铁路运输全天候的优势得到了更充分的发挥。

（6）环境污染小。

当今，发达国家对新一代交通工具选择的着眼点是对环境影响小。

高速电气化铁路基本上消除了粉尘、油烟和其他废气污染，噪声比高速公路低 5 ~ 10 dB。喷气式客机排出的二氧化碳、一氧化碳等物质在大气中要停留 2 年以上，是造成大面积酸雨，使植被生态遭到破坏和建筑物遭到侵蚀的主要原因。

发达国家普遍认为，发展交通运输应注意环境生态问题。现在的交通运输特别是汽车运输造成的环境污染日益严重，汽车排出的尾气及噪声对生态环境和人们健康的影响越来越大。为防止地球上臭氧层被破坏而造成气候异常，有人建议除应力争使汽车排放的废气减少 25%和控制高速公路的发展之外，还应力争以高速铁路网逐步替代国内和国际大城市间适当距离内的航空运输。

（7）能耗低。

日本近年来的统计显示，各种交通运输工具平均每人公里的能耗，高速铁路为 571.2 J，普通铁路为 403.2 J，高速公路公共汽车为 583.8 J，小轿车为 3309.6 J，飞机为 2998.8 J。假定普通铁路每人公里的能耗为 1.0，则高速铁路为 1.42，公共汽车为 1.45，小汽车为 8.2，飞机为 7.44。这也是在当今石油能源紧张的情况下，选择发展高速铁路的原因之一。

（8）经济效益好。

高速铁路投入运行以来，备受旅客青睐，其经济效益也十分可观。日本东海道新干线开通后仅 7 年就收回了全部建设资金，自 1985 年以来，每年纯利润达 2000 亿日元。东海道新干线营业里程为 JR 整个营业里程的 1/4，但收入却占 85%。因旅行时间缩短，高速铁路沿线经济发展加快，车站所在各城市的进一步发展，都会带来重大的经济效益。

（9）舒适性好。

高速铁路可以做到每 3 min 发一趟列车，日本在旅客高峰时每 3.5 min 就发出一列车，旅客基本上可以做到随到随走，不需要候车。西欧、日本等地的高速列车还采取周期化运行、站台按车次固定等措施，进一步方便了旅客乘车。高速旅客列车不仅设施先进，运行平稳，而且有飞机和汽车无法比拟的个人活动空间，甚至可以提供会议、娱乐、观光等条件。

（10）占用土地面积少。

双线铁路用地宽度为 13.7 m，6 车道高速公路用地宽度为 37.5 m，要完成一条高速铁路相同的运量，高速公路需要 8 车道。

（11）外部运输成本低。

任何一种现代交通运输方式的负面影响都包括至少以下几个方面：对不可再生资源如金属、石油和煤等的大量消耗；对环境的严重污染；对生态环境的破坏；交通事故的增加。

国际联盟对 1991 年欧洲 17 个国家用于交通对环境影响所花费的费用统计资料表明，航空、汽车、铁路等不同形式的运输工具，除本身的能源、材料消耗外，为环境保护和交通事故所花费的额外的社会运输成本为 2724 亿欧洲货币单位，相当于这些国家当年国内生产总值的 4.6%。

1.5 高速铁路系统

1.5.1 高速铁路系统需求分析与建设目标

高速铁路是信息技术、自动控制技术和新材料、新工艺等多种技术门类、多专业综合的高新技术集成，代表了当今世界铁路技术的最高成就。发达国家的实践表明，由基础设施、动车组、通信信号、牵引供电、运营调度、旅客服务等六个主要子系统构成的高速铁路，具有很强的系统性，各子系统之间既自成体系，又相互关联、相互影响。特别是动车组、通信信号和运营调度系统，三者之间既有大量硬件接口，又有很多软件联系，对整体性和系统性的要求非常高。在高速铁路建设中，必须尊重科学，尊重客观规律，认真吸取国外高速铁路建设的经验和教训，高度重视系统集成工作，确保各子系统相互匹配、相互兼容、整体优化、协调运转。

高速铁路系统集成的目标是要集中人力资源、管理资源、设计资源、施工资源及装备制造资源，实现高速铁路系统在技术上的优化配置，达到一流工程质量、一流装备水平、一流运营管理的目标。

中国高速铁路建设规模空前、技术复杂，涉及设计施工、装备制造、运营管理、养护维修等众多单位和部门，是一个庞大的系统工程，必须统一协调、精心组织、强力推进。

1.5.2 高速铁路系统构成

高速铁路作为一个复杂的巨工程，是由工务工程、供电工程、通号工程、动车组、运营调度、旅客服务、防灾安全、检测维护等系统组成的，各系统既自成体系又相互关联，只有各系统间相互匹配、接口协调且高度集成，才能发挥出整体的功能和效益。高速铁路系统的组成如图 1-12 所示。

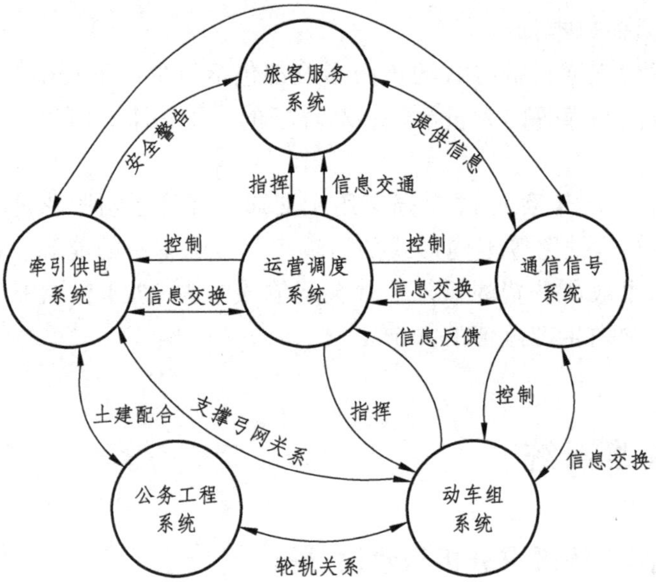

图 1-12 高速铁路系统结构

1. 工务工程

高速铁路工务工程涉及线路、路基、桥梁、隧道、轨道等专业，包括路基与桥梁的过渡、路基与隧道的过渡，以及路基、桥梁等线下基础与隧道结构的衔接等。线路技术是实现高速铁路技术体系的基础。高速铁路要求线路的空间线型平滑，即平纵断面变化尽可能平缓；要求路基、轨道、桥梁具有高稳定性、高精度和小残余变形。同时，要求建立严格的线路状态监测和保障轨道持久高平顺的科学管理系统。

2. 供电工程

供电工程由牵引供电、电力供电两大系统组成，其中电力牵引供电系统由供电、变电、接触网及 SCADA 子系统组成；电力供电系统一般由外部电源及线路、总降压变电所或配电所、配电线路、终端变电所、低压配电系统等部分构成。电力牵引供电系统的主要功能是为高速铁路列车运行提供稳定、高质量的牵引电流，电力供电系统则负责向高速铁路所有用电设备供电。电力牵引系统是高速列车动力及设备系统用电的保证。

3. 通号工程

通号工程由通信和信号两大系统组成。通信系统以传输及接入、数据网、GSM-R 专用移动通信等子系统为基础，包括调度、会议电视、救援指挥、视频、动力环境监控、电源和同步时钟分配等子系统，实现列控信息、话音、数据、图像等的传输。信号系统是确保列车运行安全、正点、高效的关键技术设备，主要由调度集中、列车运行控制、车站联锁子系统组成。调度集中（CTC）系统的主要功能包括列车进路及调车进路的控制、列车运行状况集中监控、列车运行计划调整、临时限速设置等。

总的来说，通信信号工程主要由信息传输、行车指挥自动化和列车运行自动化等部分构成。它以电子或微电子器件为控制单元，采用集中管理、分散控制的集散式控制方式，是高速铁路列车安全、高密度运行的基本保证。世界各国发展高速铁路都非常重视行车安全及其相关支持系统的研发。高速铁路的信号与控制系统是集微机控制与数据传输于一体的综合控制管理系统，是当今铁路适应高速运营、控制与管理而采用的最新综合性高技术。

4. 动车组

动车组是运送旅客的动力设备，集机械、材料、电子、计算机、网络通信等领域的最新技术于一体并具有机车车辆一体化的特征。动车组按列车动力轮对分布和驱动设备的设置分为动力集中式与动力分散式。目前世界上的动车组基本都是向动力分散式发展的。与常规铁路相比，高速动车组需要性能良好的转向架、牵引系统、网络控制、低噪声及优良的空调设施等。高速列车技术随着各国高速铁路的迅速发展而不断提高，在一些高速列车的主要制造国家，已从第二代向第三代甚至更先进的高速列车迈进。我国高速动车组采用动力分散式，具有功率大、启动加速快等特点，车体采用大断面、通长中空铝型材实体结构，重联运行具有控制牵引和制动的一致性，实现了高速列车的安全、舒适。

我国已建成两个速度级的高速动车组技术平台，250 km/h 速度等级有 CRH_1、CRH_2、CRH_5；350 km/h 速度等级有 CRH_2-300、CRH_3。高速动车组有 8 辆短编组、16 辆长编组两种模式，短编动车组可以采用两列重联的方式编组运行。

5. 运营调度

高速铁路运营调度系统是高速铁路运营管理现代化、自动化、安全高效的标志，它根据旅客出行需求、动车组配备和动力特性、车站装备及作业、沿线设备状态、相邻线路列车运行的状态等，统筹编制列车运行计划、集中指挥列车运行和协调铁路运输各部分的工作。运营调度系统涵盖运输计划管理、列车运行管理、动车管理、综合维修管理、车站作业管理、供电调度、安全监控及系统运行维护等功能。

6. 旅客服务

旅客服务系统的主要功能是处理与旅客服务相关的事件，主要包括发售车票、信息采集、信息服务、信息发布、日常投诉处理、紧急救助、旅客疏散、旅客赔付等工作；此外还有统计分析功能，为管理层提供决策依据。旅客服务系统由订/售票系统、自动检票系统、旅客信息服务系统、决策支持系统等构成。

7. 防灾安全

高速铁路应充分考虑风、雨、雪、雷电、火灾和异物侵限等致灾因素的影响，并根据沿线的气象、地形地貌、地质条件，以及线路周边的环境、运营速度，合理选用相应的工程措施，构建包括灾害预警系统、防灾以及救援系统在内的高速铁路防灾安全体系。高速铁路防灾安全体系包括疏散救援系统、防灾与控制系统及安全监控系统。

防灾安全系统自动采集、处理、分析铁路沿线风速、风向、雨量、雪深、地震、轨温、落物等监测信息，实现集中监控、预警等功能。

火灾自动报警系统一般由火灾探测报警系统、消防联动控制系统、可燃气体探测报警系统和电气监控系统构成，监视高速铁路火灾灾情并进行消防设备的联动控制，为高速铁路防火救灾工作提供自动化监测和联动控制。

设备监控系统是对高速铁路工程中环控通风、给排水、照明、可控导向、自动扶梯及电梯等设备及系统进行集中监视、控制和管理的系统，也是发生灾害时的联动控制系统。

8. 检测维护

高速铁路运营维护按照“精检慎修”的原则，采用固定监测和移动监测相结合的综合检测技术，在设置固定检测装置的同时，通过高速综合检测列车等，对轨道、接触网、通信信号等实施定期综合检测。根据检测结果，分析基础设施对高速列车运行性能的影响，预测基础设施损伤规律，指导养护维修。

1.5.3 高速铁路技术发展的重点

高速铁路建设是我国铁路建设史上前所未有的全新工程，按照铁路总公司提出的建设世界一流高速铁路的目标，高速铁路建设要达到“三个一流”，即一流的工程质量、一流的装备水平、一流的运营管理。这个“三个一流”对高速铁路建设提出了很高的要求。按照系统论的要求，必须全面实施技术创新、管理创新和体制创新。

现阶段，我国在充分吸取国外先进技术的基础上，已经初步形成了适合我国路情和国情的高速铁路技术体系及思路，具有一定的技术储备。高速铁路是当代高新技术的集合体，其技术发展的重点主要包括以下 6 大方面。

1. 路基及土建施工技术

推广采用无砟轨道结构技术和新型的钢轨、道岔、轨枕及连接扣件技术，实现免维修、少维修。发展高强度、新结构桥梁和隧道的施工新技术。

2. 牵引供电技术

努力提高牵引供电装备质量和可靠性，发展电力牵引供电系统整合技术。牵引变电所采用微机监控综合自动化装置，实现电力牵引供电系统监控自动化、远动化和运行管理智能化，实现牵引供电引进技术和装备的国产化。

3. 通信信号技术

高速铁路通信信号趋向一体化，采用移动通信实现对移动设施的控制。建设以光纤数字系统和铁路专用数字移动通信技术（GSM-R）为主体，并与其他信息传输方式协调统一的完整有序的传输体系。建立基于 GSM-R 的我国铁路综合移动通信技术体系。通信实现多样化和高安全可靠性，立足于数据及图像业务，具有完善的旅客服务系统。建设高速宽带数字传送网络及接入网，发展铁路专用通信和应急通信。

4. 运营调度技术

建立智能化、网络化的调度通信系统，逐步建成新一代调度集中控制系统（CTC）。发展以主体化机车信号为基础，以实施列车超速防护为重点的列车运行控制系统（CTCS）。基本建成计算机联锁系统。采用区域计算机联锁和数字轨道电路的信号控制技术以实现车站区间一体化，地面车载一体化。

5. 联调联试技术

联调联试技术采用高速试验列车（动车组或综合检测列车）与线路耦合、检测并进行运行试验，包括对变电、接触网、动车组、通信、信号、路基、桥梁、隧道、轨道、道岔、调度指挥、客运服务等子系统的功能、接口匹配、运行安全、运输能力、系统技术进行验证、调试和评估，使之达到设计要求。

联调联试过程还要解决精调、系统优化等问题，运行试验结果是新建高速铁路竣工验收的重要依据。联调联试是实现高速铁路整体目标的关键技术之一。

6. 服务及系统集成技术

坚持“统一领导、统一规划、统一标准、统一资源、统一管理”的原则，广泛利用现代通信和信息技术等成果，构建技术先进、结构合理、功能完善、管理科学、经济适用、安全可靠、具有中国特色的铁路信息系统。重点强化运输繁忙的东部地区和路网中具有重要作用的铁路干线和新建客运专线的信息化建设，逐步实现调度指挥智能化客货营销社会化、经营管理现代化，在提高运输效率、扩大运输能力、优化资源配置、保障运输安全、改进服务质量、提升管理水平、提高经济效益等方面发挥明显作用。

在分析高速铁路的构成与需求时，可以用这样一个比喻：路基、桥梁、隧道等结构物以及轨道工程是高速列车的载体，是高速铁路的“躯干”；电力牵引供电系统是高速列车的动力，是高速铁路的“血液”；信号系统是高速列车的控制中心，是高速铁路的“大脑”；通信系统是高速列车的信息传输通道，是高速铁路的“神经网络”。因此，可以看出，高速铁路各系统是一个为高速列车服务的、相互关联、不可分割的有机整体，无论是在高速铁路关键技术研究还是在高速铁路建设中，都要用系统论的观点、用系统集成的方法来指导人们的实践活动，只有这样才能达到系统最优的目的。这点也可以说是高速铁路建设的基本需求之一。

1.6 高速铁路四电系统集成的产生

1.6.1 高速铁路四电系统的构成与特征

从图 1-13 所示的高速铁路系统组成中可以看出，高速铁路系统中与电有关并且直接与行车有关的系统有供电工程和通号工程两个部分，这两个部分又分为电力牵引供电、电力供电、通信、信号四个系统，即所谓的四电系统。四电系统按系统构成和专业分工又可分为若干个子系统，详见图 1-13。当然，由于历史的原因、惯例的不同以及强弱电系统特性上的差异，会造成四电系统子系统的划分存在不对称性和多样性，但不会对四电系统整体结构的表述产生大的影响。

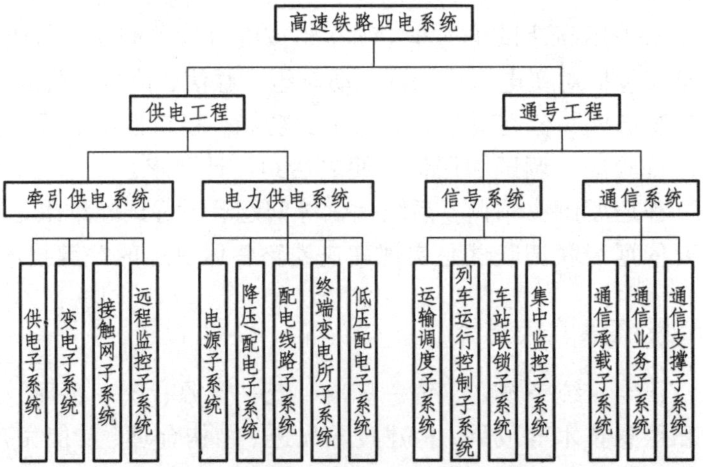

图 1-13 高速铁路四电系统的构成

1. 电力牵引供电系统

电力牵引供电系统是保证铁路安全、稳定、高效运营的重要基础设施之一，是列车运行的动力保障。

1）电力牵引供电系统的构成

牵引供电系统从电气回路构成角度看，主要由牵引供电变电所和牵引网构成。牵引变电所的主要作用为电能变换及控制，完成单相牵引网与三相电力系统之间的衔接和电压变换。牵引网由馈线、接触网、回流网等组成。馈线是牵引变电所向接触网供电的线路，其作用是将电能由牵引变电所输送给接触网；接触网是沿铁路线架设、向电力机车或动车组供电的特殊形式的输电线路，通过它与受电弓的移动接触，将电能输送给电力机车或动车组；回流网是一个广义的概念，指牵引电流从机车或动车组流出、回到牵引变电所流经的通道，通常由钢轨、大地、专用的回流线、地线等组成。电力牵引供电系统从系统构成角度看，又可分为供电子系统、牵引变电子系统、接触网子系统及远程监控子系统（即 SCADA 系统）。

2）电力牵引供电系统的特征

高速铁路是我国为加大区域间旅客运输能力而大力发展的新型交通形式，相比于普通电气化铁路，高速铁路的电力牵引供电系统有其特殊性。

（1）动车组的负载率高、受电时间长。

列车在运行中，牵引力主要克服轮轨摩擦力、线路坡道阻力和空气阻力三大逆向力。传统的电力机车在运行中主要克服前两项阻力。但是随着速度的增加，空气阻力也呈几何级数增长。因此，对于高速铁路动车组来说，空气阻力成为列车驱动首要考虑的因素，其负载率基本保持平稳，受电时间也较长，从系统取流的时间与取流的大小将大大增加，所以整个牵引系统的负载率将增加。

（2）牵引负荷具有显著的时段特征。

短时集中负荷特征明显，在早晚时段和节假日的高峰客流期，根据客流量实际需要，可能组织大编组、高密度的客运方案，甚至在短时间内形成密集追踪的行车态势。电力牵引供电系统应具有应对各种集中负荷供电的能力和条件。

（3）需要较高的系统供电能力。

以国产高速动车组 CRH_3 为例，在 350 km/h 速度下，8 辆编组时，动车总功率为 8800 kW。加之高速铁路的行车密度大，因此，要求电力牵引供电系统应具备更大的供电能力，即必须对牵引变压器容量、牵引网的电流传输能力进行大幅度地提高与加强。

（4）需要较强的越区供电能力。

由于高速铁路的重要性以及正点率、动车组本身特点的需求，电力牵引供电系统应具备应对各种异常条件的供电能力。在出现某牵引变电所解列退出运行的情况下，需通过相邻牵引变电所进行越区供电。对于高速铁路而言，此项功能较之传统的电气化铁道供电系统显得更为重要。

（5）需要采用较高等级的外电系统。

由于高速铁路电力牵引供电系统对外电系统的可靠性及系统短路容量要求高，目前高速铁路电力牵引系统的受电电压等级均采用 220 kV。普速铁路电力牵引供电系统一般均采用 110 kV 供电。

（6）对弓网间受流提出了更高的要求。

接触网是电气化铁路电力牵引供电系统的重要组成部分之一，其与电力系统输电线路的最大区别在于：电力系统的输电线路是向静止的负荷供电，而接触网的用电负荷是移动的，其移动的速度即为高速列车的运行速度，目前我国高速列车的运行速度已达 350 km/h。高速列车通过受电弓弓头在接触线下的滑动来实现受流。良好的受流要求弓头在接触线下平稳滑动，这在低速运行工况下是易于实现的，但在高速运行工况下，悬挂的振动频率、幅度都在加剧，尤其在双弓或多弓运行模式下，严重影响着高速列车的正常运行。因此，在高速铁路接触网设计中，要充分考虑列车运行速度、受电弓性能及同时工作数量、空气动力学的影响等因素，正确选择接触网的悬挂方式、线材及张力配置以及主要的技术参数，以满足高速动车组的取流要求。

（7）对设备的安全可靠性提出了更高的要求。

由于高速铁路牵引网正常牵引电流及短路电流均有较大的提高，其流经钢轨产生的钢轨电位也将大幅度提高，因此，牵引回流通道的安全问题更加凸显，即牵引回流网络在安全上对人、轨旁设备的影响及与其他系统的电磁兼容问题更加突出。

高速铁路牵引变电所、AT 所、分区所及开闭所采用无人值班的运营管理模式，这对牵引变电设备的安全可靠性、设备及其运行环境的监控以及相关系统的联动均提出了更高的要求。

接触网及其零部件的运行条件复杂、恶劣，其线材、零部件等要能经受得住严峻的环境条件考验。接触网的环境条件大致可分为气象条件和运行条件。气象条件主要指温度、风、霜、雪、雨、雷电、日照以及覆冰和环境污染等；运行条件主要指列车或动车组作为接触网的移动用户（负荷），其运行的速度、开行对数、受电弓性能以及同时工作的数量等，这些对接触网性能、运行状态、安全可靠性等均有较大的影响。接触网应保证在一定的环境条件下能安全、可靠的全天候运行，这要求接触网在高速运行和恶劣的气候条件下，能保证受电弓的正常取流；接触网线材及零部件要有良好的抗震能力并要采取有效的防松措施。

（8）对设备系统的互通提出了更高的要求。

在高速铁路电力牵引供电系统中，内外部设备系统间的互联及互操作越来越多，这就要求开放各设备系统，统一规划系统间信息交换的标准和传输技术，并对各子系统的大量信息进行统一的加工、发掘与共享，为电力牵引供电系统正常运营和事故抢修提供决策的依据。

2. 电力供电系统

铁路电力供电系统属于企业供配电系统之一，有相对独立而完整的网络。大量的动力、照明灯用电设备构成了铁路电力供电系统的终端体系，随着铁路技术的快速进步，这些用电设施也朝着自动化、信息化方向转变。铁路运输中最重要的行车调度指挥、列车控制、信息传输、旅客服务等系统的持续正常运行都有赖于可靠的电力供应。因此，电力供应的中断就意味着铁路运营的中断。

1）电力供电系统的构成

电力供电系统从地方电网接引电源，通过变配电系统向沿线的路内动力照明设施供电，是确保调度指挥、信号、通信、旅客服务等系统重要负荷安全、可靠、不间断运行的基础设施。作为国家电网的用户，除了为数不多的大型站段外，铁路用户负荷的突出特点是点多、线长、容量小，重要负荷分布广，因此需要十分可靠的外部电源。由于容量小而重要性高，它对电网资源的占用往往不低于大负荷用户。

电力供电系统一般由外部电源及线路、总降压变电所或配电所、配电线路、终端变电所、低压配电所等子系统构成。

2）电力供电系统的特征

（1）中小负荷多且广泛分布于铁路沿线。

其中分布最广、最重要的中小负荷是信号和通信负荷，它们是行车安全的重要保障，对供电可靠性的要求最高，全线供电方案的确定一般受其影响最大。多数情况下，信号负荷平均每 10 km 就有一处；通信负荷在时速 200 km/h 及以下铁路中一般与信号负荷分布在相同位置，也是平均每 10 km 一处；在时速 200 km/h 及以上铁路中，通信系统成为行车信号的载体，为了实现无线通信信号无缝覆盖，平均每 2.5 ~ 3 km 就有一处通信负荷点。每个通信负荷用电点的容量在几千伏安到几十千伏安不等。

（2）配电线路采用单芯电缆线路。

电力供电系统配电线路的电压一般采用交流 10 kV，变配电所供电距离一般为 20 ~ 50 km，故障越区供电时可能超过 60 km。高速铁路由于双回电力贯通线路采用单芯交联聚乙烯绝缘铜芯电力电缆，系统的容性电流增加，带来了供电臂末端电压虚高和功率因数降低等问题。因此，高速铁路电力供电系统的关键问题之一，就是如何解决配电线路中的电缆容性电流的补偿问题。

（3）区间采用箱式变电站。

由于采用箱式变电站可以做到集中在工厂进行模块化的建造、室内装修、室内设备安装、设备调试，从而节省房建施工量和现场安装时间，所以目前在高速铁路的区间，均采用箱式变电站给通信、信号负荷供电，箱式变电站的间距一般在 1 ~ 3 km。由于箱式设备集约化程度高、空间小，因此对设备的几何尺寸、机电性能及与环境的兼容性均提出了很高的要求。同时，对箱体的总成设计，在结构布局、机械强度、密封性能、保温通风、机电控制、使用寿命等方面也提出了很高的要求。

（4）远程监控的范围增大。

由于高速铁路电力供电系统采用箱式变电站、无人值班配电所，所以对设备的安全可靠性提出了很高的要求。同时，为了提高系统运行的灵活性，目前包括主要低压供电回路开关在内的控制设备均纳入了远程监控的范围。由于电力供电系统的低压回路数量多，所以对远程监控系统的系统配置、性能及造价有较大影响。

3. 通信系统

铁路是一个庞大的系统，包含“运、机、工、辆、电”等专业部门，各部门均围绕铁路运输的安全生产各尽其责。为了确保各部门协调、有序地运行，必须保证各部门的信息畅通，因此，铁路必须有一套完整的专用通信系统。铁路通信系统一直被人们誉为铁路的“千里眼、顺风耳”，是铁路运输的重要基础设施，对铁路运输指挥和安全起着至关重要的作用。

1）通信系统的构成

通信系统不仅是保障高速铁路安全、稳定、高效运营的基础设施，同时也是高速铁路信息化的公共基础平台，更为重要的是，由于高速列车的控车信息要通过专用的无线网络传输（GSM-R），通信系统已从幕后走向台前，由对列车运行的间接的支撑系统变为直接的参与者。我国高速铁路通信系统建设通过采用先进、成熟、经济、适用、可靠的系统设备，构建高可靠、数字化的综合通信网络平台，为高速铁路行车指挥和运营管理提供语音、数据、图像等多种通信手段。

通信系统由通信承载子系统、通信业务子系统、通信支撑子系统组成。通信承载系统由传输系统、数据网、通信线路以及车站/段所综合布线系统组成，为通信系统以及其他各类应用系统提供语音、数据、图像业务的传送服务。通信业务系统由电话交换及接入系统、调度通信系统、专业移动通信系统、会议电视系统、应急救援指挥通信系统、综合视频监控系统组成，提供有线、无线相结合的公务通信、调度通信、数据通信等基本通信业务。通信支撑系统由通信综合网管系统、同步和时钟系统、电源系统、电源及通信信号机房环境监控系统组成，作为上述通信承载网、通信业务网相关子系统的运营支撑，提供电源、时钟同步、网络管理等功能。

2）通信系统的主要特征

（1）多样化的业务。

既有铁路通信系统主要为既有铁路运输提供基本的话音业务，如各种调度通信、公务通信、专用通信、区间通信、接入服务及联网服务等，系统的主要特点是以话音服务为主。而高速铁路通信系统除了提供与既有铁路相同的话音服务外，列车运行自动控制、防灾安全监控、客货运营销、企业管理等信息化系统提供不同层次、不同要求的通信网络服务。

（2）高安全可靠性。

高速铁路专用通信网为列车控制、综合调度、防灾监控信息化等专业服务，已成为与行车安全密切相关的、不可或缺的基础设施。同时高速铁路的站间距长、维修机构综合集中统一设置，因此要求专用通信网络的安全性、灵活性、可靠性较既有线更高。

（3）数据及通信业务将成为主要业务。

传统的铁路通信系统的主要业务仍为话音业务，而高速铁路各种管理（包括调度、列控、检测、营销）全部采用计算机操作，运营人员和维护人员比既有线的减少很多，话音业务量只占小部分，一般来说，高速铁路话音约为总业务量的 20%，其余近 80%为数据业务和图像业务，这也说明高速铁路高信息化、高自动化、高可靠性的特点。

（4）完善的旅客服务系统。

既有线只在大的车站配置了旅客引导系统，客票售检都靠人工。为旅客提供安全的、舒适的、快捷的、多样化的服务是高速铁路运营目标，它要求设置客票自动售检系统，在车站及车内还要配置列车运行、票务、转换、新闻等多种信息显示及查询服务。因此，通信系统应采用先进的有线无线相结合的网络和多媒体手段，为旅客提供舒适的乘车环境及满意方便的服务。

（5）宽带可保护的通信网络服务。

网络包括有线（光缆、电缆、节电设备）、无线通信系统。它将对所有与行车有关的系统、设施乃至周边环境实行网络全覆盖。光缆有两条，分别设置于线路的上下行，形成一个物理光环。无线采用 GSM-R 系统，合理布置基站间距、场强，根据需要可以设置单层或双层网络。

（6）多点综合业务接入服务.

高速铁路要求为列车服务的所有设施、设备、系统（包括站内和区间的）都必须保持良好的工作状态，指挥中心需要及时了解这些系统（如电力牵引供电系统、电力供电系统、信号系统等）的工作信息、列车运行线路及周边的风、雨、雪和自然灾害（如地震、洪水、山体滑坡）等环境信息，因此区间有多种检测设备、传感器要将这些信息采集并上传至中心，所以区间每隔一段距离（一般 3 ~ 4 km）就要设一个接入点，提供多媒体的宽带接入，同时也为区间联络、事故抢险提供服务。

（7）通信信号一体化。

高速铁路的信号提供对列车的集中调度、运行检测、速度控制，因此是非常重要的系统。要实现这一目标，对通信网络的要求是极为严格的。它将为调度集中提供调度中心—车站—列车的计算机网络，为列控中心—列车提供无线网络，为列控中心—车站以及列控中心之间提供光网络。这需要统一的设计、统一的标准、无缝的连接、系统的融合，信号的列控设备中将含通信模块，通信、信号设备结合将更加紧密。

4. 信号系统

铁路运输的基本任务是输送旅客，运输国民经济建设和工农业生产中所需物资。因为要切实保证旅客和物资平安、完整地输送到目的地，因此，运输安全是铁路运输的永恒主题。

1）信号系统的构成

信号系统的设计不仅应满足旅客运输安全、快捷和正点的要求，同时应与信号技术向信息化、数字化、网络化和综合化发展相适应，另外系统的设计也需与相应的运输管理体制和维护管理体制相适应。目前信号系统从功能上可划分为四个子系统，分别为运输调度子系统、列车运行控制子系统、车站联锁子系统、信号设备集中监测子系统。

2）信号系统的主要特征

（1）高安全可靠性，对列车控制系统提出了新的要求。

高速列车由于速度快、追踪间隔小、制动距离长，因此，仅靠地面信号行车已不能保证行车安全，必须靠车载信号设备对列车实施运行控制，列车自动防护（ATP）已成为行车安全不可缺少的重要技术设备。我国轨道电路长度一般为 1000 m 左右（UM2000 无绝缘轨道电路的极限长度为 1200 m），如果列车运行速度为 250 km/h，列车走行这段距离仅 14 s，也就是说随着列车运行速度的提高，司机辨认信号机显示的时间间隔越来越短，让司机每隔十几秒辨认一下信号机的显示，会使司机非常紧张。司机靠地面显示信号驾驶列车必须经过三个过程：识别信号、理解信号、按信号显示所代表的含义操作列车。经试验，司机从看到信号机显示到及时作出正确反应需要的最短时间为 4 ~ 5 s，如果这三个环节中任何一个环节出现错误或延误，对于高速运行的列车来说，都可能造成严重事故。所以，在高速铁路上完全靠司机的判断来保证行车安全风险太大。国内外试验均表明，当列车运行速度超过 160 km/h 时，司机辨认信号机显示的错误率明显增加。因此，对于运行速度超过 160 km/h 的列车，必须采用能有效保证列车运行安全的新型信号系统——列车运行自动控制系统。

列车运行自动控制系统简称“列控系统”，由列车运行控制车载设备和列车运行控制地面设备组成，主要是以技术手段对列车运行方向、运行间隔和运行速度进行控制，使列车能够安全运行且提高运行效率。车载设备主要由接收天线（或接收传感器）、信号接收单元、制动控制单元、控制显示器、速度传感器等组成；地面设备主要由自动闭塞系统、地面控制中心、车上与地面的信息传递系统。

列车运行控制系统的地面设备主要产生列车运行控制所需要的基础数据，通过轨道电路的点式环线传送给列车，列车头部的接收传感器通过钢轨（或无线等方式）接收到行车指挥的速度命令信号，经过信号接收机放大、滤波、解调后传递给计算机，再经过计算机的计算分析，确定出列车运行的速度控制曲线，系统根据这条控制曲线对列车进行速度控制，并将控制命令的有关数据（实时允许速度、目标速度等）送到司机控制台显示器和制动单元；同时，制动单元通过安装在列车轮对上的速度传感器测出列车的实际运行速度，将实际运行速度与实时允许速度进行比较。当列车实际运行速度超过实时允许运行速度时，则产生制动信号，直接控制列车制动系统实施制动，使列车实时运行速度降到允许速度以下，从而保证列车运行安全。

（2）由于列车控制信息量的增加，所以对信息传输通道的容量及品质要求大幅度提高。

无论是基于轨道电路还是无线系统的列控系统，由于其传输的信息量大、要求的误码率低，因而对传输通道的容量及品质提出了更高的要求。

我国高速铁路 CTCS-3 是基于无线通信（如 GSM-R）的列车运行控制系统，它可以叠加在既有干线信号系统上。利用轨道电路完成列车占用检测及完成性检查，点式信息设备提供列车用于测距修正的定位基准信息。无线通信系统实现地、车间连续、双向的信息传输，行车许可由地面列控中心产生，通过无线通信系统传送到车上。采取目标距离控制模式又称为连续式一次速度控制和准移动闭塞方式。

（3）高速铁路的运行模式，对调度集中提出了新的要求。

调度集中（CTC）是运用远动系统的理论基础，结合铁路运输的特点和具体要求而构成的遥控及遥信系统。调度员通过调度集中设备直接控制所管辖区段内各车站上的道岔和信号机，办理列车进路，组织和指挥列车的运行；并能在调度所内直接了解现场道岔和列车的运行情况。因此，调度集中是铁路行车调度指挥系统，它既属于行车方式，又是铁路信号设备的一种制式，在调度室指挥列车运行，将信号的安全性和监控列车结合起来。

高速铁路的调度集中系统要求具有网络化、信息化和智能化等基本特征，并且要求解决吊车集中控制和分散自律的问题，一般由调度中心子系统、车站子系统和网络数据传输子系统组成，包括车站自律机、车务终端、综合维护终端、电务维护终端、网络设备、电源设备、防雷设备、联锁系统接口设备和无线系统接口设备等。网络子系统由网络通信设备和传输通道构成，根据传输通道的不同，网络子系统可采用多种组网方案。

列车依据阶段计划运行，并通过车站采集系统收集运行图信息、列车实际运行信息和车次信息。中心协调层将这些信息分析处理存入专家系统知识库，并发出出发信号，调度中心各辅助决策系统依据出发信号，依照专家系统规则库中的规则进行滚动寻优处理，并将结果通过中心协调层和中心协调系统以人机界面的方式提供给调度员，供调度员选择合理方案执行。调度员确认之后，通过中间级和执行协调将决策结论发送到执行层各设备，指挥列车运行。车站执行层各系统就这样不间断采集列车运行信息，包括车次号、出发点和运行状态等，并发送给执行级协调系统循环工作。

（4）列控联锁一体化。

列控联锁一体化系统是指运用一套计算机系统同时完成联锁逻辑控制和列车运行控制两方面的功能，二者通过内部变量形式交换信息，减少信息重复采集和输出，是功能强大、结构简单和信号安全控制系统。

独立的列控中心和计算机联锁均采用相似结构的安全计算机系统，有类似的采集和驱动需求，如果采用一套安全计算机系统处理外部接口，不仅可以减少大量驱动、采集的数量，而且还可以保证列控、联锁计算所需的输入、输出是一致的，系统的安全性可得到进一步提高。同时还可以降低工程造价，减少故障点，有利于高速铁路建设和维护。

列控中心和联锁一体化后，CTC 系统、监测系统的外部接口减少，并可大大降低这些冗余系统间的频繁切换，提高了系统的稳定性和可用性。

列控中心和计算机联锁均存在较多的外部配线，施工单位现场配线与工厂内配线的水平有一定差距，如采用列控联锁一体化系统，可减少现场配线数量，相应提高系统的工艺水平。同时，全电子计算机联锁的执行单位已取得一定进展，列控联锁一体化系统进一步发展到基本无输入输出继电器的全电子结构后，系统的可靠性将可进一步提高，现场维护工作量也将集中到室外现场设备，真正使信号系统技术水平再上一个新台阶。

（5）专业交叉影响程度提高了一体化的进程。

当今的信号系统已不再是一个相对独立的系统，由于控车的需要以及专业交叉影响的加剧，一方面，在设备安全、电磁兼容、传输介质的特性以及线路参数需求等方面，信号系统与电力牵引供电系统、轨道系统、通信系统以及与土建系统的联系更加紧密；另一方面，由于信号系统的贯通地线已演变成了高速铁路的综合接地系统，因此，信号专业本身也在影响着其他系统的安全。

由于作为信号轨道电路的主体——钢轨，同时兼作电力牵引供电系统的回流通道，虽然钢轨在两个系统中均作为电气回路的一部分，但两者对钢轨回路的特性要求存在很大的差异性。从信号传输角度来看，要求钢轨具有良好的对地绝缘性能，并尽可能减少与结构间的电磁影响，以改善轨道电路的传输特性、提高信号的传输距离；从牵引系统本身以及减小钢轨电位角度来说，要求钢轨对地具有良好的导电性能。

目前我国高速铁路采用的轨道结构主要是无砟轨道，其具有稳定性好、寿命长和维修工作量少等优点。采用无砟轨道结构后，由于无砟轨道结构钢筋环路感应电流与钢轨信号电流的相互作用，将直接影响钢轨回路中的外部电感，使钢轨阻抗发生变化；无砟轨道与有砟轨道的道床的电流泄漏途径是一样的，但由于无砟轨道的扣减系统和板式结构的不同，其表面排水性能降低，在降雨条件下形成的水膜电阻，使无砟轨道的电阻值低于有砟轨道的对应值。因此，无砟轨道的轨道电路的传输特性较有砟轨道变得恶化，轨道电路的传输长度也随之减小。

如何解决信号系统、电力牵引供电系统在钢轨回路运用上的矛盾，以及尽可能地降低无砟轨道对信号轨道电路传输特性的影响，是高速铁路设计中必须要解决的问题。

1.6.2 高速铁路四电系统集成的特征

（1）高速铁路四电系统与动车组、土建工程和外部系统的相互影响在加剧，衔接更为紧密。

动车组的功率、速度、受电弓性能、列车的编组及运行方式，对信号制式、电力牵引供电系统的供电方式、接触网的悬挂方式选择及参数配置起着决定性的作用，动车组运行产生的谐波电流对牵引供电设备的运行安全以及对电力系统的运行质量有着较大的影响。同时接触网电分相的形式、设置地点以及所确定的动车组过分相方式也影响着动车组的运行质量。

动车组运行控制所需要的基础数据是由信号系统的列车运行控制系统产生的，通过轨道电路或无线系统（GSM-R）传递给车载计算机，经过车载计算机的计算分析，确定出列车运行的速度控制曲线，车载系统根据这条曲线对列车进行速度控制，从而保证列车的运行安全。

四电设备，尤其是信号设备和接触网设备均属于轨旁设备，其安装方式不仅受建筑限界的约束，而且与相应的土建结构形式密切相关，同时四电系统的性能也在一定程度上取决于土建的结构形式，如信号轨道电路的传输特性受轨道结构的影响；隧道内接触网的安装结构和受流性能在一定程度上取决于隧道断面的形式与大小等。

（2）高速铁路四电系统内部一体化及相互整合的进程在加快。

目前从高速铁路技术发展的趋势上看，一方面，四电专业内部各系统的一体化进程在加快，如信号系统的列控、联锁一体化整合；又如，电力牵引供电系统与电力供电系统远程监控系统的合二为一。另一方面，四电专业间的界线在淡化、模糊，即专业间结合与融合度在提高，如在 350 km/h 的高速铁路上，通过信号系统与无线通信系统的有机结合实现对动车组的有效控制。另外，也存在远程监控、视频监控、电源等资源性整合的必要性。从发展的角度上看，目前专业之间的结合、融合以及资源的整合是工程建设、运营维护的需要，也是高速铁路技术发展的必然。

由上述分析可以看出，高速铁路四电系统集多学科、多领域的先进技术于一体，是一个既相互独立又密切相关且与外部系统有着复杂联系的巨系统。如何将这些先进的技术集约在一起，克服短板效应，实现整体最优，满足高速铁路对四电系统以及四电系统自身发展的要求是高速铁路建设首先要解决的问题，即解决高速铁路四电建设的技术平台问题。

四电技术平台涉及牵引供电、电力供电、信号、通信四个子系统的设计、制造、施工、调试四个领域。四电系统集成就是将牵引供电、电力供电、通信、信号四个专业整合成一个平台进行管理，同时涵盖设计、施工、设备制造、联调联试和运营维护等技术，是对高速铁路有总体把握、指导和管理作用的技术集成。四电系统各子系统既自成体系又相互关联，既有硬件接口又有软件联系，对整体性和系统性要求很高。为确保技术体系的完整性和各系统间紧密衔接，应按系统工程实施并强化系统集成，统一协调监管四电系统集成建设。因此，四电系统集成是为高速铁路四电系统建设形成一个标准先进、统一，系统开放、共享，调试手段先进、有效的技术平台提供方法和动力。通过四电系统集成创新，将各个自动化系统有机地结合起来，实现综合监控管理；提供各系统间业务关联和触发联动，提高对事件的应急处理能力和快速反应，并充分实现资源共享，降低工程造价。

因此可以说，四电系统集成是随着我国高速铁路的建设而产生的，是为高速铁路修建提供的一种方法论，是从系统论、控制论、协同论发展而来的一种科学的工程方法，是我国在探索高速铁路修建中整合国内外先进技术的一种成功有效的方法。高速铁路四电系统集成是技术平台建设的需要，是自主再创新和工程建设的需要。

1.7 高速铁路四电系统集成的必要性、理念及目标

系统集成是集成实施主体将多个“可集成单元”按照一定方式进行构造和整合，形成一个集成的整体系统，实现既成整体功能的倍增，它是一个系统寻优过程、系

统创新过程、系统功能涌现过程。

高速铁路四电系统涉及专业多，技术难度大，互相之间以及与土建工程之间接口繁杂，是复杂的巨系统工程。这就要求通过人为干预性行为，通过系统集成，整合四电系统间及与外部的各种复杂关系，使之成为有机整体发挥出系统功能。

高速铁路四电系统集成作为一种新的建设管理理念，将传统意义上的牵引供电、电力供电、通信、信号四个独立专业整合成一体，进行统一设计、管理和执行，符合当前技术发展的趋势。另外，从建设方面而言，集成化的技术构造有利于总体把握项目的进展情况，简化传统的分散、复杂的专业细节和互相间的接口问题。因此相对于分散、独立和复杂的传统技术及管理运作模式而言，集成技术是一种更加宏观、更加简洁有效的现代化管理方式。

高速铁路四电系统集成关注的焦点有：

（1）速度和能力目标值的实现；

（2）系统协同匹配；

（3）系统兼容性和匹配性；

（4）系统可靠性、可用性、可维修性和安全性，即 RAMS 评估。

1.7.1 四电系统集成的必要性

高速铁路四电系统集成是四电系统自身发展及高铁建设的必然结果，其必要性主要体现在四电协同、标准统一、资源整合、接口管理、造价降低、管理有效等方面。

（1）集成是四电系统协同动作的需要。

四电系统是实现同一目的（向移动设备提供服务）的不同方面；信号系统是安全与控制保障；通信系统是信息传输保障；牵引供电系统是列车的动力保障；电力供电系统是以上三电正常工作的保障。只有以上四个方面协同动作，才能保证动车组安全、高速运行，缺一不可。应该说，现代科技尤其是计算机技术及信息技术的发展，为四电系统的发展及四电系统的协同动作提供了可能性。

（2）集成是四电系统技术标准协调一致的需要。

四电系统的控制及信息化技术方面的标准必须一致，只有这样才能在满足各专业需求的同时，实现各系统间的互联与互操作。

（3）集成是四电系统间技术及资源整合的需要。

四电系统的协同性需要系统间技术与资源的整合，如信号系统需要列控技术与通信技术的整合；远程监控、视频监控、电源等需要资源性整合，以实现资源共享。

（4）集成是四电系统间以及外部系统间接口的需要。

四电系统的接口可分为四电系统间的、与土建设施间的、与移动设备间的、与铁路外的以及环境的，具有多样性、分散性，需要统筹考虑。

（5）集成是工程投资控制的需要。

通过系统集成，可以协调标准、整合系统，从而实现资源共享、节约投资的目的。

1.7.2 四电系统集成的理念

四电系统的建设要紧密围绕“运能充足、装备先进、安全可靠、管理科学、节能环保、服务优质、内部和谐”的铁路建设目标，确立并实施“先进、成熟、经济、适用、可靠”的技术方针，大力推进原始创新、集成创新和引进消化吸收再创新，为全面加快铁路现代化进程提供强有力的技术支撑。

（1）坚持可持续发展的集成理念。

在铁路总公司确定的高速铁路系统集成技术框架下，构建四电系统集成技术平台，该平台应具有广泛的认同性和对可持续改进的适应性。

最大限度地采用国产材料与设备，坚持走引进、吸收、消化再创新的道路，以自主的知识产权不断地提升我国高速铁路的技术水平。

强调能源节约和环境保护意识在集成全过程中的贯彻与执行，最大可能地减少土地的占用。

尊重沿线环境和文化脉络，设备选型及布局要充分考虑与周边自然环境、人文环境相协调。

（2）坚持系统论、强本简末的集成理念。

坚持用系统论的观点处理好四电系统集成内、外部关系，以强调功能为出发点，以全系统最优为目标，强本简末，确保四电系统集成获得最佳的功能性价比。

（3）坚持先进、成熟、可靠、经济、适用的集成理念。

坚持以先进性为主导、以成熟可靠为基础、以经济适用为尺度，打造高速铁路四电系统集成技术平台，实现“运输安全第一”为集成第一宗旨的目标。

（4）坚持前瞻性和示范性的集成理念。

四电系统集成是我国高速铁路建设新模式，应在“创路子、攒经验”的同时，坚持“前瞻性”和“示范性”，确保所集成的系统具有一定的超前性和对不断发展的需求的适应性，并为后续高速铁路的建设提供可以借鉴的经验。

（5）注重设计、施工、装备理论及细节问题的研究。

目前设计、施工、产品中的细节问题是制约高速铁路建设的关键问题，因此，在实施阶段，要注重细节问题的发现与研究，结合工程建设的特征、特点，在设计、产品选择、施工安装、调试中细化解决。

（6）注重产品、设备技术对系统方案的支撑作用。

应建立相应的产品、设备的标准体系，并能对其性能进行适应性改进。

（7）注重接口技术的研究与标准化。

四电系统涉及面广、技术问题综合性强，其接口存在多样性、复杂性，因此，应注重对接口技术的研究，并应尽可能对其进行标准化的管理。

（8）注重系统联调联试手段的建立和运用。

系统联调联试的目的是优化并证明所有各系统已连接为一个有机的整体，并且已经具备商业运行的能力。因此，必须建立起系统联调联试的内容、标准、方法及评价体系，确保牵引及高速铁路能成功地投入商业运行。

（9）注重系统的评价技术尤其是安全评估体系的建立。

应建立相应的评估、评价体系，对系统的性能及其可靠性、可用性、可维护性和安全性（Reliability，Availability，Maintainability，Safety，即 RAMS）以及与其他系统的匹配性、兼容性和对环境的影响进行量化的评估。

（10）注重四电系统集成平台的建立。

在消化吸收国外先进技术的同时，注重对国内高速铁路科研、设计新成果的吸纳，打造出适合中国铁路建设需求的国际一流的四电系统集成平台。

1.7.3 四电系统集成的目标

四电系统涉及专业多、技术难度大，相互之间以及与土建工程之间接口繁杂，这就要求通过人为干预性行为，通过整合四电系统间的各种关系，使之形成有机整体，实现优化功能、优化空间、节省资源、提高效率、集成化管理的效果。集成的关键在于解决系统的组成以及系统之间的互联和互操作性问题，使之结构完整，性能先进、成熟、可靠、经济、适用。根据高速铁路建设的需要，四电系统集成必须实现以下基本功能：

（1）确保高速铁路速度和能力目标值的实现。

（2）确保四电系统的构成完整、协调、匹配，并且先进、成熟、可靠、经济、适用。

（3）确保四电系统内部及外部的接口得到有效的配置与管理。

（4）确保四电系统与运营调度、防灾安全监控、客服等系统的协调、匹配，以确保行车调度指挥的高效和列车运行的安全。

（5）建立系统的优化与调试手段。

（6）建立系统的 RAMS 评估体系。

根据系统集成的思想，可以将四电系统集成的目标概括为以下三个方面：

（1）以列车为核心，优化资源、调整各子系统之间以及与环境之间的关联关系，为列车提供最可靠、最安全、最经济、最协调、最优化的整体服务。

（2）对核心元素效能，实现关键功能的突变，追求整体功能的倍增。

（3）优选资源，优化功能，优化空间，提高效率，减少接口，降低造价，集成化管理。

世界高速铁路发达的国家，如德法日，在确定高速铁路基本功能与主要技术标准时，都根据各自的条件和国情、路情做了深入的理论研究与试验分析，并均建立了涵盖四电系统技术标准在内的高速铁路建设技术平台。但由于各国的国情、路情不同，以及当时的历史条件不同，所采用的技术路线和关键技术也各不相同，因此指定的技术平台也存在一定差异。目前典型的高速铁路技术平台有中国 CRH、德国 ICE、法国 TGV、日本新干线等，均代表了世界高速铁路技术发展的前沿水平。

复习思考题

1. 简述日本、德国、法国高速铁路的特点。
2. 高速铁路主要有哪些技术经济特征？
3. 简述我国高速铁路规划线路概况。
4. 简述高速铁路系统结构。
5. 高速铁路系统集成的意义有哪些？

第 2 章　中国高速铁路技术体系的形成

持续的快速经济增长、不断增加的客流和货流、渐趋饱和的干线运力、日益突出的环境和能源问题，这一切，都呼唤着中国高速铁路早日诞生，中国急需修建自己的高速铁路。

2007 年 4 月 18 日，中国铁路实施第六次大面积提速，倍受世人关注的时速 200 km 的 CRH 动车组投入运行。虽然第六次大提速尚属既有线提速的范畴，但人们仿佛已经看见不久的将来中国高速铁路的影子……

日、法、德等世界高速铁路技术强国，通过自身不断的技术积累并吸收融合其他国家先进技术，逐渐形成了属于自己的独具风格的技术体系。但是这些国家的技术体系并不能直接搬用到中国，因为中国的国情与路情与日欧不同。现实要求中国首先要有自己的高速铁路技术体系！

如今，当我们回顾中国铁路高速化之路的时候，我们看到的是这样一个事实：20 世纪 90 年代中期以前，中国在铁路高速化方面的确乏善可陈；从 1997 年至 2007 年的 10 年间，中国铁路在既有线提速方面成绩斐然，共进行了 6 次大提速，列车速度逐渐向世界水平靠拢。当中国铁路完成第 6 次大提速之后，既有线上列车最高速度已达 250 km/h——这个速度已是国际水平了。

在不断提速的过程中，我国铁路运输质量在逐渐提高，铁路高速化技术也日渐成熟。中国铁路界通过自身几十年不断的技术积累，同时放眼世界，紧紧抓住经济全球化带来的机遇，积极吸收国际已有的高速铁路技术成果，并结合中国的国情和路情，勇于创新，逐渐形成了自己的高速铁路技术体系。

2.1　中国铁路高速化之路

速度堪称交通工具的生命。一部人类交通运输的发展史，就是一部速度不断提高的历史，也是一部速度高的交通工具淘汰速度低的交通工具的历史。

2.1.1　从普速到 160 km/h 准高速

“速度”是最能反映铁路竞争力和一个国家铁路综合技术实力的指标，然而中国铁路从 1876 年诞生至 1993 年的近 120 年里却总在普速的范围里徘徊不前！

1949 年，中国铁路列车的最高速度仅约 80 km/h，全国客运列车的平均旅行速度只有 28.2 km/h，货运列车的旅行速度只有 25.5 km/h。1970 年，客运列车的旅行速度提高到了 42.1 km/h，年递增仅 1.9%；货运列车在旅行速度的增长方面更加不如人意，仅提高到 30.3 km/h，年递增仅 0.8%。即使到 1990 年，客运列车的平均旅行速度依旧在较低的水平徘徊不前，仅为 46.3 km/h。

截至 1993 年，我国生产的主力电力机车 SS_1 ~ SS_7 中，除 SS_5 的最高速度达 140 km/h 以外，其他 6 种机车的最高速度都只有 100 km/h。

而 1933 年，德国在柏林与汉堡之间开行的由内燃机车牵引的客运列车的旅行速度已达 115 km/h，最高速度达 160 km/h；在二战以前，欧洲就有多国实现了列车以最高速度 160 km/h 运行；1964 年，日本东海道新干线的最高速度达 210 km/h；1989 年，最高运行速度 300 km/h 的法国 TGV-A 列车投入运营……

由此可见，这一时期中国铁路无论是旅行速度还是最高运行速度，都处于一种相当低的水平。这一时期中国列车速度与国外相比之所以有如此明显的差距，原因是多方面的。

首先，与法、德、日等铁路强国相比，中国铁路的基础设施及技术装备要落后得多。第二次世界大战前，法、德、日三国都有独立设计制造机车的能力，而新中国成立之初，我国还没有能力研制自己的机车，线路上跑的机车无一例外都是国外的产品。其次，客货共线、以货为主的运输模式也制约着列车速度的提高。再次，在计划经济条件下，铁路处于垄断地位，与民航、公路及其他运输方式几乎不存在相互竞争，根本无须考虑客源和货源不足的问题，即使列车的速度不高、服务质量不好，客源和货源依旧在增长，供小于求的现实影响了铁路界对列车提速的热情。最后，线路区段列车密度大、通过能力利用率过高、地方短途车流大、站停时间长等，也是导致列车速度不高的原因。

这一时期，中国铁路界的主要精力都放在提高运能上，而提高列车速度则被置于次要的位置。

20 世纪 90 年代，中国经济高速发展的浪潮给铁路运输带来了深刻的影响——铁路不得不面对高速公路和民航快速发展引起的激烈竞争。从 1988 年开始，中国开始修建高速公路，到 1999 年，中国已建成 1 万千米的高速公路！随着高速公路的快速发展，短途、中途、长途高速巴士也如雨后春笋般涌现。高速公路以其快速、便捷、“门”到“门”的服务，使原本只能选乘列车的部分乘客开始分流到高速公路。民航的发展同样迅猛惊人，在 20 世纪 90 年代以前，民航离普通民众还十分遥远，在中国乘坐飞机还是一种身份和地位的象征，但 20 世纪 90 年代后期，乘坐飞机已然成为寻常百姓出行时的一种选择。无疑，人们选乘飞机，最主要的就是看重飞机速度快的优点。

下面这组数据可以清楚地表明公路和民航给铁路运输带来的挑战："七五"期末（1990 年），铁路、公路、民航所占的客运量市场份额分别为 12.3%、83.9%、0.2%；只过了 5 年，到"八五"期末（1995 年）时，三种运输方式的市场份额变为 8.8%、88.8%、0.4%。"此消彼长"，与强劲的竞争对手相比，铁路的竞争力在衰退。

如何与高速公路和民航竞争？对策是：提速！

1990 年，铁道部将"广深线实现旅客列车最高速度 160 km/h 的技术方案研究"列入该年的铁道部科学技术发展项目，在提速方面迈出了可喜的第一步。

1994 年 6 月，铁道部将提高列车速度置于应有的高度，提出"大力提高列车重量，积极增加行车密度，努力提高行车速度。"

经过大量的前期研究和技术改造以及 3 年多的艰苦奋战，1994 年 12 月 22 日，我国第一条准高速铁路——广深（广州至深圳）铁路正式开通运营。由 DF_{11} 型电传动内燃机车牵引的特快"春光"号的最高运行速度达到 160 km/h！

"春光"号投入运行前，全长 147 km 的广深线上运行的列车最高运行速度仅为 110 km/h，全程运行时间为 2 h48 min。"春光"号（见图 2-1）将广深之间的运行时间一下缩短为 1 h12 min。提速前，广深铁路的客流量逐年下降，公司经营已是步履维艰；提速后，广深公司一扫经营上的阴霾之气，"春光"号的年平均乘坐率高达 90%，"春光"号的确给广深线带来了无限春光。

图 2-1　DF_{11} 型电传动内燃机车

之所以选择广深铁路作为提速的突破口，主要是基于以下几个方面：1983 年成立的广深铁路公司，在经营和资金筹集等方面都有自主权；这条铁路与香港的广九南段相连，是连接内地与港澳的纽带线；这条线无论客货运量都增长迅猛，例如，1983 年的旅客发送量仅为 966.6 万人，1988 年的时候已经增至 1798.9 万人；连接广州与香港的交通工具除列车外，还有高速公路、船运、公共汽车等运输方式，因此，现实需要广深线提高列车速度，确保客源。正是这些特殊之处，使广深铁路成了我国准高速铁路的先驱。

广深准高速铁路的开通，这一天也许来得晚了些，但中国铁路 120 km/h 的行车记录从此成为历史，我国没有准高速铁路的历史结束了！

广深线提速的成功，极大地提高了我国铁路界对其他既有线实施提速的信心，也为今后发展高速铁路积累了宝贵的经验，奠定了良好的基础。

铁路提速绝非一件简单的事情，而是一项复杂的系统工程。

以广深铁路的提速来说。提速的结果给普通乘客的感受主要是两点：列车速度从 110 km/h 提高到了 160 km/h；广州与深圳之间的旅行时间比以前缩短了 1.5 h 左右。然而，要实现这两点，要求的却是整个铁路系统技术水平的综合提高。例如：要提高列车速度，就需要开发更大牵引功率的新型机车，而机车牵引功率增大又会对相关装置的容量、冷却、安装技术、部件质量、可靠性等提出更高的要求。因此，光是研发新型机车一项就可以说是浩大的工程。列车速度提高了，对运行路线的要求也相应提高，这点与公路交通相似——对高速公路的施工要求显然要比普通公路高得多。因此，这就需要对原有线路的路基、桥梁、道岔等进行改造。此外涉及的还有信号、供电等多个子系统技术，各子系统之间又涉及接口技术……

总之，要实现提速，各子系统、各项子技术都必须“更上一层楼”！

1995 年 6 月，铁道部做出了将繁忙干线旅客列车速度提高到 140 ~ 160 km/h、货物列车速度提高到 80 ~ 90 km/h 的决定，其后为人熟知的全路六次大提速就是这一决定的具体成果反映。

很快，铁道部就在京沪、京广、京哈三大干线上进行了 140 ~ 160 km/h 的提速试验。提速试验首先在线路条件相对好、客流量大的沪宁线上实施。在经过线路改造、提高机车性能、信号改良等一系列前期技术准备工作后，1995 年 10 月 8 ~ 20 日，在沪宁线上成功地进行了最高运行速度 150 ~ 170 km/h 的提速试验。提速试验很快就见到了具体成效，半年后的 1996 年 4 月 1 日，最高速度 140 km/h 的“先行”号特快旅客列车英姿飒爽地在沪宁线上飞驰。同年国庆节的这一天，“先行”号的最高速度达 160 km/h。提速后，上海至南京的列车运行时间由 4 h 缩短为 2.5 h。

沪宁线的提速试验刚完，1995 年 11 月，在北京至秦皇岛上又开始了用 DF_{11} 型机车（见图 2-2）牵引的准高速试验，这次提速试验同样大获成功。1996 年 7 月，最高速度 140 km/h 的“北戴河”号特快旅客列车在京秦线上投入运行；同年 10 月 8 日，从北京经沈阳至大连的双层新型特快旅客列车的最高运行速度也达到 140 km/h。

显然，中国铁路不会满足于这些局部区间的提速成功，局部提速只是为今后全路大面积提速奠定必要的基础、积累必要的经验，中国铁路即将迎来它的第一次大面积提速。

图 2-2　既有线提速的主型机车 DF_{11} 和 SS_9 机车

2.1.2　第一次至第五次大提速

1997 年 4 月 1 日，零点。中国铁路全面实施第一次大面积提速。

这次提速受惠的是京沪、京广、京哈三大干线。由于三大干线无论客流量还是货流量之大，都远非其他线路可比，因此，首先针对三大干线提速可获得更大的社会效益和经济效益。

这次提速以三大干线上的北京、上海、武汉等大城市为中心，开行了 40 对最高速度 140 km/h、旅行速度 90 km/h 以上的快速列车。78 列“夕发朝至”列车的开行，极大地方便了旅客的出行，广受旅客的青睐。有意无意之间，“夕发朝至”也很快成了中国铁路运输一个响亮的广告词。与此同时，三大干线上其他旅客列车的速度也有不同程度的提高。第一次大提速后，全国铁路旅客列车的旅行速度由原来的 48.1 km/h 提高到了 54.9 km/h。

第一次大提速后，人们对中国铁路速度慢、服务质量不高的印象开始发生变化。1998 年 10 月 1 日，中国铁路迎来了第二次大面积提速。

第二次大提速仍以京沪、京广、京哈三大干线为重点，在第一次提速的基础上进一步提高列车速度。三大干线旅客列车的最高运行速度达到了 160 km/h。除三大干线外，对浙赣、南昆、兰新线部分区段等线路的列车运行速度也有一定幅度的提高。同时，第二次大提速后，方便旅客出行的提速列车的数量也明显增加了。例如，“夕发朝至”旅客列车增加到 116 列；开行了北京至天津、北京西至石家庄等大城市间的城际客车。此外，民工专列、旅游热线直达列车等种类列车的推出，也受到社会各界的好评。中国铁路运输形式显得灵活多样起来了！

第二次大提速后，全国铁路旅客列车的旅行速度达到 55.16 km/h。同时，时速 140 km/h 的线路由以前 239 km 增加到 1454 km，时速 160 km/h 的线路由 268 km 增加到 445 km。

中国铁路提速的步伐并没有因为第一、二次大提速的成功而放缓，对于地域宽广的中国来说，除三大干线外，需要提速的线路还很多，要适应中国社会和经济的飞速发展，中国需要更大的提速网络。于是，铁道部在前两次大提速成功的基础上，从 2000 年至 2004 年，先后实施了第三、四、五次大提速。

五次大提速的概况如表 2-1 所示。

表 2-1　五次大提速概要

次	实施年月日	主要提速线路	提速主要内容
1	1997.4.1	京沪、京广、京哈三大干线	开行 40 对最高运行速度 140 km/h、旅行速度 90 km/h 以上的旅客列车；“夕发朝至”旅客列车 78 列；货物列车最高运行速度 80 km/h；全路旅客列车的旅行速度由原来的 48.1 km/h 提高到了 54.9 km/h
2	1998.10.1	以京沪、京广、京哈三大干线为重点	干线旅客列车最高运行速度达 160 km/h；三大干线大部分区段的特快旅客列车运行速度超过 120 km/h；“夕发朝至”旅客列车增至 116 列；广深铁路上 X2000 型摆式列车“新时速”，国内旅客列车首次实现 200 km/h 运行
3	2000.10.21	陇海线、兰新线、京九线、浙赣线等	提速重点是中西部地区；全路旅客列车旅行速度达到 60.3 km/h；“夕发朝至”旅客列车 266 列；北京西～乌鲁木齐、上海～乌鲁木齐的旅行时间由原来的 61 h、65 h 缩短至 48 h、51 h；全国铁路提速线路延展近 1 万千米
4	2001.10.21	京广线武昌至广州段、哈大线、浙赣线、汉单线等	提速里程 4257 km，使全国提速总里程达到 13 000 km，提速网络基本覆盖全国主要地区
5	2004.4.18	京沪、京广、京哈等主要干线	京沪、京广、京哈等干线部分地段线路基础速度达 200 km/h 的要求；直达特快列车在京广、京沪等繁忙干线以 160 km/h 速度长距离运行；全路旅客列车旅行速度达到 65.7 km/h；提速网络总里程约 16 500 km，其中时速 160 km 及以上线路约 7700 km；铁路技术装备全面升级

经过五次大提速以后，长久以来中国铁路留给人们的速度慢、服务质量差的印象逐步消失，中国的铁路之旅也不再总是漫漫长途了：全国铁路以 120 km/h 以上速度运行的线路里程达到 16 500 km；以北京、上海、广州为中心，连接全国主要大城市的铁路旅客列车运行时间明显缩短，以三城市为圆心，半径在 2000～2500 km 的城市间旅客列车实现“一日到达”，半径在 1200～1500 km 的城市间实现“夕发朝至”，半径在 500 km 左右的城市间实现“朝发夕归”。

五次大提速的成功，是中国铁路界人士的智慧和艰苦努力换来的。以第三次大提速为例，光是道岔就换了 2096 组提速道岔，同时还投入了 110 台高性能机车和

774 辆新型客车。从 1995 年铁道部制定既有线提速的策略开始，围绕提速，中国铁路进行了一系列综合提速试验，完成了几百项科研项目。经过五次大提速之后，无论理论还是技术装备，中国已掌握了成套的既有线 160 km/h 的提速技术。

但是，中国铁路并没有满足于已经取得的提速成果，还要向列车速度 200 km/h 的目标奋进！

经过前五次大提速，中国干线铁路的列车最高运行速度已达 160 km/h，为何还要向 200 km/h 速度等级提速的高峰攀登呢？

我们先来看世界其他国家既有线提速的发展趋势。

早在 1985 年，欧洲经济委员会就确定了既有线提速改造速度标准为 160 ~ 200 km/h。目前，法国、德国、俄罗斯、西班牙、意大利等多个欧洲国家的既有线列车最高速度都达到 200 km/h。美国对既有线改造的最高速度为 240 km/h。日本也于 1991 年提出，2010 年前在窄轨既有线上实现 200 ~ 250 km/h 的运行速度。截至 2006 年底，世界上已有 10 多个国家的铁路通过既有线改造，旅客列车最高运行速度达到 200 km/h 或以上，线路总里程约为 8000 km。因此，不难看出，把既有线列车速度提高到 200 km/h 是世界铁路既有线改造提速的共同趋势。

当前，我国正致力于高速铁路的建设，学习和了解已经拥有高速铁路的国家在既有线提速方面的经验对我们也是非常重要的。因为，在拥有高速铁路的国家，高速铁路建设和既有线的提速一般都是并重的。因为，对于一个要先乘高速列车、目的地在既有线上的乘客来说，如果能让高速列车直接下线到既有线上运行，就能省去途中换乘既有线列车的麻烦！为了实现这一目标，就需要我们将既有线的潜力发挥出来，让既有线提速，使高速铁路与既有线连接起来，形成一张快速运输网。同时，此举还能提高铁路的竞争力！事实上，德国就是这么做的，德国先后建成科隆至法兰克福线等最高运行速度 300 km/h 的高速铁路 917 km，然而，在把一些既有线路提速到 200 km/h 后，德国高速列车驰骋的范围就大多了，高速列车的通达里程超过 6000 km！法国同样如此，法国的高速铁路长度只有 1576 km，通过对部分既有线的提速改造，TGV 高速列车的通达里程已达到 5900 余千米。日本与德、法的情形有些不同，因为日本新干线是标准轨，而既有线却是窄轨。虽说先天不利，但日本也做了顽强的努力，他们把既有线的轨距拓展为标准轨，从而实现了高速列车在既有线上的运行。

中国铁路经过前五次大提速后，虽然速度和服务质量都有了质的飞跃，然而，作为竞争对手的高速公路和航空同样为了提高竞争力也在飞速发展，甚至比铁路发展还要迅猛。例如，1999 年我国的高速公路里程为 1 万千米，到 2002 年就已突破 2 万千米。近年来，公路每年都以 3000 多亿元的投资规模进行建设。从 1990 年至 2000 年的 10 年，民航的航线里程也增长了 2 倍左右，从原来的 50.68 万千米发展到 150.29 万千米。因此，要想让铁路在运输市场竞争中占据有利地位，除了要加紧建设高速铁路外，既有线还需要进一步提速，达到国际水平——实现列车速度 200 km/h 运行！

2.1.3 第六次大提速

2007 年，是中国铁路倍受国内民众关心的一年，也是令世界关注的一年。

2007 年，“第六次大提速”“动车组”等字眼频繁出现在国内外各种媒体上，显示着中国铁路受关注的程度。的确，“动车组”与“第六次大提速”应该是最能反映 2007 年中国铁路取得飞速发展的词语了。

2007 年 4 月 18 日，中国铁路按照预定计划实施了第六次大面积提速和新的列车运行图。这次大提速的最大亮点是：既有线上速度 200 km/h 动车组的开行！既有线提速到 200 km/h 等级，标志着中国铁路在既有线提速方面有质的飞跃，达到了既有线提速的国际水平。

图 2-3 CRH_2 动车组

第六次大提速后，全路旅客列车速度普遍有较大提高，主要城市间旅行时间总体压缩了 20%～30%。其中旅行时间压缩幅度最大的是上海到南昌、上海到长沙的列车，提速后上海到南昌列车运行 5 h08 min、压缩 5 h45 min，到长沙 7 h30 min、压缩 7 h30 min，压缩幅度都在一半以上。

第六次提速后，时速 120 km 及以上线路延展里程达到 2.2 万千米，其中时速 160 km 及以上的线路延展里程达 1.4 万千米，新增时速 200 km 及以上线路延展里程达 6003 km，其中时速 250 km 线路延展里程达 846 km。如果告诉你，截至 2006 年，全世界时速 200 km 以上的既有线线路总里程只有约 8000 km，你应该会感到我国第六次大提速的规模之大和提速水平之高了。

提速后，全路客货列车开行数量将分别达到 1312.5 对和 16656 对，分别比现在增加 140.5 对和 1316 对。客货运输能力大幅提升，有效地缓解了铁路运输的紧张状况，为经济、社会又好又快发展提供了更加有力的运力支持。

2.2　中国高速铁路技术体系的形成

2.2.1　中国需要高速铁路

虽然中国铁路先后实施的六次大提速都大获成功，但中国铁路依旧任重而道远！

节假日期间，大量乘客滞留大城市火车站的现象仍旧存在；能否买到一张自己想要的火车票，依旧是大多数旅客心头挥之不去的担心。这些，都昭示着中国铁路运输能力的明显不足。的确如此！当前，京沪、京哈、京广等干线的运输能力已基本发挥到极限，许多区段能力利用率已达 100%！然而，伴随中国经济持续快速的发展，铁路旅客、货物运输需求还在增长。2007 年，全国铁路旅客和货物运输需求分别为 15 亿人·次、25 亿吨。据预测，到 2020 年，旅客和货物运输需求将分别达到 40 亿人·次、40 亿吨，年平均增长速度分别为 7%和 4%。显然，如果中国铁路不继续快速发展，铁路“瓶颈”制约矛盾将越来越突显。

在网络化时代的今天，人们的生活节奏日渐加快。尽管 2007 年动车组的登场大大压缩了大城市之间的旅行时间，然而，像北京至上海仍需 9 h59 min，这个数字对于乘客来说还是太长了。显然，铁路要想与民航竞争，速度还需要进一步提高。

中国铁路，运能不足，竞争力需进一步提高，加以中国面临的环保和节能问题，这些都昭示着一个事实：中国需要高速铁路——客运专线！

从世界运输业发展趋势来看，高速铁路是铁路运输业的发展方向。中国从 1988 年就开始讨论研究高速铁路（客运专线）的建设，到 2004 年决定实施，其间呼声一直很高。高速铁路具有速度高、能力大、能耗低、占地少、污染小和安全稳定的优势，在世界能源处于紧张状态的情况下，发展高铁众望所归。

2.2.2　中国高速铁路技术体系的形成过程

日本、法国和德国都有自己成熟的高速铁路技术体系，但这些技术体系对我们而言却只能借鉴不能照搬，毕竟，中国有自己独特的国情和路情。现实要求中国必须有自己的高速铁路技术体系。

事实上，日、法、德三国的技术体系也是根据各自的国情、路情并吸收国外成功经验而确立的。这里，让我们以高速列车技术为例来稍加说明吧。我们知道，日本新干线列车比法、德两国的高速列车车体更加宽大，那是因为日本的国情与法、德不同之故——日本客流量大，而欧洲客流量小。日本的高速列车从最早的 0 系到现在最新的 N700 系，无一例外都是动力分散方式；而法国和德国的绝大多数高速列车却是动力集中方式。可以说，日本在 20 世纪 50 年代决定研发自己的高速列车的时候，几乎未加任何考虑就选择了在当时看来有些“离经叛道”的动力分散方式。日本做这样的选择，主要是由日本的路情决定的：日本的地质松软，更加适宜轴重较轻的动力分散方式列车运行。同样，法国和德国在研发自己的高速列车之初，也是没有丝毫犹豫就选择了动力集中方式，原因就在于法国和德国的地质相对坚硬，可以满足动力集中的高速列车运行。而且，动力集中方式一直是法、德两国擅长的领域，基于本国的技术现状，可以说当时法、德都做出了最适合本国国情的选择。在吸收国外成功经验方面，日本早期 12 辆编组的 0 系列车有 6 台受电弓，法国人在新干线开通之初就指出新干线列车受电弓太多、受流质量差的缺点，日本后来吸收了欧洲高速列车受电弓少的优点，发展为 16 辆编组的新干线列车只用 2 台受电弓。法、德也同样吸收了日本很多成功的经验，最好的例子就是法、德两国在充分吸收日本动力分散方式高速列车技术的基础上，也各自研发了自己的动力分散方式高速列车。

中国的高速铁路技术体系是在利用几十年积累的技术资源的基础之上，结合中国的国情与路情，充分发挥后发优势，积极借鉴和吸收国外先进技术而逐步形成的。

中国的高速铁路技术，离不开前人的努力，离不开前人奠定的基础。

新中国成立之初，全国铁路营业里程仅有 2.1 万千米，由于战争的破坏，真正能够通车使用的只有 1 万多千米；很多车站连信号机都没有，70%的线路居然没有闭塞设备——保证列车行车安全的最基本的设备；每天虽然有成千上万台蒸汽机车在线路上奔跑，但那些机车清一色都是国外制造的；落后的设备，杂乱的技术规格……新中国铁路就是在这样薄弱的基础上开始奋然前行的。

从 1949 年至 1978 年，即改革开放前的差不多 30 年时间里，是新中国铁路的恢复和路网基本形成的时期。到 1978 年底，铁路营业里程增至 4.3 万千米左右，路网基本形成。

这一时期，中国铁路也实现了多项技术从无到有的突破，为以后的技术发展奠定了基础。例如，1961 年 8 月 15 日，我国第一条电气化铁道在新建的宝成线宝鸡至凤州段正式通车，结束了我国无电气化铁道的历史。我国电气化铁路从起步之初，就采用世界上最先进的工频单相 25 kV 交流供电方式——这项技术对高速铁路而言是不可或缺的，为我国电气化铁道以及现在的高速铁路建设奠定了良好的基础。1952 年 12 月，青岛四方机车车辆厂试制成功了我国第一台机车——解放型蒸汽机车，它的诞生结束了中国没有国产机车的历史。

1978 年 12 月 18 日至 22 日，中国共产党第十一届三中全会召开，中国从此走进改革开放的新时代。也就是从那时起，中国铁路进入了改革和大发展的时期。在铁路建设投资方面，改革开放前近 30 年中，中国铁路建设投资为 607.73 亿元；而

1979 年至 1998 年，铁路建设投资就达到 3084.41 亿元，年均增长 150 亿元，是改革开放前 30 年铁路建设投资的 5 倍；2003 年至 2007 年 5 年间，中国铁路完成建设投资 5220 亿元，比 1998 年至 2002 年 5 年间增加了 2348 亿元。这一时期，中国铁路网也在迅速扩大和完善。到 2005 年底，全国铁路营业总里程达 75 619 km，位居世界第三位、亚洲第一位。在电气化铁路建设方面的成绩同样令人惊叹：1949 年以前，中国的电气化铁路是一片空白，1950 年至 1978 年建成了 1032.9 km，1979 年至 2005 年修建了 19 099 km，建设速度之快世所罕见。至 2012 年底，电气化铁路运营里程达 48 000 km，位居世界第一。在铁路速度方面，从 1997 年至 2007 年，中国铁路先后进行了六次大提速，目前，既有线列车速度已达到 250 km/h 的国际先进水平。

中国铁路的建设投资规模不断增大、列车网络不断完善、铁路速度不断提高的过程，也是技术水平不断提升和为中国的高速铁路建设不断积蓄技术力量的过程。所谓“窥一斑而知全豹”，这里，我们通过中国第六次大提速在技术方面开展的工作和取得的进步就可略知一二了。

围绕第六次大提速，铁道部组织全国的科技力量，完成了 200 km/h 等级动车组列控系统技术、机车车辆试验、200 km/h 等级接触网试验、轨道几何不平顺管理值和养护技术等 50 多个项目的科研攻关。要在全路大面积开行 200 km/h 动车组，就离不开前期的试验，铁道部共组织进行了 4 次 200 km/h 等级提速综合试验：2004 年 9 月完成胶新线 120 km/h 货物列车提速综合试验；2005 年 4 月完成京秦线 200 km/h 等级列车交会综合试验；2005 年 5 ~ 6 月完成遂渝线 200 km/h 等级提速综合试验；2006 年 6 ~ 8 月完成胶济线 200 km/h 等级提速综合试验。2011 年开通的京沪高铁运营速度 350 km/h，为世界高铁运营最高速度。

2.2.3　中国高速铁路技术体系速写

高速铁路是一个庞大而复杂的系统。不难想到，中国的高速铁路技术体系也必定是一个复杂的技术体系，单从系统技术的角度讲，这个技术体系就包括：工务工程、牵引供电、通信信号、动车组、运营调度、客运服务、综合维修和安全评估等技术（见图 2-4）。

1. 高速动车组

动车组漂亮的流线型车体、令人赏心悦目的乘车环境、200 km/h 以上的运行速度，都令人赞叹不已。中国时速 200 km 的动车组按照国务院提出的“引进先进技术，联合设计生产，打造中国品牌”的总体要求，通过“引进→消化→吸收→再创新”的方式，逐步确立了中国高速动车组技术。

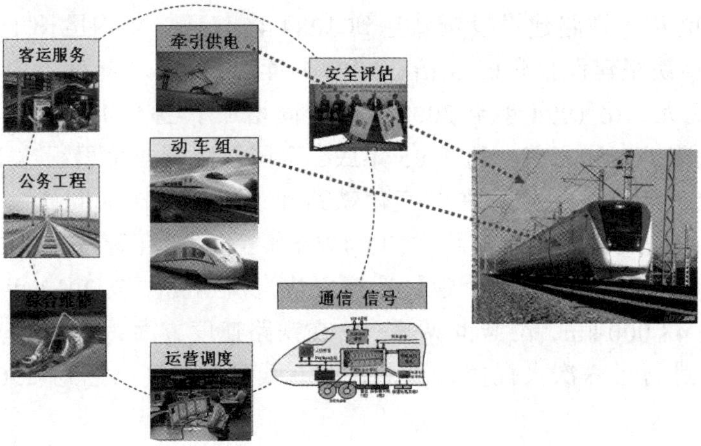

图 2-4 中国高速铁路技术体系

如今，世界上的高速动车组可说是车型众多，特点各异。例如，单是日本，其投入运行的新干线车型就达 13 种之多。从小范围讲，新干线的 13 种车型各有各的特点：有的偏重乘客乘坐舒适度，有的重视性价比，有的又侧重于提高曲线通过速度……从大范围讲，以法、德为代表的欧洲高速动车组与日本新干线列车也是形神皆异。经过认真的技术交流和反复的比选，按照“先进、成熟、经济、适用、可靠”的基本方针，中国最终选择了当今世界上最先进和成熟的四种动力分散动车组作为原型车，这四种车型分别是：

CRH1 的原型车——Regina。Regina 是由世界著名的庞巴迪公司从 1998 年开始为瑞典国家铁路和地方铁路开发的高速动车组，技术成熟，列车上 90%的材料都可以再生而循环利用，时速可达 220 km，是理想的中短途客运和城际交通用车。

CRH2 的原型车——E2-1000。日本川崎重工株式会社于 2002 年推出的 E2-1000 新干线列车，代表着日本最先进的动车组技术，设计时速为 315 km，最高运行速度为 275 km/h。

CRH3 的原型车——Velaro-E。Velaro-E 是西门子公司于 2001 年在德国 ICE3 动车组的基础上开发的一种能充分体现西门子公司技术水平的产品，这种车型的最高运营时速达 350 km。Velaro-E 是 2008 年 7 月在京津线上亮相的 CRH3 的原型车。

CRH5 的原型车——SM3。在我国东北严寒气候中飞奔的动车组 CRH5 的原型车是阿尔斯通公司制造的 SM3。SM3 属于 Pendolino 动车组系列，在欧洲广泛使用，技术成熟，速度可达 250 km/h，适合高寒地区。

这四种车型最引人注目的共同点就是动力分散。

我国通过 2004 年和 2005 年两次采购，成功地引进了上述四种世界一流的动车组技术。具体引进了哪些技术呢？我国在全面系统地引进动车组设计和制造技术的前提下，重点引进了动车组总成、车体、转向架、牵引变压器、牵引变流器、牵引电机、牵引控制系统、列车网络控制系统、制动系统等九大关键技术。除了九大关键技术外，铁道部与中方企业协商又确定了十项配套技术引进项目，具体包括：空调系统、集便装置、车门、车窗、座椅、风挡、钩缓装置、受流装置、辅助供电系统和车内装饰材料等。

引进技术的最终目的是要实现具有世界先进水平的高速动车组的国产化。显然，要想实现国产化，打造中国品牌，我国要做的第一件事情是：消化吸收国外先进技术。为此，我国长客厂、四方厂、唐山厂、株洲所、铁道科学研究院、四方车辆研究所、西南交通大学、北京交通大学等国内骨干制造企业以及科研院所都加入到了消化吸收再创新的行列中。

在引进国外动车组技术的同时，我国还根据自己的国情和路情，对四种原型车在轮轨界面、弓网关系、旅客界面等方面都做了相应调整。例如，中国的钢轨头部形状和欧洲及日本是不一样的，如果不对引进的动车组车轮踏面形状作相应的修正，使轮轨间配合达到最佳状态，就会增大轮轨间的磨耗和降低乘坐舒适度。我国有些线路上要跑双层集装箱货运列车，接触网的高度为 6.33 m，这个高度与日本新干线的 5.1 m 是完全不一样的。因此，要求我国的动车组受电弓能满足我国的具体路情。旅客界面方面，考虑到文化上的差异，自然也得做相应的调整。

目前，我国动车组制造行业已基本掌握了动车组系统集成、铝合金、不锈钢车体、转向架、牵引变流器、牵引控制系统、牵引变压器、牵引电机、列车网络控制系统和制动系统等九大关键技术。大功率电力机车的总成、车体、转向架、主变压器、网络控制、主变流器、驱动装置、牵引电机、制动系统等核心技术以及大量的配套技术，都已拿到中国企业的手中。

2. 高速铁路牵引供电技术体系

高速铁路牵引供电系统是在现代高速运输理念和当今最新供电设备基础上建立起来的具有“统一技术平台、统一技术标准、统一管理模式”的能量供给系统。它必须能满足高速铁路客运专线“高速度、高密度、长干线、跨线路”的运输要求，为电气化列车提供安全、稳定、可靠、不间断的电能。

世界铁路客运专线发达的国家，都建立了涵盖牵引及电力供电系统技术标准在内的高速客运专线建设技术平台。目前典型的客运专线技术平台有德国 ICE、法国 TGV、日本新干线等，它们均代表了世界高速铁路客运专线技术发展的前沿水平。中国高速铁路将依托京津、武广客运专线等项目的实施，通过全面系统地引进国外先进、成熟、经济、适用、可靠的牵引供电技术，构建具有自主知识产权的、设计速度 200 ~ 250 km/h 及 300 ~ 350 km/h 的客运专线牵引供电系统技术平台。

该平台应具有以下特点：

（1）满足高速和跨线运行的弓网关系的特殊要求；

（2）满足双弓取流及动车组自动过分相的技术要求；

（3）满足可靠稳定的供电要求；

（4）满足长大干线综合一体化远程监控的技术要求；

（5）满足免维护、少维修、抵御自然环境侵害的要求。

3. 高速铁路通信体系

高速铁路通信系统主要以传输及接入、电话交换、数据网、GSM-R 专用移动通信等设备为基础，建立调度、会议电视、救援指挥、动力环境监控和同步时钟分配等通信系统，将有线和无线通信有机结合，实现话音、数据、图像、列控的多种功能。

铁路通信主要完成的任务是：保证指挥列车运行的各种调度指挥命令信息的传输；为旅客提供各种服务的通信；为设备维修及运营管理提供通信条件。

中国铁路建成了以光纤通信为主体，积极采用数字微波和卫星通信的通信传输手段，光纤到车站、光纤到基层已成为现实。铁路通信全面进入了数字传输时代，建成了承载客货运营管理、运行监控和运输服务各种数据业务的铁路数据传输网，努力实现原始数据一次输入，并按需分给各自动化系统共享数据资源。在此基础上，建成铁路综合业务数字网（ISDN），为开展话音、数据和图像多媒体通信提供强有力的通信平台。无线通信已经渗透到铁路现场各个部门，以话音和数据同时传输为特征的列车无线通信已成为主流。

从 1998 年开始，欧洲铁路开始建设面向未来的新一代铁路移动无线通信系统 GSM-R。该系统除了能实现话音和数据同传外，最重要的发展是系统已成为能承载综合业务并为列车运行控制系统实现地、车双向安全信息和指令传输的移动通信平台。

中国铁路已确立全面采用 GSM-R 的战略，并且已经开始将 GSM-R 系统应用于大秦线、青藏线和胶济线等线路上。2008 年建成全路和主要干线及重点枢纽地区的 GSM-R 网络，2015 年建成覆盖全路的 GSM-R 网。

4. 中国高速铁路列车运行控制技术

现代信息类技术的迅速发展，使列车运行控制技术与现代铁路各专业及技术之间的关系和作用变得密不可分。铁路信号、通信技术的相互融合，车辆、线路、牵引、制动以及行车调度指挥等专业技术的整合，冲破了功能单一、控制分散、通信信号相对独立的传统技术理念，不仅在行车安全方面提供了根本保障，而且在行车自动化控制、运营效率的提高及管理自动化等方面，提供了完善的功能，并向着运输综合自动化的方向发展。

在列车运行控制技术方面，铁路信号的车站、区间控制一体化，计算机、通信、控制技术与信号技术集成为一个高自动化水平的列车运行自动控制系统。列控系统技术作为现代化铁路的重要标志之一，正向数字化、智能化、网络化和一体化的方向发展。

列车运行控制系统是中国铁路提速线路和客运专线保证列车行车安全、提高列车运行效率的重要技术装备，以有效的技术手段对列车运行速度、运行间隔进行实时监控和超速防护；同时能够减轻司机劳动强度、改善工作条件，提高乘客舒适度。

通过深入研究和科学论证，立足于中国技术和装备，借鉴国际相关标准和经验，中国铁道部提出了符合中国技术政策和铁路运输需要的中国列车运行控制系统 CTCS（Chinese Train Control System）技术体系和总体规划。

根据铁路线路条件、列车特性、运行速度等运输需求，CTCS 共分为 5 个等级。其中 200 ~ 250 km/h 的既有提速线路、客运专线宜采用 CTCS-2 级列控系统；250 km/h 以上的客运专线和新线宜采用 CTCS-3 级或 CTCS-4 级列控系统。

中国高速铁路正处于高速发展时期，高速铁路列控技术也必须与时俱进，紧跟时代潮流。CTCS-2 级列控系统按照统一的标准、通过设备的研发、关键技术引进、系统集成，形成了具有中国特色和自主知识产权的列控系统，并在中国铁路第六次提速中大放异彩。CTCS-3 级与 CTCS-4 级列控系统都是基于无线通信（GSM-R）的方式完成大数据量、高实时性、车地双向通信，采用准移动闭塞或移动闭塞制式的列控系统，是具有世界先进水平的基于通信的列控系统（CBTC）。该模式系统相比以往列控系统具有很大的优势，是中国高速铁路列控技术发展的主要方向。

5. 运营调度

在铁路运输生产过程中，运营调度如同战场上的指挥官，运筹帷幄，决胜千里。它是链接所有作业环节的桥梁，是下达生产指令的枢纽，机车、车辆的调配，运行线的安排与调整，旅客、货物的运输计划编制与下达等一系列的指挥工作都由它来完成。

高效的指挥辅以先进的信息化装备，就如虎添翼。对铁路调度工作而言，铁路信息化工作同样必不可少，将大量重复性的简单工作交给计算机去做，构建一个能够自动实现客货营销、计划编制、行车组织、防灾监控、综合维修等功能的运营调度信息系统，是中国高速铁路运营调度系统的核心。

新中国成立至今，中国铁路运营调度始终在变化发展，理论研究不断创新，技术手段不断革新，调度模式也在不断适应路情的发展，建设中国高速铁路运营调度系统的技术积累正逐步成熟。根据中国高速铁路运营调度模式特点，设计开发中国高速铁路运营调度信息系统，成为紧迫而重要的基础性工作。

与既有线相比，中国高速铁路具有“高安全、高速度、高密度、高正点率、高计划性、高服务、综合维修”的特点；与国外高速铁路相比，中国高速铁路具有“衔接方向多、动车组数量多、开行方案复杂”等特点。这就使得中国高速铁路运营调度系统建设不能完全照搬国外系统，必须借鉴国外先进成果，结合中国国情和路情，设计研发具有自主知识产权的运营调度系统。

中国高速铁路的运营特点与运输组织模式是研究运营调度模式及其系统的基础。在分析运营特点与运输组织模式的基础上，借鉴日法德等国家高速铁路运营调度系统的理论成果与实践模式，走引进、消化、吸收、再创新之路，研究确定中国高速铁路的运营调度模式。对于运营调度系统的设计，也从其内部的机构、调度台设置到系统的功能设置再到其外部与其他系统的衔接一一进行描述，为读者展示了一幅中国运营调度系统的宏伟画卷。

6. 客服系统

适应铁路客运专线高速度、高密度、大客流的特点，为旅客提供便捷、高效、舒适的服务，是客运专线客运服务系统（PDSS）建设的重要目的。

客服是在现代高速铁路管理思想、服务理念和当今最新信息技术基础上，在铁道部、区域中心及车站按照统一的服务标准、统一的经营策略、统一的管理机制、统一的技术架构建立起的信息高度共享、资源高效利用、运行安全可靠的综合完整的服务系统。

客运服务系统将所有服务理念融入一套综合系统中，体现以人为本的理念，在旅客出行前、购票、进站、候车、乘车、换乘、出站等各环节上提供全方位的信息服务。客运服务系统主要包括票务系统、旅客服务系统、市场营销策划系统、安全保障平台等子系统。

7. 综合维修

综合维修是高速铁路安全的保障，如同璀璨夺目的明珠需要经常擦拭，高速铁路的线路、设备和机车车辆同样也需要经常检查、保养和维修。

高速铁路的运营与技术设备的综合维修相互制约又相互依存。频繁维修且一次维修中断行车时间过长，将打乱正常运输秩序；而强调运输繁忙，维修时间安排较短，将造成一些固定和移动设备因失修而带病“上岗”，危及行车安全。高速铁路的运营需要正确处理综合维修与运输的关系。

高速铁路综合维修体系是一个复杂的系统，覆盖面广、涉及因素众多。横向来看，包括两部分：固定设备的综合维修和移动设备的运用维修；纵向来看，主要包括维修理念、管理体制和组织结构、维修制度、生产力布局、检修设备等。

日法德三国高速铁路非常重视对固定和移动设备的养护维修，各国都根据自身的运营条件，在高速铁路综合维修方面进行了大量的探索和实践，并通过不断改进和完善，建立了相对成熟的综合维修体系。

中国铁路通过多年来既有线的运营和国内十多年的研究，在充分吸取国外先进技术和国内普速线路既有经验的基础上，兼收并蓄，博采众家之长；同时，以现有运力资源为基石，锐意创新，在关键技术创新和设备自主研制方面走出了一条原始创新、自主创新和引进吸收再创新之路，做到了“博观而约取，厚积而薄发”。中国高速铁路以“更快、更稳、更安全”为目标，建立了具有中国特色、适应国情和路情、满足运营要求的高速铁路综合维修体系。

以先进的检修和检测装备为基石，以高度信息化的管理系统为支撑，以全面有效的检修人员培训为前提，在我国既有机车车辆养护维修体系基础上，引进国外先进的检修理念、检修标准和检修方式，是中国高速铁路综合维修体系一直以来的发展之路和发展方向。

8. 安全评估体系

高速铁路作为我国铁路运输的一种新形式，安全对其来说更显重要。安全是人们的第一需求，也是中国高速铁路建设的第一要义。

科学地说，列车运行速度的大幅度提高增加了铁路运输安全的潜在风险。

从世界范围来看，高铁技术发达国家均采用了一整套的安全评估与保障体系，有力地保障了高速铁路系统的安全运行。

作为高速铁路后发国家，我国高速铁路安全评估体系的建立在技术层面和社会影响层面都具有十分深刻的意义，可以说是应运而生、势在必行。

回顾过去，中国高速铁路安全评估体系的建立选择了一条合乎中国国情和路情的发展之路。这集中体现在树立科学的安全理念、重视基础技术标准和方法的研究、出色的管理基础和体制、评估分析方法的多样性和可操作性等几个方面。

高速铁路的安全评估和安全保障工作的成果要靠文化去保证。具体地说，就是要建立安全长效机制，建设和培养中国高铁的安全文化，为中国高速铁路未来的发展确定方向和模式。

第 3 章　高速动车组

一说到高速铁路，人们的脑海里立刻就会浮现出高速列车的形象：漂亮的流线型车头，修长的身姿，优雅宽敞的车厢环境，风驰电掣般奔驰的矫健身影……尽管高速列车只是高速铁路的一个组成部分，但在大多数人的心目中，现代高科技与美学的结晶——高速列车仿佛就是高速铁路的代名词。

世界高速列车始于日本，1964 年诞生的 0 系新干线列车是世界高速列车的鼻祖。次之问世的是 1981 年由法国推出的 TGV-PSE 列车。TGV-PSE 列车的登场亮相，让世界高速列车界陡然热闹起来。这是因为法国与日本文化不同，技术背景也不同，这些不同让人们看到了两种形神迥异的高速列车，围绕日、法两国的高速列车技术的讨论开始活跃起来。世界上第三个拥有高速列车的国家是德国，1991 年，德国人也自豪地将他们的高速列车 ICE1 展现在世人面前。从此，随着相关技术的进步，彼此的取长补短，世界高速列车进入了一个百花争艳的大发展时代。目前，全世界高速列车车型达数十种之多，拥有高速列车的国家和地区包括日、法、德、英国、意大利、西班牙、瑞典、韩国、中国台湾等。

3.1　动车组的概念

2007 年 4 月 18 日，中国铁路的第六次大提速让人们看到了中国的高速列车——时速 200 km 的动车组 CRH（China Railway High-speed）。在很多人心目中，动车组几乎就是高速列车的同义词了。

严格讲，动车组是不能和高速列车完全画等号的。那么到底什么是动车组呢？

所谓动车，简而言之就是具有牵引动力装置的铁道车辆。动车又可分为两种：一种是我们熟悉的只给列车提供动力但不载客或载货的机车（俗称火车头）；另一种，就是牵引动力装置安装在车厢底部，同时还兼备载客或载货功能的车辆，CRH 动车组的部分车辆便属于这一类。

动车的意思既明，且让我们看看动车组的庐山真面目。我们以时速 300 km 的法国的 TGV-A 和我国的 CRH2 型高速动车组为例来说明。

TGV-A 为 12 节固定编组，在列车的前后各配置 1 台同步电机驱动的电力机车，中间配置 10 节拖车，列车运行时，两台电力机车以前拉后推的推挽方式运行，最高运营速度达 300 km/h。列车在终端站往返无须调头，只需改变前后操纵端。CRH2 型高速动车组为 8 节固定编组，其中 4 节为车厢下带异步牵引电机的动车，4 节为拖车。4 节动车不只是为列车提供动力，也负责载客——这是与机车不同的地方。CRH2 型列车的前后也各自配有司机室，在终端站同样也无须调头。

首先，动车组是由具有牵引动力装置的动车和拖车组成的一个固定编组。这里，“固定编组”四个字非常重要，它凸显着动车组的鲜明特征，即动车组在正常运用和检修中，具有牵引动力装置的车辆与拖车如同形影不离的兄弟，是从不解编的。其次，动车组是可以双向行驶的，在终端站没有调头的麻烦。

知道了动车的概念以及动车组的这两个特征，对于“动车组并不等于高速列车”这一点应该就容易理解了。另外，动车组的最高运行速度并不是非要在 200 km/h 以上才行的。例如，1999 年我国生产的“春城”号动车组的最高速度便只有 120 km/h。动车组分类如表 3-1 所示。

纵观世界高速列车，无一例外都是采用动车组方式。所以，我们说高速列车就等同于高速动车组是可以的。

表 3-1 动车组的分类

分类方法	动车组类别
动力源	a. 内燃；b. 电力；c. 电力-内燃双动力源；d. 燃气轮；e. 动力复合式
动力配置	a. 动力集中式；b. 动力分散式
牵引电传动方式	a. 直流电力传动；b. 交流电力传动
用途	a. 客运；b. 货运；c. 公务
速度	a. 普速；b. 准高速；c. 高速

3.2 高速动车组的组成及基本原理

3.2.1 高速动车组的组成

高速动车组的组成如图 3-1 所示。

一看到高速动车组，首先映入我们眼帘的便是它那漂亮的流线型车体了。车体既是容纳乘客和司机——司机室在列车的两头——的地方，又是各种设备和部件依附的基础。所以可以说，车体是动车组最基本的组成部分。

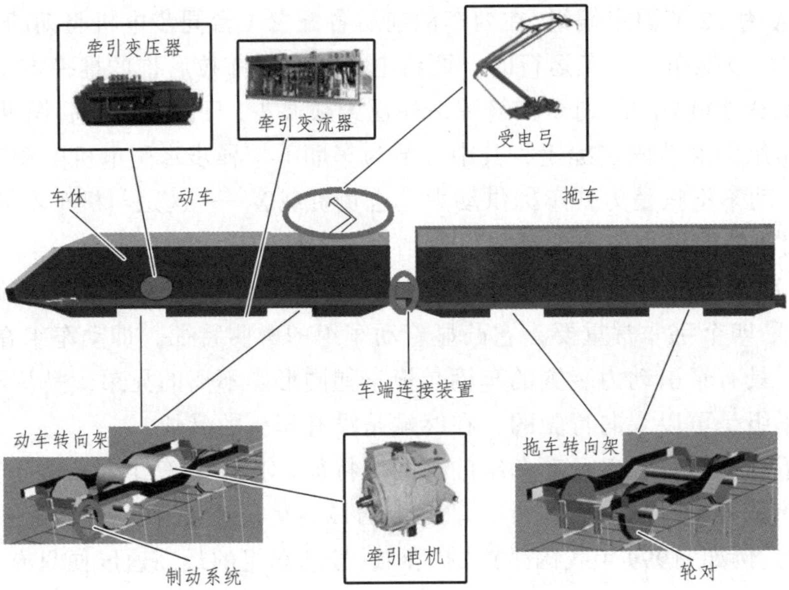

图 3-1 高速动车组的组成

电动车组是靠电能驱动前进的。同无轨电车获取电能的方式差不多，动车组也是通过车顶上的受电弓与接触线的滑动接触来获取电网上的电能的。一般，我们把受电弓从接触线获取电能称作受流，因此，有时也把受电弓称为受流装置。

动车组加速需要牵引力，动车组减速则需要制动力。牵引力和制动力分别由动车组的牵引电传动系统和制动系统提供。

在车厢的下部，最引人注目的便是类似于一台小车的装置，由于它具有导向的功能，因此人们形象地称其为转向架。转向架置于车体和轨道之间，用来牵引和引导车辆沿轨道行驶，承受和传递来自车体和线路的各种载荷，并缓和其动态作用力。因此，转向架是动车组的又一重要组成部分。

动车组运行过程中，各种装置的运行状态以及装置的故障信息都实时地显示在司机驾驶台的液晶显示屏上，完成这一任务的是列车网络控制系统。其实列车网络控制系统的功能远不止装置状态监测以及故障诊断，它还具有牵引与制动控制、自动门控制和空调控制、车载试验等功能。

除了前面所述的几个组成部分外，动车组还包括：为空调装置、空气压缩机、照明装置等设备供电的辅助供电系统；车辆连接装置；车内电气、供水、通风、取暖、车门、行李架等车辆内部设备。

3.2.2 高速动车组的车体技术

高速动车组最吸引人们注意力的应该就是那形态各异的流线型车体了。然而动车组毕竟不是单纯的艺术品，为了让动车组高速、安全、平稳、节能地运行起来，设计人员还得动用很多高科技手段来保证技术上的合理性。高速动车组的车体设计需要重点解决如下三方面的技术问题：空气动力学与车体外形设计；车体轻量化和气密性。

1. 空气动力学与车体外形设计

就高速动车组的车体外形设计而言，设计者最需要考虑和解决的技术课题是空气动力学问题。原因就在于：我们看不见摸不着的空气，竟是制约高速动车组高速运行的主要因素。

也许很多人对这个答案感到意外：空气能有那么大的本事来和飞驰的钢铁巨龙动车组作对吗？答案是肯定的，我们熟悉的动车组漂亮的流线型车头、平整光滑的车体、严格密封的门窗，这些主要都是针对动车组高速运行时空气带来的恼人问题而设计的。空气会对高速动车组带来些什么烦恼呢？简而言之，主要有这样三个恼人的问题：空气阻力、空气力学噪声以及隧道微气压波问题。

1）空气阻力

只有动车组的牵引力大于运行阻力，列车才能加速前进，这个道理很容易理解。动车组的运行阻力由机械阻力和空气阻力两部分组成，机械阻力和速度成正比，空气阻力则和速度的平方成正比。也就是说，随着运行速度的提高，空气阻力在列车运行阻力中所占的比例急剧增加，在高速度区域，动车组的动力主要都用来克服空气阻力了！为了克服空气阻力与运行速度这个恼人的平方关系，设计人员可谓费尽了心思。我们来看设计人员是通过何种手段来达到目的的。

空气阻力主要由这样两部分压力组成：列车车头迎风受到的正面压力，列车尾部由于空气稀薄而产生的向后拉的压力，这样的正面压后面拉形成的空气阻力称为压差阻力；车厢侧面以及车厢底面、顶部装置和空气摩擦形成的摩擦阻力。设计人员必须想办法应对这两种空气阻力。

动车组那漂亮的流线型车头便是为了减小压差阻力而设计的。这个设计思想和飞机的外形设计完全一样。然而，流线型也是各种各样的，设计人员必须根据空气力学的原理，通过计算机仿真和车头模型试验（让风对其迎头吹送，测试车体周围的气流、空气力学噪声等参数）来确定到底什么样的车头和形状更合适。当然，车头形状的设计除了要考虑空气压差阻力外，还得考虑空气力学噪声和后面我们要介绍的隧道微气压波问题，同时还得兼顾车体的美观大方。

只要稍微注意动车组的车体，就会发现它和普通列车的车体有很多不一样的地方：车体侧壁几乎没有凹凸不平的地方，车厢底部的各种装置也被光滑平整的“车裙”罩住，车厢顶部的受电弓也被专门为它量身制作的导流罩保护起来。这一切努力，主要都是为了减小车体和空气形成的摩擦阻力。

2）空气力学噪声

空气给高速动车组带来的麻烦不只是运行阻力增大，高速前行的列车引起空气流紊乱而产生的空气力学噪声是又一个让人烦恼的问题。空气力学噪声和列车速度的6次方成正比，所以如何减小空气力学噪声是设计人员必须考虑的又一个重大课题。为了解决这个问题，根据空气力学的原理，设计人员把头车的鼻子设计得尖而长，把车厢的断面面积尽量减小，同时让车体尽量平整光滑不要出现凹凸的部分。

3）微气压波

当动车组进入隧道时，隧道内的空气受到挤压形成压力波，以音速向隧道出口方向快速推进。压力波到达出口时，以脉冲状的压力波向四周发射出去（见图3-2）。目前解决微气压波的手段是从隧道形状和车体形状上下功夫。在隧道形状上，一般在隧道的入口处设一段比隧道断面积大的缓冲段来减小微气压波的影响。而车体形状方面的对策和前述的减小空气力学噪声的方法相类似，一是尽量减小车体断面积，二是车头的鼻子设计得长而尖。

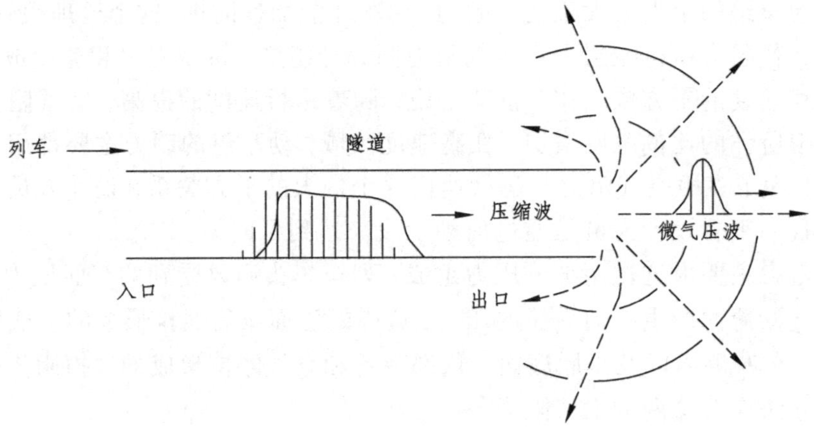

图3-2 微气压波问题

2. 轻量化技术

随着动车组运行速度的提高，列车的轻量化越来越重要。那么，列车的轻量化究竟有什么好处呢？首先是节能，由于运动物体的动能与物体的质量成正比，列车的质量越轻，牵引和制动所消耗的能量越小；其次可以减小对轨道的损坏以及改善因振动噪声而引起的环境问题。我们坐车时对列车运行时的振动和噪声都有直接体会，显然，列车的速度越高、重量越大，对轨道的损坏和车轮在轨道上滚动发出的振动噪声也就越大。因此，在高速动车组的设计中，必须考虑列车的轻量化问题。

由于车体需要承受旅客和各种设备的重量以及动车组在运行过程中的纵向、横向、垂向和扭转等载荷，所以车体必须具有足够的强度和刚度。因此，车辆的轻量化是一个综合工程，它要求在满足车辆的必要功能的前提下，从材料、机械结构、装置小型化等方面进行合理的选择和设计。

实现结构轻量化主要有两个途径，一是采用新材料，二是合理优化结构设计。采用新材料是减轻结构重量的重要措施，由于铝合金材料的密度低（只有钢材的1/3左右），且具有强度大、刚度好的特点，所以在高速动车组车体上得到了广泛应用。合理优化结构设计是减轻重量的有效措施，优化金属结构是在保证车体强度和刚度的基础上，利用强度理论和优化设计分析程序，把车体设计成为充分利用材料强度的整体承载筒形结构。高速动车组车体采用铝合金筒形整体承载结构，能够达到必要的强度和刚度，同时实现结构轻量化。铝合金车体结构的最大优点是工艺性好、减轻车辆自重、降低能耗、降低运行成本和维护成本。近年来，车体大量采用大型、中空、薄壁的铝合金挤压型材，实现了纵向大幅度自动焊接工艺，提高了质量和生产效率。

3. 气密性

在万米高空翱翔的飞机机体是完全密封的。和飞机一样，高速动车组的车体同样是气密结构。动车组之所以要采用气密结构，是因为当动车组通过隧道和列车交会时，作用于车体侧墙的压力很大，如果车外高压力传入车内，会让乘客耳朵感到不适应——就像飞机起降时的感觉一样，严重时甚至会对乘客的耳膜造成损伤。因此，气密技术对高速动车组而言是不可或缺的。

3.2.3 高性能的转向架

转向架是安装在车体下面的类似于一台小车的装置的总称，由于它具有导向的功能，因此人们形象地称其为转向架。

由于转向架安装在车厢的底部，因此人们很少有机会看到它的真实面貌。以CRH2型动车组的动力转向架为例，它最大长度为3566 mm，最大宽度为3102 mm，车轮直径860 mm；另外它还安装有大量的部件：转向架构架、车轴、车轮、弹簧、制动装置（即俗称的刹车装置）、减振器、减速齿轮装置；另外动车还设有牵引电动机等。图3-3所示为CRH2型动车组的动力转向架示意图，从中可以看到，“H”形构架通过轴箱装置座在轮对上，轴箱悬挂也就是通常所说的一系悬挂，由一系弹簧和垂向减振器组成；车体和转向架之间通过二系悬挂装置连接在一起，二系悬挂装置包括二系空气弹簧、横向减振器、抗蛇行减振器等元件，有些二系悬挂中还包括二系垂向减振器；动力转向架还包括牵引电动机悬挂系统。

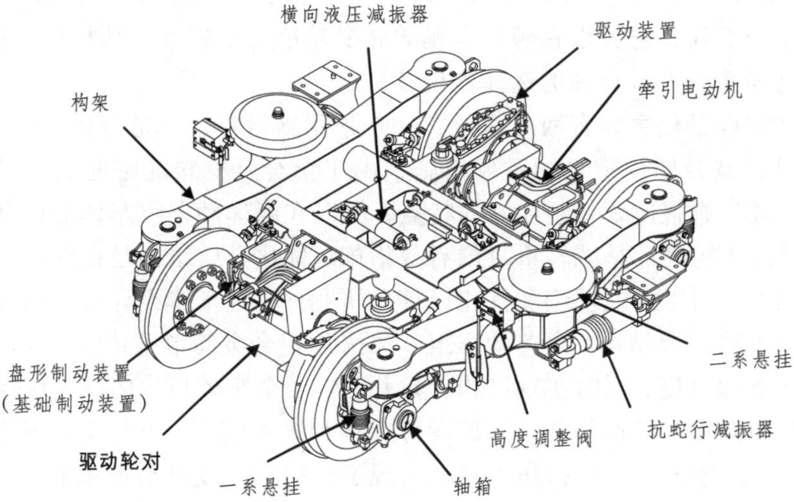

图 3-3　CRH2 型高速动力车转向架

转向架是动车组车辆系统中最重要的组成部件之一，其结构设计是否合理直接影响车辆的运行品质、动力性能和行车安全。作为执行机构，高速转向架在保证列车高速稳定运行时承担列车的减振降噪作用；作为承载结构，高速转向架在各种振动工况下应确保结构的强度及安全可靠性。

"稳定性"是评定转向架走行性能最重要的指标。车辆一旦失稳，轮对在横向对钢轨产生严重冲击，轻则损坏车轮和钢轨，导致车体严重振动；重则造成轨距扩大、轨排横移、车辆脱轨等重大行车事故。另外转向架必须具有如下功能：

承载——承受转向架以上各部分的重量，包括车辆自重、旅客载重、水及动态载荷等，并使轴重均匀分配。

转向——保证车辆顺利通过曲线。

缓冲——缓和线路不平顺对车辆的冲击，保证车辆具有良好的运行平稳性。

牵引（动力转向架）——保证必要的轮轨黏着，并把轮轨接触处产生的轮周牵引力传递给车体、车钩，牵引列车前进。

制动——产生必要的制动力，使车辆在规定的距离内减速或停车。

为了提高高速转向架的性能，国内外铁路工作者进行了大量的研究工作。综合分析了转向架结构及悬挂参数对车辆蛇行运动和曲线通过的影响，在保证抗蛇行运动稳定性的前提下，尽可能改善转向架的曲线通过能力和尽量减小对轨道的破坏作用。目前，对转向架性能的研究一般采取动力学仿真与试验台、线路试验相结合的方法。首先通过动力学仿真软件建立模型，进行基于虚拟样机的仿真研究，通过数值仿真优化出一组结构及悬挂参数，设计出新的转向架；然后将制造出的转向架进行滚动试验台的试验，最后是实际线路试验。当然，这其中还包含不断的反馈修改，最后经过实际的运行调试，才形成最终的产品。在综合考虑减小簧下质量、优化轴距、改变轮径、改善轴箱定位结构等内容后才研制出了高性能转向架。CRH 系列动车组转向架的主要参数如表 3-2 所示。

表 3-2　CRH 系列动车组转向架的主要参数

项目	CRH1	CRH2	CRH3	CRH5
轴距/mm	2700	2500	2500	2500
车轮直径/mm	915	860	920	890
空气弹簧中心距/mm	1860	2460	1900	2000
轴承直径/mm	130	130	130	130
轴颈中心距/mm	2070	2000	2000	2000
动力转向架重量/t	8.2	7.5	9.5	8.0
非动力转向架重量/t	6.3	6.8	7.5	7.6
运营速度/（km/h）	200	200	300	200
最高试验速度/（km/h）	250	250	330	250

3.2.4　牵引电传动系统

从始发站至终点站，高速动车组在运行途中的速度变化潇洒自如，时而加速、时而减速、时而又凭借惯性在轨道上自由奔驰……仿佛一位天才马拉松选手，在它的专用跑道上尽展自己不凡的奔跑能力。

动车组加速需要牵引力，动车组减速需要制动力，负责提供牵引力和制动力的是动车组的牵引电传动系统和制动系统。牵引电传动系统身兼二职：它既负责提供牵引力；在列车正常减速刹车时，牵引电动机又能变为发电机，把列车动能变换为电能，为列车提供电制动力。

牵引电传动系统由受电弓、牵引变压器、牵引变流器及牵引电机等部件组成（见图 3-4）。受电弓从接触网上获取单相交流电——我国的接触网电压为 25 kV/50 Hz，经过装载在车辆上的牵引变压器、牵引变流器等电能变换装置后，驱动牵引电动机。牵引电动机的转矩通过减速齿轮传递给轮对，车轮受驱动转矩作用后，在车轮和钢轨之间产生黏着力，钢轨对车轮的黏着反作用力形成轮周牵引力，所有动轮（牵引电动机驱动的车轮）的轮周牵引力之和形成列车的总牵引力，驱动动车组前进。

世界上形态各异的高速动车组采用的电动机共有三种：直流电动机、三相交流异步电动机和三相交流同步电动机。1989 年以前的动车组绝大多数采用直流电动机；而其后问世的动车组基本上都采用交流电动机，其中法国 TGV 系列的绝大多数——包括以 TGV 为原型制造的西班牙的 AVE 和韩国的 KTX——使用同步电动机驱动，而日、德等其他国家则使用异步电动机驱动。

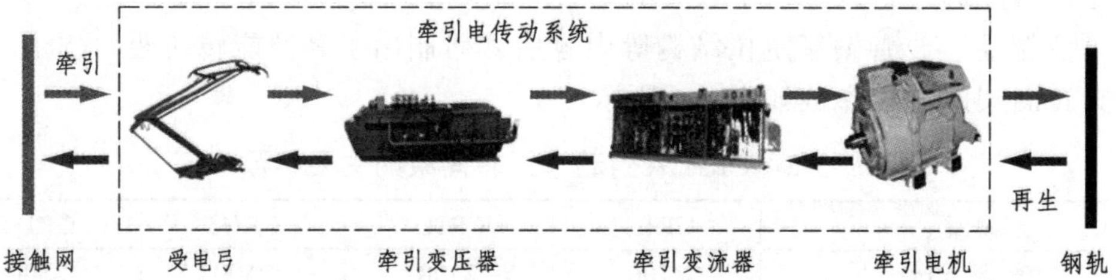

图 3-4 牵引电传动系统组成

直流电机驱动方式具有起动力矩大、只需控制电机电压即可简单地调节电机转速等显著优点，但它也有电机体积大、单位输出功率的重量重的缺点。更为致命的是，直流电机在构造上必须要有电刷和机械换向器，而这两者都需要经常性的维护保养，这是一件费事费钱的麻烦事。

摆脱直流电动机驱动伴随的换向器与电刷带给我们的烦恼！这是铁道专家们很早以前就有的梦想。如何实现这个梦想呢？那就是：摈弃直流电动机，采用不需要换向器和电刷的交流电动机驱动！

然而，这个看似简单的梦想，要达到成熟实用的程度其实不容易。以欧洲为主的铁道专家们以超乎寻常的热情和毅力，奋斗了 70 年左右的时间才成功。

图 3-5 是采用交流电机驱动方式的交-直-交牵引电传动系统原理示意图。可以看出，变压器输出的交流电先通过整流器变换成直流电（交-直），再通过逆变器将直流电变换成驱动电机的交流电（直-交），“交-直-交”指的就是这两次电力变换。

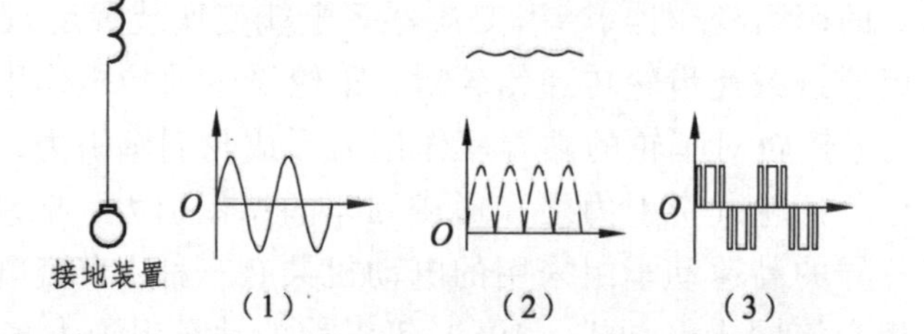

图 3-5 交-直-交牵引电传动系统原理示意图

为什么要进行“交-直”、“直-交”两次电力变换呢？

从图 3-5 可以发现，在牵引力控制过程中，牵引电机的电源输出电压和频率是随列车速度的变化而不断变化的。也就是说，想要控制牵引电机的力矩和速度，需要能够同时控制电压幅值和频率的交流电源。

可是受电弓从接触网获取的却是恒定电压、恒定频率（恒压恒频）的交流电。

由于牵引变压器只有降压的功能，变压器的输出还是恒定电压恒定频率的交流电[图 3-5 中波形（1）]。这时，我们很容易想到的是，把变压器输出的交流电直接变换成可调压调频的交流电。然而，要把恒压恒频的交流电直接变换成可调压调频的交流电在技术上比较复杂困难，相反，只要有合适的开关器件，把直流电变换成可调压调频的交流电却要容易得多。图 3-5 中所示的逆变器就是这一思想的具体执行者。我们知道，把交流电变换成直流电称作整流，反过来，把直流电变换成交流电，也就是整流的逆过程则称为逆变。逆变器，顾名思义就是把直流电变换成交流电的装置。逆变器通过控制 GTO、IGBT 等电力电子开关器件（图 3-6）的反复导通和关断，把直流电“切割”成矩形电压脉冲波[图 3-5 中波形（3）]，从而驱动牵引电机旋转运行。

由于逆变器的输入是直流电，所以交-直-交电传动系统中的变压器输出的交流电要先变换成直流电才输入到逆变器，这就是进行交-直、直-交两次电力变换的理由。

交-直-交电传动系统主要有 3 个显著优点：① 异步电机结构简单，体积小，单位输出功率的重量轻，日常维护工作量小。② 可实现再生制动，无须像采用交-直牵引电传动系统的 0 系、100 系那样在车上设置电阻制动装置，既减轻了车辆重量，又达到了节能的目的。③ PWM 整流器的功率因数高（约等于 1.0），谐波电流小。

GTO

IGBT

图 3-6　电力电子开关器件 GTO（左）和 IGBT（右）

3.2.5　制动系统

制动系统即刹车系统，是高速动车组上最重要的系统统。因为它是一个名副其实的性命攸关的系统！

时速 200 km 以上、重达几百吨、载客数百人的高速动车组，如果在运行过程中它的制动系统一旦失灵，后果将不堪设想。

制动系统除了在常规到站停车、停车后防止列车前后自然移动时发挥作用外，列车运行过程中的减速、下坡时抑制列车加速以及紧急情况时的紧急停车，这些时候制动系统也必须发挥作用。而且，由于与安全关系密切，制动系统本身必须具有相当高的可靠性，即使制动系统的某个设备发生故障，也必须保证列车能够安全停车。

对列车实施制动的过程，就是将列车动能转换为其他能量并消耗掉的过程。由于列车的动能和列车的质量乘以速度的平方成正比，也就是说，如果列车速度增加 1 倍，则列车动能便变为原来的 4 倍，所以相同质量的高速列车比中低速列车的制动系统需要转换、消耗的动能大得多。

制动系统把动车组的动能转换成两种形式的能量：一种是转换为热能，称为机械制动；另一种是转换为电能，称为电制动。

一个完整的动车组制动系统包含了机械制动和电制动两种制动方式。

高速动车组的机械制动多采用盘式制动。用金属材料锻造而成的制动盘，其外形就像一个盘子，盘式制动因此得名。盘式制动根据制动盘安装位置的不同分为两类：一种是制动盘安装在车轮的两侧面的轮盘式[见图 3-7（a）]；另一种是制动盘安装在车轴上的轴盘式[见图 3-7（b）]。如图 3-7（b）所示，制动时，通过液压制动缸及制动杠杆的作用，让安装在杠杆另一端的两块闸片夹紧制动盘而产生摩擦力矩，该摩擦力矩再由车轮传给钢轨并引起钢轨作用于车轮的反力，该反力即列车的制动力。除盘式制动外，像法国的 TGV-PSE 高速动车组还采用了另外一种机械制动方式——踏面制动。踏面制动靠闸瓦与车轮踏面摩擦而获得制动力，基本原理与我们熟知的自行车的刹车装置差不多。

（a）轮盘式

（b）轴盘式

图 3-7　盘式制动

高速动车组的电制动主要有：电阻制动、再生制动、盘式涡流制动三种形式。实际上，牵引电机在动车组上扮演着两个角色：牵引时，它作为电动机牵引列车前进；制动时，它摇身一变，又作为发电机让列车减速制动。牵引电机的这种角色转变在控制上是很容易实现的。要让发电机发电就得从外部给发电机输入能量，电阻制动和再生制动便巧妙地利用了制动时的列车动能来让发电机发电。电阻制动让发电机发出的电能在列车的制动电阻上变成热能消耗掉，而再生制动则让发电机的电能返回到电网加以利用。

日本300系等部分新干线动车组还采用盘式涡流制动。涡流制动将钢材料的涡流制动圆盘安装在拖车车轴上，涡流制动线圈安装在制动盘的两侧。制动时涡流制动线圈通以电流，涡流线圈成为电磁铁，制动圆盘随车轴转动，根据电磁感应的原理，制动圆盘上就有涡流产生；产生的涡流在电磁场作用下，就会产生一个和车轴转动方向相反的电磁制动力矩，从而达到让列车减速制动的目的。

3.2.6 列车网络控制系统

列车网络控制系统（见图3-8）好比人体的神经网络系统，通过它来对各种情况进行信息收集，并下达行动指令。高速动车组是一个复杂的高速运动系统，必须对它进行全面、统一、综合、准确地控制，才能保障系统的正常工作。

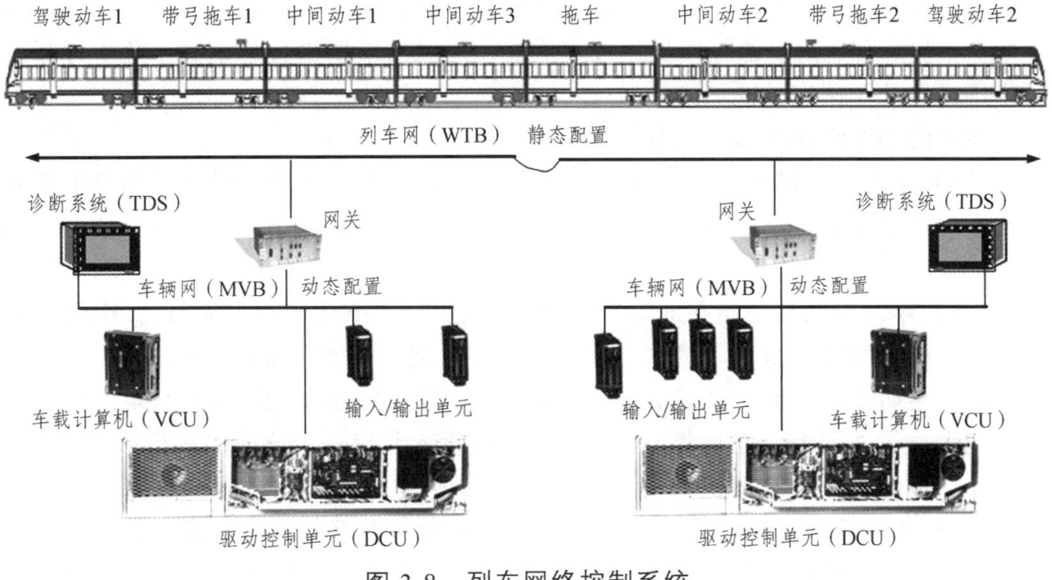

图3-8 列车网络控制系统

列车网络控制系统主要由列车信息中央装置（简称中央装置）、列车信息终端装置（简称终端装置）、列车信息显示器、显示控制装置以及乘客信息显示器等组成。列车网络系统通过光纤连接各中央装置及终端装置，构成双重环路结构，实现信息分散采集、网络传输、集中处理，并对各类信息进行实时汇总分析。

列车网络控制系统保障了高速列车各车辆以及每一车辆中的各受控设备按照行车指挥命令与司乘人员的操纵协调地工作；及时发现列车运行中的故障，确定故障的位置，并提出应急处理方案或通知地面维护部门准备采用措施；迅速准确地检测出控制与诊断系统所需的全部信号，必要时给予显示。高速列车控制与诊断系统是保证运行安全、快捷、舒适、节能所必需的系统，是高速行车的重要技术之一。

3.3 中国打造高速动车组的过程

从世界高速动车组的鼻祖 0 系新干线列车诞生至今，世界高速动车组技术已经历了从直流传动到交流-交流传动、从耐候钢车体到铝合金车体、从动力集中方式到动力分散方式、从高速到超高速的发展历程。从技术角度讲，进入 20 世纪 90 年代后，无论是动力分散方式的日本高速动车组，还是以动力集中方式为主的欧洲高速动车组，其技术都已基本趋于成熟。进入 21 世纪后，日欧虽然仍在继续开发新型的高速动车组，但技术上已基本上没有质的飞跃。日、法、德三国依然是世界高速动车组技术的强者，这三国都拥有成熟的动车组设计制造以及运用维护经验。世界上种类繁多、形态各异、各具特色的高速动车组，绝大多数都是由这三国设计制造的。不过，日、法、德等国虽然技术成熟，但国内市场已日趋饱和，急于打开国际市场是这几个国家共同特点。

我国的动车组技术水平又如何？

1958 年，四方机车车辆厂在大连机车车辆研究所、上海交通大学和集宁机务段的通力协助下，只花了 18 天时间就完成了首列设计时速 120 km 的双层液力传动内燃动车组——东风号双层摩托列车的设计工作。18 天，这的确是个惊人的设计速度！1959 年，东风号开始在北京—天津间试运行。“小荷才露尖尖角”，中国动车组迈出了可贵的第一步，尽管这一步显得有些仓促，也有些稚嫩……

在自主研发的同时，我国并没有忘记引进国外的先进技术。1962 年，我国从匈牙利进口了 2 列 NC_3 型内燃动车组，并很快投入北京—天津间的运行。该动车组为 2 动 2 拖的 4 节编组，总功率 735 kW，设计速度 128 km/h。

1978 年，长春客车厂、株洲电力机车研究所和铁道科学研究院携手开始设计我国首列 KDZ_1 型电力动车组，10 年后的 1988 年，该动车组才试制完成！该动车组为 2 动 2 拖的 4 节编组，采用相控交-直流传动技术，列车的最高速度为 140 km/h。

从 20 世纪后期开始，我国动车组也迎来了高速发展的黄金时期。

1997 年，株洲电力机车厂和长春客车厂联合制造的双层电动车组走出国门，走到伊朗德黑兰近郊铁路。

1998 年，唐山厂制造的最高运行速度 120 km/h 的“庐山”号开创了我国双层电传动内燃动车组的先河，并于次年 6 月 3 日投入运营。

1999 年，动力分散式电力动车组“春城”号登场亮相，并在同年 5 月 1 日开幕的世界园艺博览会期间在昆明和石林之间往返运行，成为园艺博览会期间一道亮丽的风景线。

2000 年以后，电动车组逐渐成为我国动车组的主流，势头远远盖过内燃动车组，速度也在逐步提高，我国又先后研发了时速 200 km 及以上的“蓝箭”“先锋”“中华之星”“长白山”等动车组样车。

我国的动车组发展似乎很顺利。确实，中华人民共和国成立后，我国的机车车辆装备工业经过几代人几十年的努力，取得了长足的进步和可喜的成绩，我国基本掌握了 160 km/h 机车车辆的成套技术。然而，客观地讲，与日、法、德等铁路技术强国相比，我国的机车车辆装备工业整体水平还不高，高速动车组的研制起步晚、周期短，系统集成、交流传动、转向架、列车网络等关键技术还不够成熟，材料和工艺水平有待提高，且在可靠性、耐久性、安全性方面与国外高速动车组都还存在较大差距。

在这样的国际与国内技术大背景下，要尽快摆脱中国铁路运能严重不足的尴尬现实，中国该如何加快铁路装备现代化进程，如何打造自己的高速动车组？

在网络化时代的今天，地球在世人的眼中确乎日渐成了小小寰球，“地球村”的称谓便是对这一现实的极好注脚。全球经济一体化，让国与国之间的商贸与技术交流活跃而频繁。为了缩短我国铁路装备现代化进程，在高起点上打造自己的高速动车组，我们应该积极吸收国外已有的、成熟的高速动车组技术，并结合中国的国情和路情，充分发挥后发优势，通过技术创新，走出中国自己的路来。

为了加快我国铁路运输装备现代化，2004 年 4 月，国务院提出了“引进先进技术、联合设计生产、打造中国品牌”的总体要求。按照这个要求，中国铁路开始了“引进、消化、吸收、再创新”的国产高速动车组的打造之路！

3.4 中国高速动车组 CRH

2007 年 1 月 28 日，杭州站的景象与往日有些不一样。一大早，就有众多手持相机的铁路迷和媒体记者聚集在站台上，他们是专为见证我国最新型的高速动车组 CRH2 的首发运行而来的。上午 7:15，浑身象牙白、车体中央一条蓝色线条、车头呈漂亮流线型的 CRH2 旅客列车起动、加速，然后风驰电掣般驶向它的目的地——上海南站。这一天，CRH2 的最高运行速度是 160 km/h。然而，这不是 CRH2 的真正能力，它的最高运行速度可达 250 km/h。2007 年 4 月 18 日，伴随我国铁路第六次大提速的实施，人们看到了三种高速动车组 CRH1、CRH2、CRH5 活跃在中国万里铁道线上！从此中国铁路跨入了高速时代。

2008 年 7 月，时速 300 km 的 CRH3 动车组在京津客运专线上闪亮登场。

CRH 系列动车组的面世，让世人对中国铁路投以前所未有的关注目光。

CRH 系列动车组，正是按照我国制定的“引进、消化、吸收、再创新”的技术路线，在短短三年内推出的高速动车组。

图 3-9 中国 CRH 系列高速动车组

3.4.1 CRH 动车组原型车的引进

4 种 CRH 动车组原型车的主要技术参数如表 3-3 所示。

表 3-3 各原型车的主要技术参数

型号	Regina	E2-1000	Velaro E	SM3
投入运营时间	2000 年	2002 年	2004/2005 年	1995 年
制造厂家	庞巴迪	川崎重工	西门子	阿尔斯通
所属公司	瑞典铁路	东日本公司	西班牙	芬兰铁路
动力配置	动力分散	动力分散	动力分散	动力分散
最高运营速度/（km/h）	220	315	350	250
适应轨距/mm	1435	1435	1435	1524
总牵引功率/MW	6.36	9.6	8.8	4
车体形式	不锈钢车体	中空铝合金型材	中空铝合金型材	中空铝合金型材
两端头车车辆长度/mm	26950	25700	25675	27650
中间车车辆长度/mm	26600	25000	24775	25900
中间车车体长度/mm	25800	24400	24175	25200
车辆宽度/mm	3328	3380	2950	3200

续表

型号	Regina	E2-1000	Velaro E	SM3
车辆高度/mm	4040	3700	3890	4100
车辆定距/mm	19000	17500	17375	19000
列车长度/m	240.1	251.4	200	158.9
基本编组	6 动+3 拖	8 动+2 拖	4 动+4 拖	4 动+2 拖
编组定员/人	843	814	404	426
编组重量（空/重）/t	475/544	349.5/416	425/458	330/364
最大轴重/t	16.1	12.9	17	16.5
轮缘内侧/mm	1360	1360	1360	1360
轮径/mm	915	860	920	890
一等车座椅布置方式	2+2	2+2	1+2	1+2
二等车座椅布置方式	2+3	2+3	2+2	2+2
起动加速度/（m/s^2）	0.60	0.44	??	0.40
供电方式	AC25kV/50Hz	AC25kV/50Hz	AC25kV/50Hz	AC25kV/50Hz
牵引方式	交流异步电机	交流异步电机	交流异步电机	交流异步电机
制动方式	再生制动+空气制动	再生制动+空气制动	再生制动+电阻制动+空气制动	再生制动+空气制动
主变流装置	IGBT	IGBT	IGBT	GTO

这 4 种车型最引人注目的共同点就是都属于动力分散方式动车组。这标示着中国今后高速动车组技术的发展方向：选择了动力分散，摒弃了动力集中！

事实上还在 20 世纪 90 年代初，中国要修建京沪高速铁路的消息刚一传出，国外的高速铁路专家们就开始猜测中国将选用何种动力方式的高速动车组。正如第 2 章所讲的那样，日、法、德三国在修建自己的高速铁路时，几乎都不加思索地选择了自己的高速动车组动力方式：日本选择了动力分散，法、德两国选择了动力集中。然而，中国的情况却有些不同：从技术积累的角度讲，中国更加擅长动力集中方式；从当前世界高速动车组技术发展的方向上讲，动力分散方式将是今后高速动车组的发展趋势，其最明显的例证就是德、法都已研发了自己的动力分散方式动车组。在两种方式都可以选择的情况下，中国选择了动力分散方式！

在速度方面，四种车型的最高运行速度都在 200 km/h 以上。不同之处在于，Regina 和 SM3（即 CRH1 和 CRH5 的原型车）不具备 300 km/h 速度等级的能力。而日本川崎公司生产的 E2-1000 和西门子公司生产的 Velaro E 却具备 300 km/h 速度等级运行的能力。

四种原型车的牵引电传动系统虽然都采用了当今最先进的交流传动技术，但

SM3 的电力电子开关器件是开关频率较低的 GTO，而其他三种车型采用的是更为先进的电力电子开关器件 IGBT。

在车辆的种类上，我们也能看出日欧的国情以及文化上的差异。以 E2-1000 和 Velaro E 来说吧。日本客流量大，所以 E2-1000 的编组长、一等车少，也没有酒吧车。而欧洲的客流量相对较少，加之欧洲人更加注重日常生活质量，所以 8 辆编组的 Velaro E 一等车就有 3 辆，还有 1 辆供人们休闲的酒吧车。

3.4.2 高速动车组引进的技术

高速动车组引进的技术分为 9 大关键技术（图 3-11）和 10 大配套技术（图 3-12）。

图 3-11 动车组关键技术示意图

图 3-12 10 项主要配套技术

9 大关键技术是：动车组总成、车体、转向架、牵引变压器、牵引变流器、牵引电机、牵引控制系统、列车网络控制系统和制动系统等九项关键技术。

之所以选择引进这 9 大关键技术，是因为：① 从成本上来说，9 大关键技术在动车组成本中占有 50%以上；② 从技术上来说，9 大关键技术是动车组的核心技术和技术先进性的标志，是衡量技术引进和国产化成功与否的关键；③ 从系统集成上来说，引进 9 大关键技术是建立具有技术提升能力平台、提高国内企业自主创新能力、打造中国品牌的重要基础。

这，就是引进 9 大关键技术的原因所在！

虽然 9 大关键技术很重要，但是，为了全面掌握动车组技术，还必须将空调系统、集便装置、车门、车窗、座椅、风挡、钩缓装置、受流装置、辅助供电系统和车内装饰材料等 10 项主要配套技术作为技术引进和国产化的重要组成部分。这就好比一辆法拉利赛车，轮胎、发动机和底盘是它的关键技术，其他的技术如流线型外形及尾翼同样很重要，现在甚至发展到轮胎内所充的气体的成分也很重要的程度。这些技术必须都要强，否则就会出现“短板”，成为限制总体系统性能的瓶颈。因此，在引进 9 大关键技术的同时引进 10 大配套技术，是最终实现动车组国内生产的必要支撑和基本条件。

3.4.3 对引进技术的消化吸收

显然，引进只是手段，绝非目的。

要打造中国自己的动车组，引进之后，我们要做的是：消化、吸收国外的先进技术。于是，在铁道部的组织下，中国的车辆厂家、大学、研究院所及相关企业汇聚一堂，开始系统地消化吸收引进的高速动车组技术。CRH2、CRH3、CRH5 的消化吸收与国产化如图 3-13 ~ 图 3-15 所示。

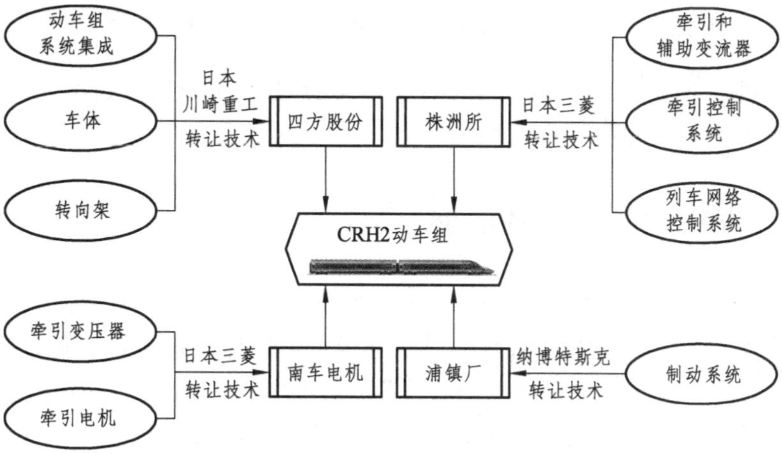

图 3-13 CRH2 动车组技术的消化、吸收与国产化

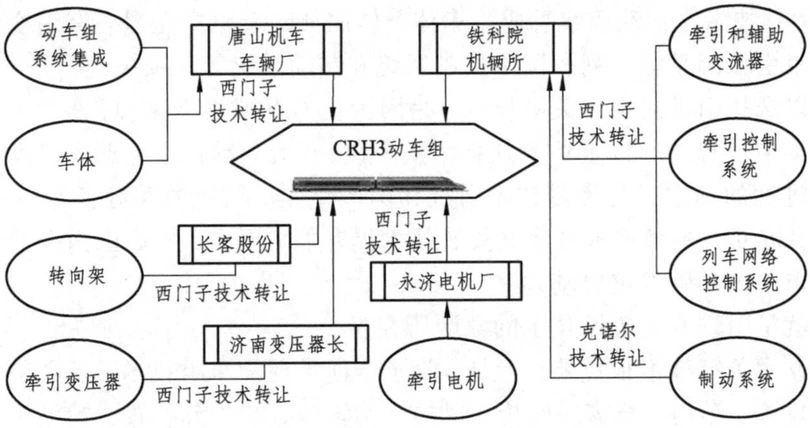

图 3-14　CRH3 动车组技术的消化、吸收与国产化

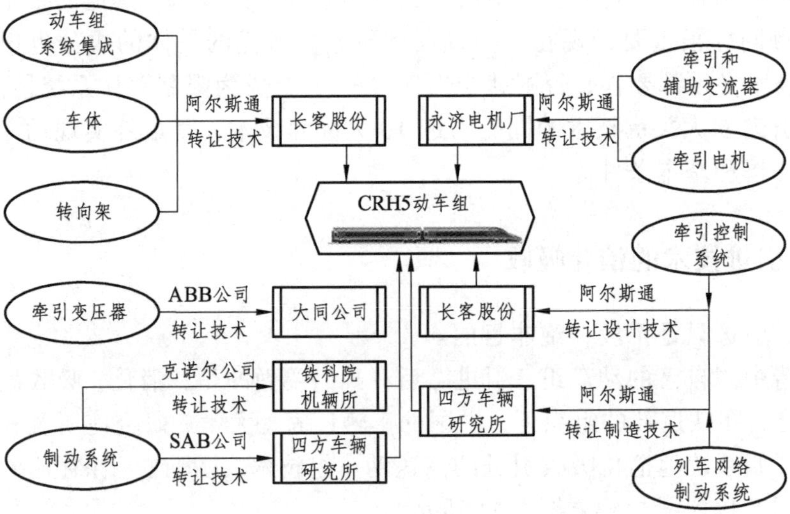

图 3-15　CRH5 动车组技术的消化、吸收与国产化

经过 3 年左右的努力，我国基本掌握了动车组的相关核心技术。CRH 系列动车组分别由 4 个不同的厂家生产制造。

3.4.4　我国动车组在技术上的创新

CRH 系列动车组是通过引进国外动车组技术而生产的，为了适应我国的线路和运用要求，在引进过程中对原型车技术进行了适应性改进设计，充分体现了铁道部“引进、消化、吸收、再创新”的技术路线。改进集中体现在适应性方面和移动设备与固定设备的相互作用关系上，其中变化比较大的有轮轨界面、弓网界面和旅客界面。

1．轮轨界面

高速动车组是通过轮对在钢轨上的滚动来实现向前运行的。那么什么是轮对呢？为什么不称其为车轮？原来，动车组的“轮子”与汽车的车轮不同，在汽车上，左右车轮是可以独立旋转的，而动车组同一根车轴上的两个轮子是通过车轴固结在一起的，这两个车轮不能独立转动，因而，人们将其称为“轮对”，以表示其与车轮的不同。

轮对通过在钢轨上的滚动来实现驱动动车组的目的。轮对之所以会老老实实地沿着钢轨滚动而不会乱跑，是因为轮对自己具有导向的作用。原来，轮对的踏面是进行过特殊设计的，具有一定的锥度，同时，轮对还设有轮缘，这就是轮对的导向秘密。图 3-16 所示即为轮对及其踏面轮廓的示意图。

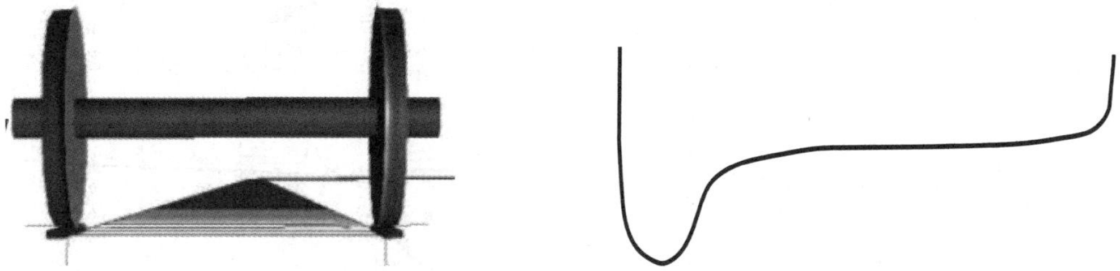

图 3-16　轮对及踏面示意图

通过上述介绍可知，轮对踏面锥度的存在是动车组能够在钢轨上顺利前进的关键，但是，同样由于这个锥度的存在，轮对在钢轨上的滚动将是一个不稳定的运动，换句话说，轮对是一边左右晃动一边向前滚动的，也就是通常所说的轮对的蛇行运动。小幅度的轮对蛇行并不影响列车的性能，但是当蛇行增加到一定程度后，就会引起车体或转向架的蛇行运动，这时就会严重威胁行车安全，也就是发生了真正的蛇行运动。轮对蛇行运动示意图如图 3-17 所示。

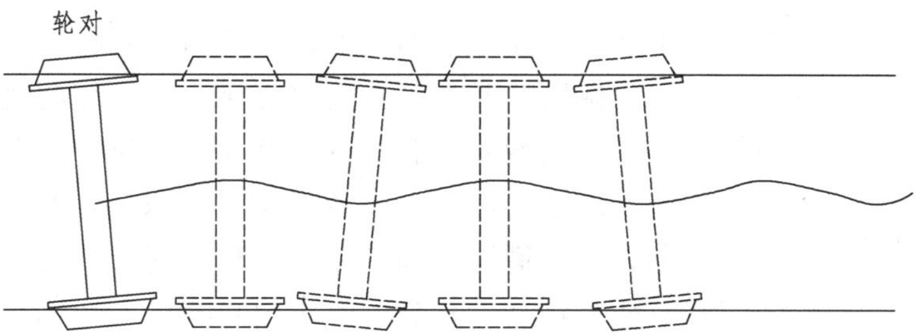

图 3-17　轮对蛇行运动示意图

轮对的踏面轮廓除了影响稳定性之外，由于轮轨之间的滚动接触，踏面外形对乘客的乘坐舒适性和车体的振动也有很大的影响。列车与线路事实上是一个相互作用、相互影响和相互依存的整体系统。该系统通过轮轨接触发生内在联系，或者说，轮轨关系成了动车组与高速线路间的联系纽带。随着高速动车组开行，列车与轨道间的动态相互作用日益增加，由此引起的动力学与振动问题更加严重。因此，在进行动车组的设计时，必须对轮轨匹配关系尤其是踏面外形给予很大的关注。

轮轨匹配，顾名思义，是车轮和钢轨的匹配。目前，我国高速线路和既有线路干线均铺设了 60 kg/m 的标准截面钢轨，因此，在高速动车组轮对尺寸选取、车轮踏面形式设计以及轮轨匹配关系等方面，均需要在该型钢轨基础上完成。也就是在确定钢轨的条件下，选择合适的车轮踏面轮廓与之相配。

虽然轮对看上去就是由两个车轮和一根车轴组成的，但它包含的内容其实是相当复杂的，下面先介绍一下轮对的组成及几个相关的术语。

前面已经介绍，轮对是由一根车轴和两个相同的车轮所组成的，轮对是转向架的重要组成部件，又是影响车辆运行安全性的关键部件之一。轮对形状尺寸与线路之间具有十分密切的相互关系，影响着动车组运行安全，这主要体现在以下几个参数。

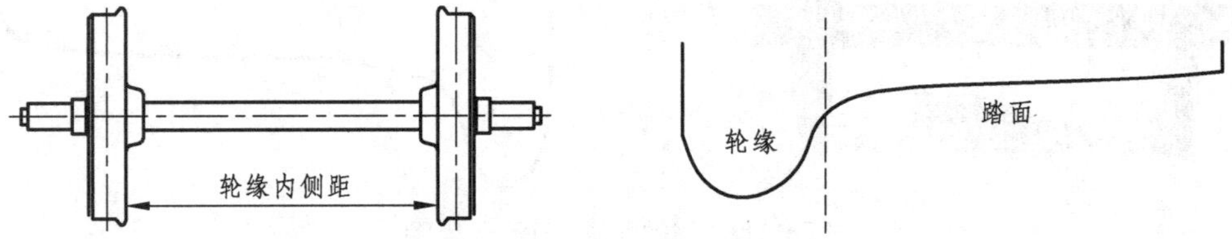

图 3-18　轮对主要参数示意图

轮对轮缘：轮缘是保持车辆沿钢轨运行、防止车轮脱轨的重要部分。

滚动圆直径：车轮直径的大小对车辆有利有弊，轮径小可以降低车辆重心，增大车体容积，减小车辆簧下质量，缩小转向架固定轴距，对于地铁车辆还可以减小建筑限界，降低工程成本；但是，小直径车轮可使车轮阻力增加，轮轨接触应力增大，踏面磨耗较快，通过轨道凹陷和接缝处对车辆振动影响增大。轮径大的优缺点则与之相反。

轮缘内侧距：轮对在正常状态线路上运行时，轮缘的内侧距将影响行车安全和运行平稳性。应合理选取轮缘内侧距，因为一方面需要保证轮缘与钢轨之间有一定的游隙，以减小轮缘与钢轨磨耗并实现轮对自动对中作用，避免对轮对两侧车轮直径的允许公差要求过高，避免轮轨之间的过分滑动及偏磨现象，并使动车组能够安全通过曲线和辙叉。另一方面，从车辆运行品质角度考虑，则要求轮缘与钢轨之间的间隙尽可能小，以限制轮对蛇行运动的振幅，防止因间隙过大恶化车辆乘坐舒适度。综合考虑各种因素，CRH 高速动车组上选用的轮对内侧距为 1353 mm（图 3-19）。

车轮踏面：车轮外轮廓部分称为踏面，车轮踏面应具有良好的抗蛇行运动稳定性；应具有良好的防止脱轨的安全性；轮轨之间的磨耗少；发生磨耗后，不仅磨耗要均匀，而且外形变化也要小；易于曲线通过；轮轨之间接触应力要小；旋修车轮时无益的磨耗少，切削去掉部分的质量要小。

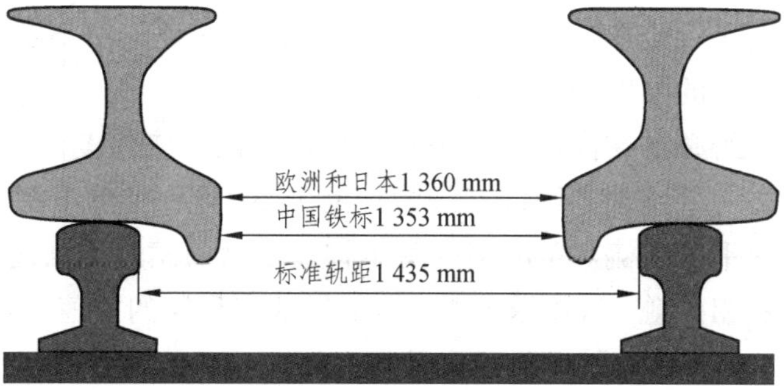

图 3-19　CRH 轮对内侧距选用

车轮踏面锥度：轮对径向通过曲线时，可以减小运行阻力，减轻轮轨间磨耗，并有利于避免脱轨现象发生。由于在同一轨道转角下，外侧钢轨长度大于内侧钢轨，为达到轮对径向通过曲线的目的，同一车轴上外侧车轮的滚动圆半径必须大于内侧车轮的滚动圆半径。因此，车轮踏面必须有锥度，增大踏面锥度可以通过半径较小的曲线。

目前，各国使用的车轮踏面按外形可归结为锥形踏面和磨耗型踏面两种。磨耗型踏面是在研究、改进锥形踏面的基础上发展起来的。实践证明，把车轮踏面一开始就做成类似磨耗后的稳定形状，即磨耗型踏面，可以明显减少轮与轨的磨耗、减少车轮磨耗过限后修复成原形时旋切掉的材料、延长使用寿命，减少换轮、旋轮的检修工作量。各国运用经验也表明，采用磨耗型踏面，不仅可以减缓磨耗、延长使用寿命，而且有利于车辆曲线通过，并使轮缘力有所降低，在同样轮轨接触应力下，容许更高的轴重。

CRH 高速动车组在选择车轮踏面形状及有关参数时，进行了充分的理论分析和试验验证，根据车轮的种类、转向架结构及参数、运行速度、轴重、线路结构及参数、钢轨截面形状尺寸以及经济效益等多方面因素，进行了综合性的合理选择。因此，在 CRH 高速动车组上，均采用了与 R60 钢轨相匹配的磨耗型踏面，以降低轮对动态作用。

在 CRH1、CRH2 动车组轮对上采用了 LMA 磨耗型踏面，该踏面是 20 世纪 90 年代国内为高速客车用车轮开发设计的一种新型磨耗型踏面；在 CRH3 型动车组上采用了 CRH3-S1002 型踏面，该踏面是在 LMA 型踏面和 S1002 型踏面的基础上改进得到的；在 CRH5 动车组上采用了 XP55 型踏面，该踏面广泛应用在韩国高速列车车轮上。上述 3 种踏面类型均能够与国内 60 kg/m 钢轨配合，并能适应国内主要铁路干线。从目前来看，基本能满足高速动车组的要求。

2. 弓网界面

动车组的高速运行是通过轮对的滚动来实现的，保证轮对不断滚动的动能源泉就是电能，而动车组的电能是通过受电弓输入的。

由于高速动车组必须在高速运动条件下从接触网上取得电能，所以高速电气化铁路的关键技术之一就是动态性能良好的弓网关系，以保证受电弓在动车组高速运行条件下从接触网平稳受流。接触网的基本构成是承力索、接触线和吊弦，接触线和受电弓弓头滑板相接触，以输送电力。为了保证有足够的波速，接触线需要张紧，张力一般取 10 ~ 20 kN。为了保证弓头平稳滑过，接触线通过吊弦平直地悬挂在承力索上，承力索一般呈悬垂形，以承担接触线的垂向重量，吊弦一般只是单向受力。图 3-20 所示的简单链型悬挂和弹性链型悬挂是两种典型的接触网结构，它们均满足高速列车的受流要求。我国采用简单链型接触网居多，而弹性链型悬挂接触线由于具有更好的垂向刚度一致性，因此使受电弓受流更加平稳，在我国高速客运专线也开始应用。

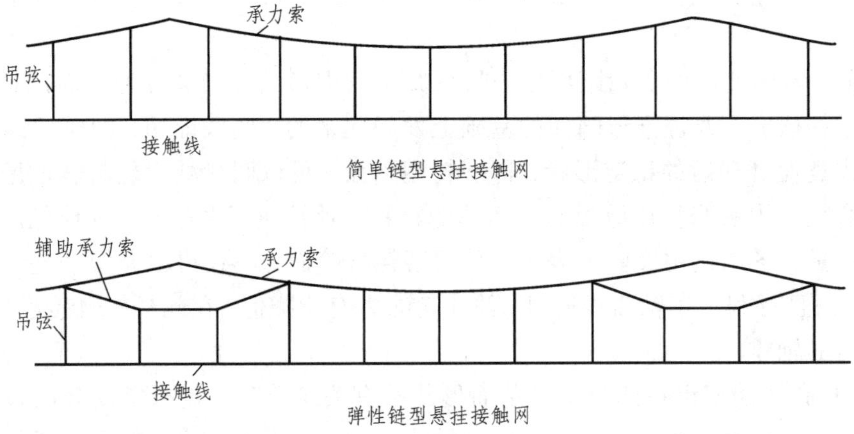

图 3-20 接触网结构

随着动车组速度的增大，动车组的牵引功率也比低速下增大很多，这意味着需要输入更多的电能，这些都需要通过受电弓来完成，因此，受电弓与接触网的匹配是轮轨匹配之外另一个重要的问题。在动车组的弓网匹配上必须考虑以下问题：① 接触网与受电弓的波动特性。高速列车的行驶速度较常速列车高得多，因而受电弓沿接触导线移动的速度大大加快，这就使接触网与受电弓的波动特性发生变化，从而对受电产生影响；高速列车在高速运行时所受的空气阻力较常速列车大得多，空气动力对高速受电也会产生重要的影响。② 受电弓从接触网大功率受电问题。高速列车所需的牵引功率较常速列车大得多，若采用多弓受电，必然会增加阻力和加大噪声，并引起接触网的波动干扰，因而受电弓的数量不能太多，这就需要解决受电弓从接触网大功率受电的问题。

受电弓与接触线在电气方面和机械方面是相互依赖、相互制约、相互作用的，受电弓高速滑动时接触点所具有的导电能力受许多因素的影响，如接触悬挂的类型及弹性系数、接触线坡度、受电弓抬升力以及列车运行速度、车辆类型和线路条件等。进行弓网之间参数匹配的主要目的是保证受电弓的受流状态良好，满足列车运行的需要，同时减小列车运行噪声及电磁辐射对环境的影响。受电弓高速受流时的特殊性，决定高速列车受电弓必须满足以下基本要求：受电弓的结构应保证滑板与接触导线在规定的受电弓高度范围内保持恒定不变的、大小合适的接触压力，以实现比常规受电弓更为可靠的连续电接触；对于高速受电弓，除必须保证机械强度和刚度外，应尽可能降低受电弓运动部分的质量，从而减小运动惯性，保证受电弓滑板迅速跟上接触导线高度的变化；受电弓在结构设计上要充分考虑高速运行时的空气阻力，以减小甚至消除空气阻力对滑板与接触导线间接触压力的影响；滑板的材料、形状、尺寸应适应高速的要求，以保证良好的接触状态及更高的耐磨性能；受电弓在其工作高度范围，升降弓时初始动作迅速，终了动作较为缓慢，以确保在降弓时快速断弧，并防止升降弓时受电弓对接触网和底架有过大的冲击载荷；高速受电弓应具有噪声低的性能，以减小列车运行对环境的影响。

我国 CRH 动车组采用 DSA 系列单臂受电弓，DSA250 型受电弓外形如图 3-21 所示，该型受电弓的设计速度为 250 km/h（最大试验速度为 275 km/h）；额定电压/电流为 25 kV/1000 A。

图 3-21　DSA250 型受电弓总成

DSA250 型单臂受电弓可在动车组和其他电力牵引设备中使用。升弓装置安装在底架上，通过钢丝绳作用于下臂。下臂、上臂和弓头由较轻的铝合金材料制作而成。滑板安装在 U 形弓头支架上，弓头支架垂悬在 4 个拉簧下方，两个弹簧安装在弓头和上臂间，这种结构使滑板在动车组运行方向上移动灵活，而且能够缓冲各方向上的冲击，达到保护滑板的目的。

对于不同型号和不同速度等级的动车组，受电弓的空气动力可以通过安装弓头翼片进行调节。自动降弓装置可以检测到滑板的使用情况，如果滑板磨耗到限或受冲击断裂后，受电弓会迅速自动降下，防止弓网事故进一步扩大。

3. 旅客界面

旅客作为动车组的乘坐者，从某种意义上来说，旅客对动车组的认可才是最重要的。对旅客来说，动车组好不好，最重要的就是乘坐舒适性。乘坐舒适性是由各种各样的因素决定的，主要对应于人们的感觉，客室内的照明和颜色以及向窗外眺望的情况从视觉方面影响旅客；旅客行走、动作的声音以及广播和各种低频的声音对旅客的听觉有影响；各种不愉快的异味、饮食服务会从嗅觉和味觉方面影响旅客；车厢内的各种内装设施从触觉方面对旅客有影响；列车在运行中所产生的振动、晃动以及对温度和湿度的调节，所有这些方面都会对旅客的舒适性产生影响。

旅客界面研究的就是车辆环境中乘客与车辆设备的交互关系，并运用科学的理论和方法进行车辆设计，以优化车辆系统的工效和乘客舒适性之间的关系。旅客界面研究包括舒适度研究和车辆人机适配性研究两个大的方面。

舒适度研究包括列车综合舒适度和列车乘坐舒适度两个方面。列车综合舒适度与车内振动、噪声、温度、照明等物理属性有关，车辆外观、车内设计、车窗、乘务员的服务态度等也是影响因素。列车乘坐舒适度主要受震动加速度、固定横向加速度、倾斜度和列车的加减速等因素的影响，列车乘坐舒适度是影响旅客舒适性的主要方面。在动车组上，乘客以自己座椅为中心的活动占 90%以上，因而座椅是动车组上对旅客乘坐舒适性影响最大的乘客设备。座椅系统通常是按照某一特定的体形进行设计的，由于乘客的身高体重不同，因而这种设计不可能适合所有的人。为了使座椅尽量适应铁路旅行这段时间里不同人的乘坐方式，因此要求座椅要有一定的裕量。CRH 系列动车组全部配置了可旋转座椅，使旅客始终在面向列车运行方向就座。另外，座椅后背可调且具有可折叠的扶手。

车辆人机适配是指使所设计的车辆与人的各种因素及系统环境相适应，例如舒适、安全、省力、高效等，使人机关系协调、人机系统达到整体优化。人机适配性包括几何适配性和功能适配性。几何适配性考虑的是动车组空间及设施的物理设计和乘客的物理性能及其二者之间的匹配关系，目的是获得一种最优的旅客界面方案。动车组空间及设施的物理设计包括以下几个方面：座椅布局与尺寸、座椅设计、旅客信息系统界面、通道设置、扶手、包厢设计、行李存放、乘客姿势等。乘客的物理性能分析内容包括乘客姿态、肢体可达能力、视域、设备操作的有效作用力和生物力学应力等。功能适配性主要是指动车组设备的功能设计和乘客的生理、心理功能和行为习惯及其二者之间的匹配关系，目的是获得合理的车内设施的功能设计。如动车组卫生间设置、集便器的设置与容量、饮水间的设置与容量、餐厅的设置与容量、公共空间及设施的无障碍设计、旅客信息系统的功能设置、设施的易用性等方面与乘客的旅行习惯、生理和心理特点及行为模型间的匹配关系。

在 CRH 系列动车组上，为了适应中国的国情，对旅客界面进行了特别的布置，以满足旅客的需要。例如，在每辆车中加装了饮水机，车中设置了更大容量的净水箱；将座椅数增多，一等车采用 2+1 或 2+2 定向排列布置的、宽度经优化设计的座椅，二等车采用 2+3 定向排列布置的、宽度经优化设计的座椅；按大运量旅客需求及环境条件，调整了空调系统参数；餐车设有餐厅和酒吧等。以 CRH2 动车组为例，图 3-22 所示为 CRH2 动车组客室的布局，图 3-23 和图 3-24 所示为 CRH2 动车组内部设备。

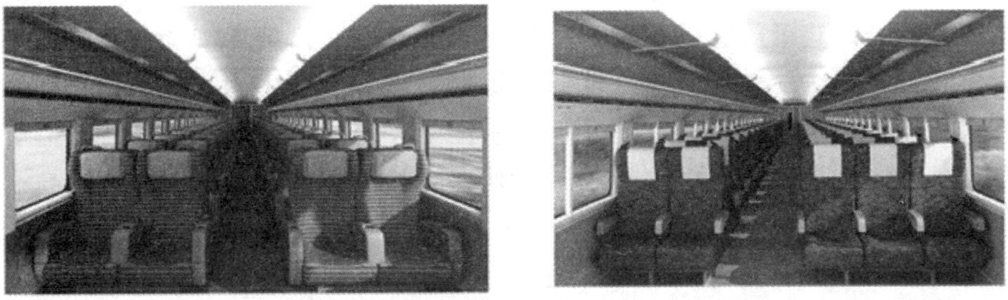

一等车　　二等车

图 3-22　CRH2 动车组客室

通过台　　就餐区　　小卖部

图 3-23　CRH2 动车组内部设备

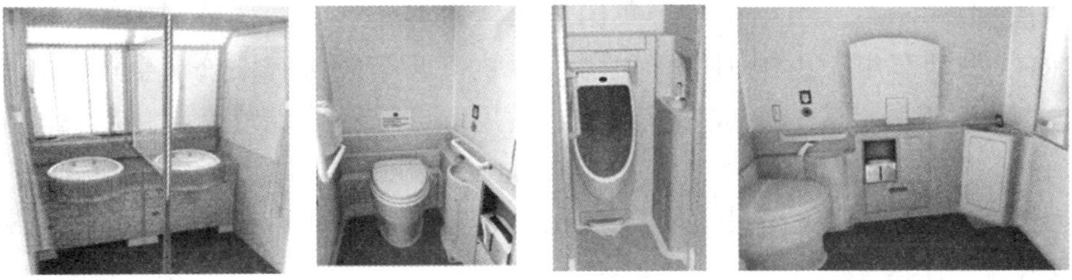

盥洗间　　卫生间　　小便池　　残疾人卫生间

图 3-24　CRH2 动车组内部设备

3.4.5 CRH 动车组

CRH 动车组是“引进、消化、吸收、再创新”的结晶。自 2007 年 1 月 28 日 CRH2 型动车组在杭州站投入运营以来,动车组这个新生事物就进入了人们的视野,成为人们茶余饭后的谈资。在 CRH2 安全试运营近 3 个月之后,2007 年 4 月 18 日,中国铁路开始了第六次全面大提速。这是中国铁路历史上重要的一天,甚至可以说是划时代的一天,从这天开始,CRH1、CRH2、CRH5 开始活跃在中国万里铁路之上!同样从这一天开始,中国铁路跨入了高速时代!中国铁路也跨入了高速发展的时代!

CRH 动车组以其优美的流线、洁白优雅的修长车体、宽敞明亮的车内设置引来无数的关注,俘获了旅客的眼睛,甚至一度出现了一票难求的场面,而这些旅客中的大多数并不是为了旅行而来,他们只是为了体验一下中国人自己的动车组,为了分享这举国欢庆的喜悦!CRH 动车组的上线运行,标志着中国铁路已经掌握了时速 200 km 及以上动车组核心技术,中国铁路以此为起点,进入全新的高速列车时代。

漂亮的外形和典雅舒适的车内布置,并不是动车组最令人感兴趣的地方,速度才是令动车组大出风头的原因!大于 200 km/h 的速度,才是动车组可以向高速公路、短途民航叫板的根本所在!第六次大提速之后,随着动车组的开行,各大城市之间的运行时间大幅缩减,北京—哈尔滨之间的运行时间缩短了 2 h40 min;北京—青岛缩短了 1 h53 min;上海南—长沙缩短了 7 h30 min。缩短幅度最大的当属上海南—南昌,缩短比例竟然超过 50%!可见,动车组的开行大大方便了人们的出行。

CRH 系列动车组的出现使大家眼前一亮,形成一道靓丽的风景线,改变了人们对传统铁路的看法。同时,使人们的出行也多了一种选择。这些动车组的生产厂家如下:

CRH1 型动车组,由青岛四方—庞巴迪—鲍尔铁路运输设备有限公司(BSP)生产;

CRH2 型动车组,由中国中车集团四方机车车辆股份有限公司生产;

CRH3 型动车组,由中国中车集团唐山轨道客车有限责任公司生产;

CRH5 型动车组,由中国中车集团长春轨道客车股份有限公司生产。

这些动车组具有先进、成熟、经济、适用、可靠的技术特点,并在我国铁路第 6 次大提速中广泛应用,运营速度为 200 km/h。2008 年中国第一条时速 300 km 的客运专线——京津城际铁路投入运营,CRH2 速度升级车型和 CRH3 成为时速 300 km 的主型车。

CRH 系列动车组是高新技术的集中代表,在总体集成、不锈钢/铝合金轻量化车体、无摇枕高速转向架、大功率交-直-交牵引传动与控制、微机控制复合制动和列车网络控制等方面体现了当今铁路机车车辆制造业的先进成果。图 3-25 所示即为 CRH 系列动车组。

CRH1 CRH2

CRH3 CRH5

图 3-25 CRH 系列高速动车组

CRH 系列动车组为动力分散型电动车组，均为 8 节编组，可满足 200 km/h 以上的运行速度要求，试验速度在 250 km/h 以上，CRH3 型动车组的最高试验速度可达 385 km/h。CRH 系列动车组可在中国铁路既有线路（指定区间）和客运专线上运行。CRH 系列动车组的主要技术特征如表 3-4 所示。

表 3-4 CRH 动车组主要技术特征

型号	CRH1	CRH2	CRH3	CRH5
原型车	Regina	E2-1000	Velaro E	SM3
生产厂家	BSP	四方股份	唐山车辆	长客股份
基本编组	5 动 3 拖	4 动 4 拖	4 动 4 拖	5 动 3 拖
编组定员/人	672	609	602	608
车体材质	不锈钢+耐候钢	大型挤压中空铝合金	铝合金	大型挤压中空铝合金
编组重量（空/重）/t	420/474	361/409	480/536	415/500
编组长度/m	213.5	204.9	200.35	211.5
车头车辆长度/mm	26950	25700	25700	27600

续表

型号	CRH1	CRH2	CRH3	CRH5
中间车辆长度/mm	26600	25000	24825	25000
车辆宽度/mm	3328	3380	3257	3200
车辆高度/mm	4040	3700	3890	4270
启动加速度/（m/s^2）	0.5	0.406	0.5	0.6
运营速度/（km/h）	200	200	350	200
最高试验速度/（km/h）	250	250	385	250
适应轨距/mm	1435	1435	1435	1435
适应站台高度/mm	500 ~ 1200	1200	1250	500 ~ 1200
最大轴重/t	16	14	17	17
总牵引功率/kW	5500	4800	8800	6770
列车级网络种类	分布式 TCMS	ARCNET	分布式 WTB+MVB	TCN 标准
转向架形式	空气弹簧，转臂定位+轴箱圆弹簧	空气弹簧，转臂定位+轴箱圆弹簧	空气弹簧，螺旋弹簧+垂向减振器	空气弹簧，轴箱两侧圆弹簧+纵向定位杆
制动方式	再生制动+空气制动	再生制动+空气制动	再生制动+空气制动	再生制动+空气制动
牵引方式	矢量控制	矢量控制	矢量控制	直接力矩控制

随着各动车组的不断下线，将会有越来越多的动车组驶上我国的铁路线，更好地方便人们的出行。

第 4 章　高速铁路牵引供电及其接口技术

4.1　高铁牵引供电系统的基本构成

高速电气化铁路与普速电气化铁路一样，采用工频（50 Hz）AC 25 kV 单相交流制，牵引供电系统的构成如图 4-1 所示。

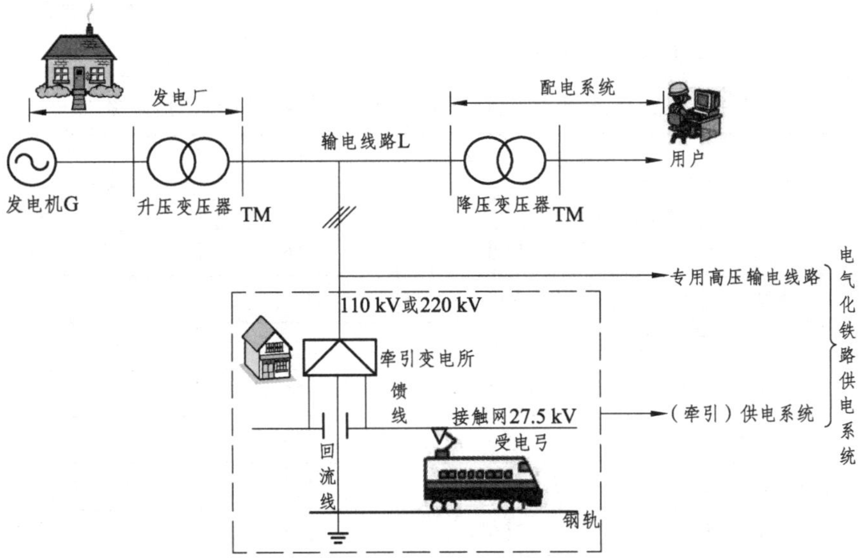

图 4-1　电气化铁路供电系统示意图

由图 4-1 可知：高铁牵引供电系统由外部电源系统、牵引变电所、牵引网系统组成。

1. 外部电源系统

中国高铁的外部电源系统是国家电网，高速电气列车的牵引动力由其提供。由于高速电气列车的牵引功率较大，110 kV 电网较难满足实际需求，同时，为了增大电网对谐波、负序的承受力，减小对其他负荷的谐波、负序影响，减小牵引变电所母线电压的波动，降低输电线路损耗，保证输电线路的动态、静态稳定，高速铁路的外部供电电源一般来自 220 kV 或以上电压等级的电网。

高速铁路的牵引负荷是一级电力负荷，要求外部电源必须具有足够的容量和良好的可靠度。《铁路电力牵引供电设计规范》和《高速铁路设计规范》均规定：“电力牵引应为一级负荷，牵引变电所应有两路电源供电，当任一路故障时，另一路仍应正常供电。”两路电源可来自不同的地区变电所或同一地区变电所的不同母线。外部电源的供电方式以保证供电可靠性为原则，同时注意电源容量及经济性。

外部电源的供电方式主要有：环形供电、双侧供电、单侧供电、放射供电等几种。从供电可靠性出发，牵引变电所应尽量采用环形供电或双侧供电。当牵引变电所不能从两侧取得电源时，也可以采用单侧供电方式，但必须设置双回路输电线以保证供电的可靠性。

世界各国高速电气化铁路大部分都是从 220 kV 或以上的电力系统受电，个别采用 132 kV 或 154 kV 时，也都要求系统有较大的短路容量。世界主要高速铁路国家电铁供电电源电压等级如表 4-1 所示。

表 4-1 世界主要高速铁路国家电铁供电电源电压等级

国名	铁路名称	最高速度（km/h）	供电电压（kV）	附注
日本	东海道新干线	300	275	个别站 154 kV
	山阳新干线	300	275	个别站 154 kV
	北陆新干线	300	275	
	东北新干线	260	275	个别站 154 kV
	上越新干线	275	275	
法国	巴黎—里昂	300	225	1 个站 400 kV
	巴黎—图尔	300	225	1 个站 400 kV
	巴黎—加莱	300	225	1 个站 400 kV
	里昂—瓦朗斯	300	225	
	瓦朗斯—马赛	350	225	
	巴黎—斯特拉斯堡	350	225	1 个站 400 kV
西班牙	马德里—塞尔维亚	250	220	3 个站 132 kV，短路容量不小于 2000 MV · A
	马德里—巴塞罗那	350	400	3 个站 220 kV
德国	德国高速铁路最高速度 330 km/h，采用由铁路自建电网供电。供电制式为 15 kV/16.7 Hz，采用独特的同相供电方式，牵引站间隔约为普通不同相供电方式的 1/3，牵引变压器一般容量为 2×15 MV · A。牵引站外部电源采用 110 kV，系统短路容量不小于 1000 MV · A			

2. 牵引变电所

牵引变电所将电力系统供应的电能转变为适应电力牵引的电能并馈送到接触网上。

牵引变电所有一次设备和二次设备，所有设备都是100%热备用。

一次设备的核心设备有牵引变压器和各类高压开关设备。

高速铁路牵引变压器大多主要采用Vx接线方式和Vv接线方式。

高速铁路牵引变电所一般采用GIS组合电器。在常规敞开式变电站中，所有高压设备都单独暴露在空气中，设备对地绝缘以及设备之间的绝缘都以空气间隙击穿电压为标准进行设计。由于用地空间紧张，为了节省用地面积，GIS组合电器越来越广泛地在电力行业中得到应用。

GIS（Gas Insulated Substation）是气体绝缘全封闭组合电器的英文简称。GIS由断路器、隔离开关、接地开关、互感器、避雷器、母线、连接件和出线终端等组成，这些设备或部件全部封闭在金属接地的外壳中，在其内部充有一定压力的SF_6绝缘气体，故也称为SF_6全封闭组合电器。与常规敞开式变电站相比，GIS的优点在于结构紧凑、占地面积小、可靠性高、配置灵活、安装方便、安全性强、环境适应能力强，维护工作量很小。

高速铁路牵引变电所馈线侧高压设备普遍采用GIS开关柜。

牵引变压器出线由高压电缆直接引入GIS开关柜。

牵引变电所二次设备及其软件系统构成牵引供电综合自动化系统。

牵引供电自动化系统包括牵引供电远动监控系统和综合自动化系统。

远动监控系统由调度主站和被控站RTU构成，主要监控牵引供电系统沿线各变电所、分区所、开闭所的设备运行状态，完成遥控、遥测、遥信、遥调、遥视、保护及调度管理，辅助完成事故分析及处理等功能，具有信息完整、直观，有助于调度人员正确掌握系统运行状态、加快决策、快速诊断系统故障、提高管理效率的特点，现已成为牵引电力调度不可缺少的工具。

综合自动化系统是指设置在变电所、AT所、分区所等的综合自动化系统，通过变电所内的局域网通信，将微机保护、微机自动装置、微机远动装置所采集的模拟量、开关量、状态量、脉冲量及非电量信号，经过数据处理及功能的重新组合，按照预定的流程和要求，对变电所实现综合性的监视和调度，实现站场级的保护、测量和控制功能。

3. 牵引网及其供电方式

牵引网由馈（电）线、接触网、轨（地）、回流线等组成。馈线是接在牵引变电所牵引母线和接触网之间的导线，电能通过馈线由牵引变电所引向电气化铁路。接触网是一种特殊的输电线，它既是电力输电线，也是受电弓的滑行通道，弓网之间存在复杂的机电相互作用特性。钢轨既是轮对运行轨道，同时又是牵引供电系统的回流路径和信号电流通道，由于钢轨与地之间存在泄漏，有一部分牵引回流会从大地流回牵引变电所，这部分电流称为地电流。回流线是连接钢轨和牵引变电所接地网的金属绞线或电缆，它将牵引电流引回牵引变电所。

牵引网是非对称性供电电路，因而存在电磁不平衡问题。1915 年瑞典第一条单相交流电气化铁路通车时，人们就发现了电气化铁路对通信的干扰问题。如果不解决好干扰问题，就会对电视、手机通信、列车控制系统的正常工作造成影响。

交流牵引网对其四周的金属导体和通信线的干扰有多严重呢？举例来说吧，如果要让一条架空金属导线中的最大感应电压限制在允许标准以内，则它必须远离电气化铁路 1 km 以上；若要让通信线路中的杂音干扰低于允许标准，则离电气化铁路的距离还要更远一些。所以，必须对电气化区段内的金属导体及通信线路采取有效的防护措施，以保证电气化铁路沿线临近金属导体和通信线路所受到的各种电磁影响降低到标准允许的范围内。当然，完全避免这种影响是不可能的。

为了降低电气化铁路的电磁影响，人们采取了各种办法，如使用屏蔽电缆、使用光缆、将金属体良好接地等。同时，也可以从牵引网上想办法，以减少干扰，最主要的方法是采用不同形式的供电方式。目前高铁牵引网主要采用带回流线的直接供电方式和自耦变压器供电方式。

带回流线的直接供电方式如图 4-2 所示。

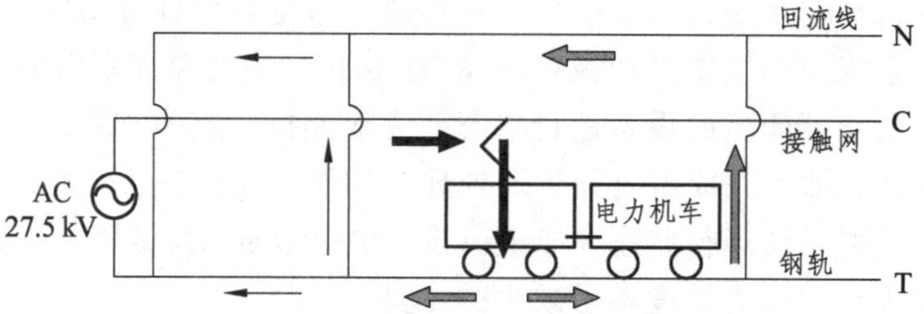

图 4-2　带回流线的直接供电方式示意图

采用这种供电方式时，地回流只有总电流的 15%~20%，钢轨电位降低，对弱电系统电磁干扰减小；牵引网阻抗比 BT 供电低，供电距离增长，一次投资和维护费用降低。

AT（Auto Transfomer）即自耦变压器，AT 供电方式的原理如图 4-3 所示。

AT 供电采用 2×25 kV 供电系统，供电电压比其他供电方式高 1 倍，电压损失降为 1/4；与直接供电相比，牵引网单位阻抗降低约 3/4，电能损失小，轨电位可降低 50%~55%。这一方面可以大幅减小与铁路线并行安装的导线中产生的感应纵向电压；另一方面，由于供电线和接触线中的电流方向相反、大小相等，能很好地消除接触网电磁干扰。AT 供电减少了接触网电分相数量，有利于列车的高速运行；同时，牵引变电所的间距大，易选址，减少了外部电源的工程数量和投资。

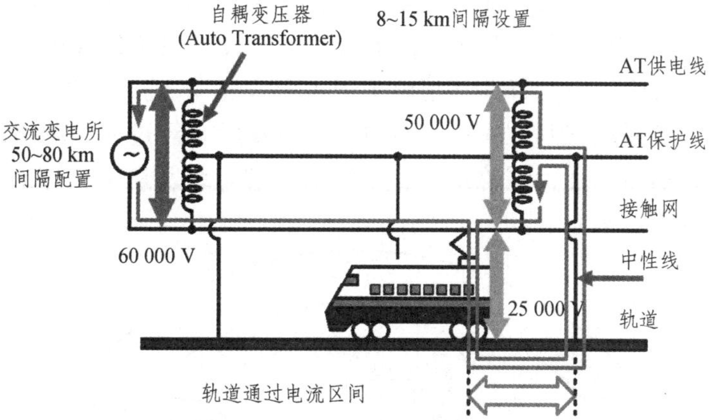

图 4-3　AT 供电方式原理示意图

由于高速电力牵引的速度快、电流大，因此要求供电系统的供电质量要高，并应尽量减少电分相、电分段的数量。AT 供电方式变电所间距大，一是可以大大减少电分相数量，并且牵引网阻抗小，能显著减小牵引网电压损失，改善供电质量，保证列车高速运行；二是可以密切配合电力系统向电气化铁路供电的电源选择，以降低工程造价。另外，AT 供电方式对通信线路的影响较小。

由于某种原因，有时牵引变电所的上、下行方向需采用直接供电+AT 供电的混合供电方式。这种供电方式就是上、下行的某一方向使用直接供电方式，而另一方向使用 AT 供电方式。这种情况常常是由于牵引变电所的位置选择不宜、地形条件复杂造成的。有时，考虑沿线对通信线路干扰要求的不同，也会采用不同的供电方式。

4.2　高速牵引供电的关键技术

牵引供电系统包括供电、变电、弓网、自动化等多个子系统，各子系统都有自己的关键技术。对于现实工程，主要应解决的是：弓网系统仿真；接触网动态仿真；关节和线岔布置及装配设计技术；电分相布置及装配设计；恒张力放线工艺与设备；GIS 制造和安装技术；高压电缆接头工艺；接触网关键受力件、断路器、电动隔离开关的生产制造等。另外，系统内部以及系统与其他系统的集成也是核心技术之一，如图 4-4 所示。

系统集成的关键在于项目管理、整体设计技术、RAMS、EMC 评估及集成试验和运行试验。项目管理的核心在于接口管理、环境管理、风险管理及质量控制。整体设计的核心在于系统工程与系统集成、系统能力仿真与评价、系统优化分析技术。RAMS 为系统可靠性、可用性、可维护性和安全性的缩写，它包括了 RAMS 方案和计划的方法，预测、分析、保证、要求与实现过程的方法，RAMS 评估、检验与确认。EMC 是电磁兼容的英文缩写，是为了保证设备或系统在电磁环境中良好地运行，并不给在该环境中运行的其他电力或电子设备带来过度的电磁干扰。集成试验用于证明所有各系统接口之间的整体能力，检查所有经过成功测试的子系统是否可以整合在一起运行。运行试验指对固定设备、动车组及运营程序的最终试验，以证明整个系统可投入运行。

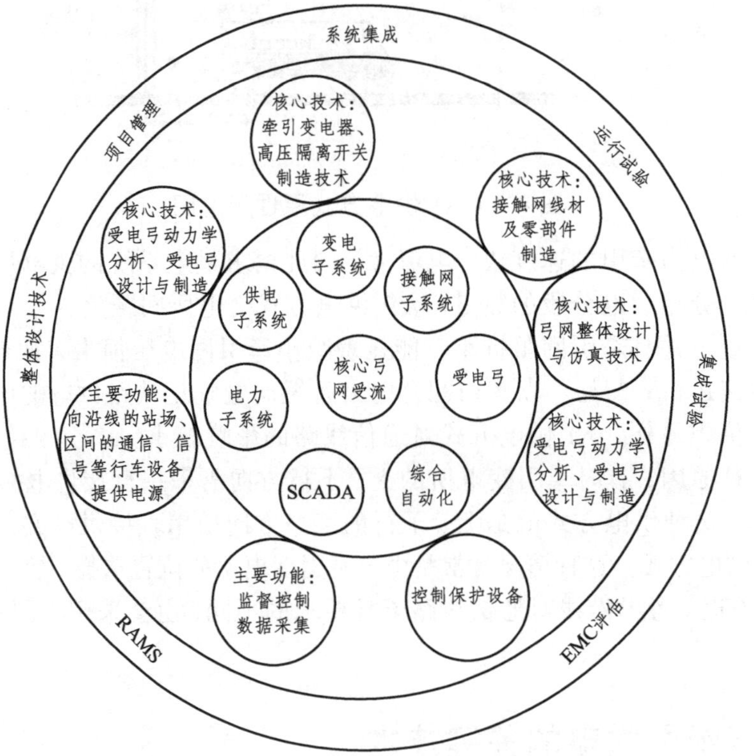

图 4-4　牵引供电系统组成与核心技术

4.3　高速铁路供电制式的选择

4.3.1　德国的牵引供电制式

德国电气化铁路采用的是 AC 15 kV/6.7 Hz 独立电网供电。为什么呢？

20 世纪初，人们试图将串联电机在牵引方面的长处与交流电的可变压特性结合起来，利用公共电网向单相交流串联电机供电。但公共电网的频率为 50 Hz 或 60 Hz，如果直接供电的话，会存在以下三个典型问题：① 50 Hz 单相串联电机的整流子磨损严重；② 与电气化铁路平行敷设的电缆线路会产生很强的与频率成正比的感应干扰；③ 单相电力牵引负荷会使三相电网出现非正常的、明显的电压不平衡值。

这些问题在当时的技术条件下无法得到圆满解决，因此，德国走了一条中间路线，通过不断努力研制出频率为工频三分之一（16.7 Hz）的单相交流发电机。这种制式的电源，一方面利用了交流电可升降压的特点，另一方面，通过降低频率减少磨损和电磁干扰，同时，它是一套独立于公共电网之外的单相电源，自然不会对公共电网形成影响。因此，在 1912 年和 1913 年间，德国、奥地利、瑞士、挪威和瑞典都陆续采用了这种电流制式。直到现在，德国境内高速电气化铁路全部都是采用这种供电制式。

低频单相交流的应用，解决了直流输送功率受限的问题，而且对公共电网没有“污染”。但低频单相交流供电也有其不足：在其他条件相同的情况下，16.7 Hz 发电机若要达到 50 Hz 发电机相同的功率，其扭矩必须是 50 Hz 发电机扭矩的 3 倍，3 倍的扭矩意味着 3 倍的尺寸；16.7 Hz 单相发电机与 50 Hz 三相发电机相比少了两个绕组，发电机的定子铁心利用系数仅为 1.73，从原理上讲，16.7Hz 单相发电机的体积是相同功率的 50 Hz 三相发电机的 5.2 倍，实际约为 4.5 倍。这些数据表明：低频交流电机比工频交流电机“胖”好几倍！因此，人们对“工频交流供电”的追求从未停止过。

4.3.2 法国的牵引供电制式

1903 年第 1 条带接触网的电气化线路在法国 Paris（巴黎）—Juvisy（爵维斯）开通，1920 年建立了直流 1500 V 电气化铁路供电系统。但法国从未停止对“工频交流供电”的追求。通过近 20 年的不断努力，终于在 1950—1951 年间修建了全世界第一条单相工频电气化试验线，1953 年首次采用单相工频交流 25 kV 供电制式的电气化线路 Annecy（安纳西）—La Roche 运营通车。如今，该供电制式已成为发展干线电气化铁路和高速电气化铁路的首选供电制式，是世界电气化铁路的国际标准供电制式。

至 2007 年底，法国高速铁路线达 3630 km，全部都是采用单相工频交流 25 kV 供电制式。

4.3.3 日本“新干线”的供电制式

20 世纪 50 年代，除欧洲少数几个国家采用低频交流供电外，大多数国家的牵引供电均为直流供电。直流供电的致命弱点是：投资大（牵引变电所间距小；变电所需安装整流设备）；传输功率严重受限。因此，日本“新干线建设基准调查委员会”认为：只有交流供电才能解决新干线的牵引供电问题。但供电电压选多少，世界没有先例，日本人最初也是一头“雾水”。

当时的日本专家认为：只有当受电弓滑板与接触线之间通过的连续电流小于 500 A 时，才能保证受流安全。以此为标准，如果采用 AC 20 kV 供电，12 辆编组的 0 系列车的供电电流为 444 A，是安全的；但如果编组增大到 16 辆，供电电流将达到 592 A，这已超出安全值近 100 A；假如采用 AC 40 kV 供电，16 辆编组 0 系列车的供电电流只有 296 A，这个电流值是安全的，但电压过高会使电气设备投资过大，得不偿失；如果采用 AC 25 kV 供电的话，16 辆编组的 0 系列车的供电电流为 474 A，小于 500 A，加上 25 kV 交流供电还是国际铁路联盟的标准电压，采用这个电压值有利于日本和其他国家在该领域的技术交流。经过反复讨论，“新干线建设基准调查委员会”正式决定采用 25 kV 交流供电制式。

现在，日本拥有 2200 km 新干线铁路，其中，东海道新干线、山阳新干线、北陆新干线的供电制式为 AC 25 kV/60 Hz；东北、上越等新干线的供电制式为 AC 25 kV/50 Hz。

4.4 高铁牵引供电与外部电源的相互需求

高速铁路的电源来自公共电网，是电网的一级负荷。公共电网的容量、电压稳定性、频率、功率等应能满足电力牵引需求，电网的供电质量对牵引供电系统的供电质量有决定性影响；同样，牵引供电系统是电网的特殊负荷，其特殊性在于电力牵引负荷的三相不对称性、随机性、感性，其形成的负序、谐波比一般电力负荷丰富，会对电网造成不利影响。

4.4.1 电网对牵引供电的影响及取值

影响电网送电能力的因素主要有 4 个：导线发热、电压损失、功率和能量损耗、稳定破坏。它们全部因电流引起，解决的方法就是提高供电电压，减小电流。供电电压的提高可使电网输送能力增强、电网功率损失降低、提高供电质量。不过，任何事物都具两面性，电压的提高会增加系统在绝缘方面的投资，故而也不是越高越好。合理选择电压等级是牵引供电系统设计工作中的一项重要内容。

一直以来，中国牵引供电系统的外部电源等级均采用 110 kV，这主要是基于 20 世纪 50 年代中国电网和铁路运输的现状做出的选择。对容量达 120 MV · A 的高速客运专线，再考虑短时过载问题时，110 kV 电网供电功率和质量均较难满足要求。

电网的电压等级与输送功率和输电距离有关，如表 4-2 所示。牵引变电所外部电源的取得应根据电网分布情况、铁路运输等级以及牵引供电容量等相关内容综合考虑，增大电网对谐波、负序的承受力，减小对其他负荷的影响，减小牵引变电所母线电压的波动，降低输电线路损耗，保证输电线路的动、静态稳定。

表 4-2 电网电压与输送功率和距离的关系

额定电压/kV	输送功率/MV · A	输送距离/km
110	10 ~ 50	50 ~ 150
220	100 ~ 150	100 ~ 300
500	1 000 ~ 1 500	150 ~ 850

4.4.2 牵引供电对公共电网的影响及对策

牵引供电对公共电网的影响概括起来有四个方面：负序电流、谐波电流、功率因数、冲击性负荷引起的电压波动及闪变。

1. 负序电流

负序电流是流动方向与正常工作电流方向相反的电流，是由于三相负荷不对称引起的。负序电流不仅会降低电网效率，还会给电网中的发电机和电动机带来额外温升，使电机寿命缩短；对系统继电保护及安全自动装置也会产生不良影响。

为了降低负序电流的影响，从电网方面讲，可采取增大系统容量、提高供电电压等级等措施，保证电网安全运行；从牵引供电方面讲，可采取改变牵引变压器绕组的接线形式（如采用三相—两相平衡变压器或单相 Ii 接线、Vv 接线、YNd11 接线）以及使沿线各变电所的牵引变压器的原边轮换接入三相电网等措施。

除普遍采用换相连接之外，各国还有自己的一些措施。日本一般在变电所采用斯科特（Scott）接线变压器和变形伍德桥接线三相变压器等，加 RPC 来调节变电所高压侧三相电流的平衡性。法国、德国等一般采用单相变压器，对于极少数负序电流会导致负序超标的牵引变电所，根据电力系统调度的命令随时改变变压器的接线方式，程度更严重的则会采取并联补偿、SVC 等额外的调节措施。

2. 功率因数

功率因数是供用电系统的一项重要技术经济指标，它反映的是用电设备在消耗一定有功功率的同时所需的无功功率。例如，标称功率为 100 W 的电气设备，因其内部存在电容或电感，所以实际能量转换只有 70 W，它的功率因数是 0.7。很不幸，虽然仅仅使用了 70 W，但它却从电网吸收了 100 W 功率，在这一过程中，有 30 W 的功率被其浪费了，这 30 W 就是无功功率。

无功功率在网上传送，白白占用了输、变、配电设备的资源，降低了设备利用率，使设备达不到额定出力；为了达到规定的出力，就要增大设备容量、提高设备投资额。

为了防止功率因数过低对电网造成不利影响，电力部门将对功率因数低于 0.9 的电气系统或设备进行处罚。因此，功率因数既是技术问题又是经济问题。

交-直型机车的运行功率因数只有 0.8 左右，交-直-交动车组交流侧的功率因数理论上可以达到 1.0，实际功率因数在 0.93 ~ 1.0 之间。鉴于中国铁路运输的实际情况，会出现交-直型电力机车和交-直-交动车组混跑一线的情况，再考虑到牵引变压器需吸收一定的无功功率，所以牵引变电所仍需一定量的无功功率补偿。

3. 谐波的影响及其预防

在电力系统中，“谐波”是指频率为基本频率（50 Hz）整数倍的电流和电压。产生谐波的根本原因在于非线性负载，当电流流经非线性负载时，与所加的电压不呈线性关系，从而产生谐波。谐波也是正弦波，可以分为 3、5、7 等奇次谐波和 2、4、6 等偶次谐波。对于三相整流负载，出现的谐波电流是 $6n\pm1$ 次谐波，变频器主要产生 5、7 次谐波。

谐波的危害大致有以下几个方面：① 使公用电网中的元件产生附加的谐波损耗；② 降低发电、输电及用电设备的效率，大量的 3 次谐波流过中性线时会使线路过热甚至发生火灾；③ 影响各种电气设备的正常工作，谐波对电机的影响除引起附加损耗外，还会导致机械振动、噪声和过电压，使变压器局部严重过热；④ 使电容器、电缆等设备过热、绝缘老化、寿命缩短以至损坏；⑤ 引起公用电网中局部的并联谐振和串联谐振，可能引起严重事故；⑥ 导致继电保护和自动装置误动作，并会使电气测量仪表计量不准确；⑦ 对邻近的通信系统产生干扰，轻者产生噪声，降低通信质量；重者导致信息丢失，使通信系统无法正常工作。

解决电力电子装置和其他谐波源的谐波污染问题的基本思路有两条：一条是装设谐波补偿装置来补偿谐波，这对各种谐波源都是适用的；另一条是对电力电子装置本身进行改造，使其不产生谐波，且功率因数可控制为 1，这只适用于作为主要谐波源的电力电子装置。

交-直型机车本身可产生达基波电流 20%以上的谐波电流，因此必须采取谐波滤波措施。交-直-交动车组交流侧仍会存在一定量的高次谐波，稳态运行情况下，总谐波电流畸变率会达到 5%左右，而在启动、爬坡、制动等运行情况下，会出现更大的谐波。交-直-交动车组高次谐波具有以下特点：1000 Hz 以下的谐波比交-直型机车少；1000 ~ 2000 Hz 的高次谐波比交-直型机车多。因为供电系统存在变压器漏抗和分布电容，所以 1000 Hz 以上谐波有引起谐振的可能，这一点值得关注。

4. 电压波动

电气牵引负荷是典型的冲击型负荷，其引起的电压波动非常厉害。电压波动的范围与供电系统的容量、网络参数、负载容量等相关。如果 110 kV 或者 220 kV 牵引变电站在公共连接点有其他负荷，则这些负荷会受到电压波动的影响；很多情况下，变电站主要是牵引负荷，这种情况下系统自身是电压波动的最大受害者。

为了提高电压的稳定性，一般可采取将牵引变电所接入更强大的电网、增设增压变压器、串联电容补偿等措施来加强供电，以满足铁路运输需要。

5. 再生制动

高速铁路所采用的电力机车和电力动车组具有四象限脉冲整流器，不需要任何附加设备即可进行再生制动。再生制动时牵引电动机作为发电机运行，将列车的动能转换为电能向电网反馈能量，节能效果显著。

据国内有关厂商的估算，交流传动机车的再生制动可反馈制动能量的 10% ~ 40%。制动能量就是列车刚开始制动时所具有的动能，如果列车自重 700 t，以 300 km/h 的速度运行，则其具有的动能为 2430 MJa，能量之大，足以使 5800 L 水从冰点升到沸点。韩国高速铁路的运行经验指出，站间距为 60 ~ 80 km 时，采用再生制动回收的能量占总运行能耗的 5%以上。日本“希望”号列车的统计数据显示，每列车（10M6T ~ 16M 编组）每年可因再生制动而节省电能 150 ~ 240 万 kW · h。

再生制动对牵引供电设备也存在一些影响，如当牵引网故障停电时，再生制动便会失效，或者可能使列车不能及时检测到牵引网的停电，或造成牵引变压器的过电压；使得供电设备的保护整定出现困难；恶化平衡变压器的平衡效果等。

4.5 牵引供电自动化系统及其发展

中国综合自动化的研究工作开始于 20 世纪 80 年代中期。最初的变电所综合自动化系统实际上是在 RTU 基础上，加上一套以微机为中心的当地监控系统组成，系统不但未涉及继电保护，就连传统的控制屏台也都保留，这是中国变电所综合自动化技术的初级阶段。

20 世纪 80 年代后期，进行变电所综合自动化技术研究的高等学校、科研单位、生产厂家逐渐增加，综合自动化技术取得了实质性的进展。

20 世纪 90 年代初研制的综合自动化系统，是在变电站控制室内设置计算机系统作为变电所综合自动化的核心，另设置数据采集和控制部件用于采集数据和发出控制命令。微机保护柜除保护部件外，每柜有一管理单元，其串行口与变电所自动化系统的数据采集及控制部件相连，传送保护装置的各种信息和参数，整定和显示保护定值。这种集中式变电所综合自动化系统与初级阶段相比有了很大的进步。

20 世纪 90 年代中期，随着计算机技术、软件技术、信息处理技术的发展，继电保护装置几乎全部采用由计算机技术构成的数字式继电保护，这种保护可用相同的硬件实现不同原理的保护，并通过软件设计实现复杂原理的保护，具有生产标准化、工作可靠性高、数据记录和事后分析等优点。

随着计算机技术、网络通信技术、信息处理技术和自动控制技术的发展，继电保护装置从原来实现单一的保护功能，逐渐演变为集保护、测量和控制于一体的综合性设备。

随着计算机技术、网络技术及通信技术的飞速发展，同时结合变电所的实际情况，各类分散式变电所综合自动化系统相继研制成功并投入运行。

分散式变电所综合自动化系统的特点是：现场单元部件分别安装在中低压开关柜中或高压一次设备附近，这些部件可以是集保护和测控功能为一体的综合性装置，也可以是现场的微机保护装置和测控装置。在变电所控制室内设置计算机系统，与各现场单元部件进行通信。通信方式可采用串行口，近几年更多地采用了网络技术。遥信、遥测量的采集及处理、遥控命令的执行和继电保护功能等均由现场单元部件独立完成，并将这些信息通过网络送至后台主计算机，而变电所综合自动化的综合功能均由后台主计算机系统承担。与集中式变电所综合自动化系统结构相比，分散式变电所综合自动化系统结构又有了一个质的飞跃。

牵引供电 SCADA 系统由调度主站系统、传输通道和被控站设备组成。主站系统设在调度所内，统一指挥供电系统在正常及事故情况下的运行工作，并集中管理沿铁道线分布的变电所（包括分区亭和开闭所）中的设备。在牵引供电系统运行过程中，为了保证运行的可靠性和经济性，调度所必须及时掌握系统的实际运行情况。一方面，需要从下而上地采集信息，将变电所内开关位置信号、警报信号及主要电气运行参数等迅速、正确、可靠地上报给调度所；另一方面，调度所根据系统的运行情况并进行判断处理后，按照铁路运输规章规程的要求，对变电所（包括分区亭和开闭所）下达命令，直接操作某些设备或调整某些参量，或完成实时控制任务。

为了完成变电所和调度所之间远距离信息的实时自动传输，必须应用远动技术，采用远动装置。远动技术即是调度所与各被控站之间实现“四遥”技术（遥控、遥测、遥信、遥调）的总称。远动装置充当调度所和变电所之间传送信息的桥梁和工具，是实现实时调度和综合调度自动化的基础。目前高速铁路供电监控系统采用牵引、电力两电合一模式，各路局客专供电调度所内的调度主站系统能够完成对牵引供电设备和电力供电设备的统一调度指挥。

高速铁路监控系统采用 *N*+1 调度管理模式，即在全国范围内设置 *N* 个区域调度所，在中国铁路总公司设置 1 个高速铁路总调度中心。区域调度所负责管辖区域内所有高速铁路系统的监视控制和调度指挥；调度中心统筹高速铁路的调度指挥，在正常工作模式下可以监视各区域调度所系统的运行状态，在必要时提供协调性调度指挥建议。

无论是位于总公司调度中心的系统，还是位于各个区域调度所的系统，都需要采用统一的技术框架和硬/软件技术平台，以满足各高速铁路统一监控调度指挥的需求。

随着自动化系统应用的成熟和电气设备品质的提升，中国高速铁路牵引供电和电力配电系统的被控站点一般采用无人值守的运行模式。所以，供电 SCADA 系统除了要完成常规的监视和控制功能外，还需要为电力调度人员、生产抢修人员提供丰富的故障分析数据（如故障录波、故障报告等），以加快供电系统事故的处理进程。同时，还需具备电力配电自动化系统 DMS（Distributed Management System）的故障判断和故障隔离功能，以及对被控站系统的运行参数（如保护定值、各类阈值等）进行远程设置的功能。

高速铁路供电 SCADA 系统需要与中国高速铁路总体技术框架下统筹规划建设的运营调度系统、综合视频监控系统、综合维修管理信息系统、既有线电调系统实现双向的互联互通，因此对外部系统的接口访问需求丰富。

牵引供电 SCADA 系统的监控对象为铁路牵引供电设备。监控范围包括：牵引变电所、分区所、AT 分区所、接触网开关。

1）牵引变电所

遥测：进线电压，进线电流，主变功率，27.5 kV 母线电压，主变一次侧有功电度，无功电度，馈线电流，馈线故障点参数（馈线号、公里标）。

遥信：中央信号（包括事故总信号、预告总信号、自动装置动作、控制回路断线、控制方式、交流回路故障、直流电源故障、压互回路断线等），遥控对象位置信号，进线有压/失压，自投投入/撤除信号，牵引变压器的各类故障信号（含保护动作信号），电容器的各类故障信号（含保护动作信号），馈线的各类故障信号（含保护动作信号），各开关操作机构的工作状态信号，被控站设备及远动通道运行状态，所内环境及安全报警信号。

遥控：27.5 kV 及以上断路器，电动隔离开关，重合闸投切，自投装置投切，远方复归。

2）分区所

遥测：接触网末端电压，馈线电流。

遥信：中央信号（包括事故总信号、预告总信号、自动装置动作、控制回路断线、控制方式、交流回路故障、直流电源故障、压互回路断线等），遥控对象位置信号，馈线的各类故障信号（含保护动作信号），自耦变压器的各类故障信号（含保护动作信号），各开关操作机构的工作状态信号，被控站设备、远动通道运行状态、所内环境及安全报警信号。

遥控：27.5 kV 断路器，电动隔离开关，自投装置投切，远方复归。

3）AT 所

遥测：馈线电流。

遥信：中央信号（包括事故总信号、预告总信号、自动装置动作、控制回路断线、控制方式、交流回路故障、直流电源故障、压互回路断线等），遥控对象位置信号，馈线的各类故障信号（含保护动作信号），自耦变压器的各类故障信号（含保护动作信号），各开关操作机构的工作状态信号，被控站设备及远动通道运行状态，所内环境及安全报警信号。

遥控：27.5 kV 断路器电动隔离开关，自投装置投切，远方复归。

4）接触网开关

遥信：各开关操作机构的工作状态，通道运行状态。

遥控：电动隔离开关。

高速铁路供电 SCADA 系统的构成及外部接口关系如图 4-5 所示。

高速铁路供电 SCADA 系统的构成分为三层：调度中心系统；调度所系统，包括设置在各路局的调度所系统；现场设备层，包括：

（1）设置在高速铁路沿线的牵引变电所、AT 分区所、开闭所、AT 所内的牵引变电所综合自动化系统。

（2）设置在高速铁路沿线的电力变配电所内的电力变配电所综合自动化系统。

（3）设置在高速铁路沿线的站场变电所、区间/站场箱变、高压环网柜内的电力远动监控终端（RTU）。

（4）用于接触网开关监控的接触网开关控制站、接触网开关无线遥控系统、接触网开关光纤监控装置。

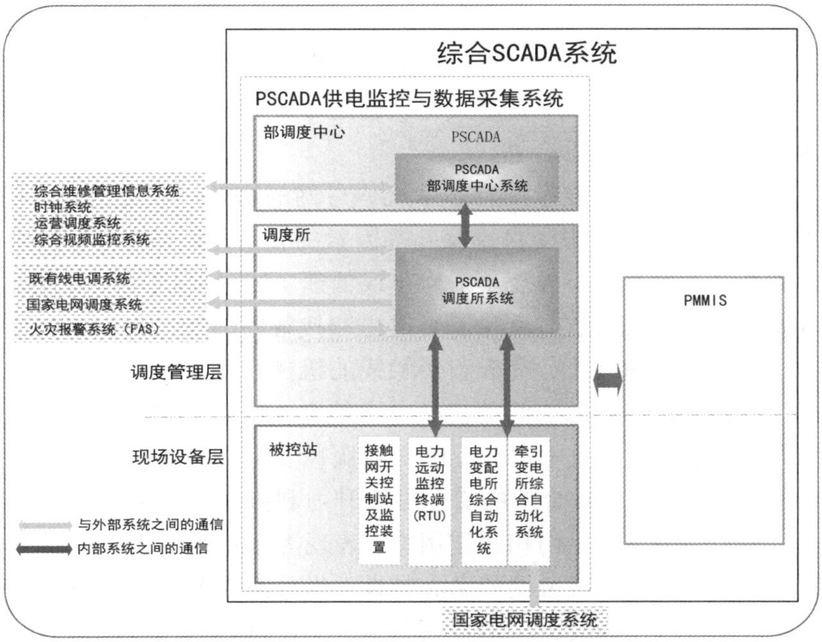

图 4-5 高速铁路供电 SCADA 系统的构成及外部接口关系图

4.6 高速弓网的“和谐”生活

目前，高速列车运行所需的电能还只能通过“弓网”模式取得，受电弓滑板与接触线间的滑动接触是取得牵引电能的唯一途径。因此必须保证弓网之间“和谐”相处、良好接触。但是，在高速运行条件下，弓和网良好接触是一件很难的事情！之所以难，主要原因在于影响弓网“和谐”相处的因素太多。弓网耦合是电气化铁路大耦合条件下的子耦合系统，它们之间的相互作用受到接触网和受电弓各自的机电特性、轨道、车辆、运行速度、空气动力等各种因素的综合作用。这些因素的综合作用，使人们难以对高速弓网关系进行准确的数学描述，也就难以找到解决问题的根本方法，这使得弓网关系成为制约高速铁路发展的重要因素之一。

4.6.1 弓网系统的基本特征

电气化轨道交通有三大典型系统：轮轨系统、列控系统和弓网系统。随着电气列车运行速度的提高，轮轨系统和弓网系统的关系呈现出高次幂函数的变化规律，具有特殊复杂性；轮轨系统既有独特性，又有基础性和一定的制约性；弓网系统既有独立性，又有综合性和被动性。弓网系统是高速移动的受电弓和固定不动的接触网的耦合，是动与静、刚与柔的耦合。受电弓的设备属性和功能属性是分离的，这为系统管理带来障碍。弓网系统是电气化铁路这个大系统中的一个子系统，是大系统耦合问题，具有试验性和综合性。

首先，弓网系统是一个复杂的动态系统，弓网的耦合过程受制于弓网接触力，这一机械力在弓网耦合过程中受自身及外部因素的影响不断变化，存在静态作用力与动态作用力两种表现形式。静态下（静止或低速）的弓网相互作用力取决于受电弓静态抬升力和接触悬挂弹性，反映了受电弓和接触网的静态特性。如果受电弓静态抬升力大，接触悬挂弹性小，滑板和接触线的机械磨耗就越大；反之，二者的机械磨耗就越小，但滑板和接触线间的接触电阻偏大，造成发热量增加，增大滑板和接触线的电气损耗，同时，也不利于受电弓克服风及车体振动等因素的影响，难以形成稳定的取流环境。因此，合理的受电弓抬升力和接触悬挂弹性是弓网系统设计的重点内容之一。动态下的弓网相互作用力，表现为运行中的受电弓对接触线的瞬时作用力，反映了受电弓和接触网的动态特性。当弓网动态相互作用力大到超过一定数值后，会造成接触网和受电弓的非正常磨耗，降低其使用时限；还会引起接触线的过度抬升，加快接触线的机械疲劳，甚至造成弓网事故。当弓网动态相互作用力低于一定数值后，取流效果下降，甚至会引起电弧，烧损滑板和接触线，大的电弧甚至可以烧断承力索。因此，将弓网动态相互作用力控制在一个合理区域是弓网系统设计的重点内容之一。

4.6.2 弓网系统的四大耦合

虽然弓网关系很复杂，但还是有一定规律的，这可以从弓网四大耦合关系进行简要归纳。

1）弓网间的几何匹配关系

受电弓沿接触线高速滑行时完成电能输送。在这一过程中，接触线必须处于受电弓的有效工作范围内，定位零件不能碰打受电弓，接触线的高度和高度变化率、拉出值、受电弓运行轨迹均应满足相应的技术条件。绝对不允许发生脱弓、打弓、钻弓等事故。

弓网几何耦合必须满足以下要求：在设计条件和允许偏差下，接触线应始终处于弓头的有效工作范围内，不得导致工作支偏离受电弓的弓头；接触线实际最低高度与车辆及其运载货物间的动态距离应始终大于最小空气绝缘间隙和受电弓的最低工作高度，以避免接触网与车辆之间产生电气击穿，避免受电弓处于非工作区域。接触线设计最低高度是在接触线最低高度的基础上考虑导致接触线高度减小的各种不利因素而得出的。接触线设计最大高度是考虑可能导致接触线高度大于受电弓最大工作高度的各种不利因素而得到的。接触线标准高度宜在接触线设计最低高度与接触线设计最大高度之间。

2）弓网间的电气耦合

电气关系是弓网的核心关系，对弓网采取的任何技术措施都是为了保障牵引电流顺利地从接触网流入电气列车。弓网间的接触材料、接触压力、接触电阻、接触面积、离线、电流大小、电气腐蚀都是弓网受流所关心的问题。

弓网电气耦合的表征参数有：最大载流量、接触线电阻率、滑板电阻率、滑板和接触线间的接触电阻、散热性能、电磨耗。

研究接触线与受电弓滑板之间的电气匹配关系的目的是：保证弓网间电能传输的稳定性和安全性；保证接触线与滑板在材料性能、电气参数上的匹配 ；保证弓网在高速运行中或静止两种工况下的电气稳定性和合理的磨耗。

3）弓网间的机械耦合

机械关系是保障弓网良好接触的关键，弓网间的机械磨耗、受电弓的追随特性和接触线的波动速度等是机械关系的主要表征。接触线波动速度是指在受电弓作用下，接触网发生上下振动而产生的振动波沿接触网传播的速度。其大小取决于接触线的张力和单位质量，在接触线单位质量一定的条件下，只有加大张力才能提高波动速度。

高速弓网运营经验和理论研究证明：为使弓网“和谐”相处，列车的最大运行速度（即受电弓的取流速度）应在接触线波动速度的 0.7 倍以下，即对运营速度为 350 km/h 的高速接触网，其波动速度应在 500 km/h 以上。否则，受电弓与接触线之间就容易产生电火花，甚至会形成一条“火龙”，即弓网“离线”。

“离线”是不受欢迎的！因为“离线”一方面会加快接触线与受电弓滑板之间的电磨耗，另一方面会引起电磁干扰，同时还伴随有噪声污染。离线次数越多、时间越长，受流质量越差。

人们一直在从接触网和受电弓两方面努力降低离线率。

接触网方面采取的主要措施有：增加接触网的波动传播速度，采用高强度、小密度的银铜、镁铜、锡铜接触导线，同时加大接触线和承力索的张力；采用恒张力放线作业，减少接触线硬点，增加悬挂弹性；优化接触网结构，采用强度高、重量轻的接触网零件。

受电弓方面采取的主要措施有：选择归算质量（指通过某种计算方法将受电弓整体质量折算到弓网接触点的质量）小、跟随特性好、空气动力性能优的受电弓；减少取流受电弓的个数，防止多弓相互干扰产生附加振荡；通过计算、仿真、试验，确定受电弓的最佳安装位置及其相互间的距离；减少弓网接触压力偏差，将弓网动态接触压力保持在适当范围内。

为了保证弓网良好受流，主要采取了以下措施：

（1）选取合适的接触线和补偿张力，提高接触线波动传播速度。

为了提高接触网波动速度，使列车运行速度在波动速度的70%以下，接触线的补偿张力应在 25 ~ 35 kN，采用 120 ~ 150 mm^2 的铜合金接触线；承力索的补偿张力为 20 ~ 25 kN，采用 120 mm^2 铜合金承力索；接触线允许工作应力应不超过其最小拉应力的 65%。

（2）选取合适的跨距。

跨距的大小涉及弓网安全和工程投资。为了得到较高的性能价格比，高速接触网跨距取 60 m 较为合理，最大不宜大于 65 m，最小不宜小于 48 m，桥梁地段一般不大于 50 m。为了防止跨距变化太大所引起的跨与跨之间的弹性差异，增加接触悬挂的纵向荷载，避免因风或冰造成接触悬挂“舞动”，相邻跨距长度变化应小。

（3）选取合适的锚段长度。

为了使接触网具有良好的机械和电气特性，增加接触网供电的安全性和灵活性，接触网被分成了有一定长度的独立段落，这样的段落称为锚段。锚段长度取决于导线自身最大工作温差、自身重力、风、冰等因素。为了保证接触悬挂弹性均匀、接触网有效工作，高速接触网正线区段锚段长度不宜大于 1400 m（2×700 m）。

（4）选取合理的接触线高度和结构高度。

有双层集装箱运行的高速客专线路，接触线最低高度不应小于 6330 mm。无双层集装箱运行的高速客专线路，接触线高度原则上取为 5300 mm。正线接触线设置 0.5‰L 的预留弛度（L 为跨距）；除隧道内接触网结构高度不应小于 1100 mm 外，其余区段接触网结构高度不应小于 1400 mm，最小吊弦长度 500 mm。

4）弓网间的材料耦合

从电能传输角度看，用纯铜或铜基合金构成接触导线和受电弓滑板系统为最佳方案；但从摩擦学角度看，相同材料组成的滑动摩擦副存在严重的黏着磨损，并非最佳方案。接触网的特性决定了接触导线应是以纯铜或者铜合金材料为主的长大件，无更多的选择；而受电弓滑板则尺寸较小，试验和试制容易。因此，为了增加弓网系统的使用时限，减少接触线和受电弓滑板间的磨耗，只能从受电弓滑板入手寻求滑板与接触线间的最佳匹配关系。

受电弓滑板和接触线在相互作用过程中会产生机械作用下的磨损、强电流作用下的磨损、机械和强电流综合作用下的磨损。这些磨损与滑板和接触线的材质、列车运行速度、电流大小、弓网接触力、悬挂类型和接触线的平滑性、线路（主要是钢轨）的平顺性、环境条件等有关，如图 4-6 所示。

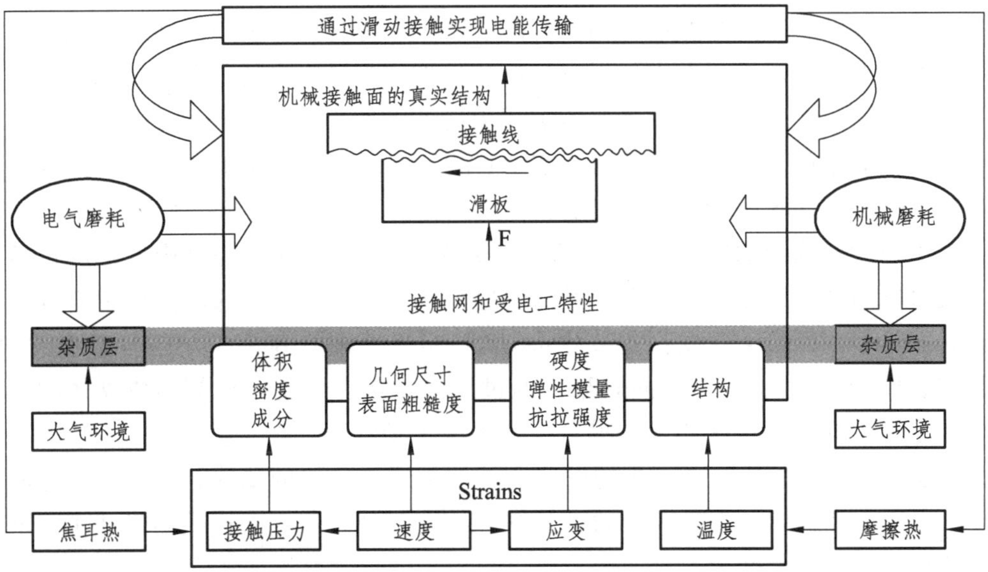

图 4-6　影响接触线与滑板磨耗的各种因素

4.6.3　弓网系统的设计原则

（1）必须坚持系统性和整体性原则，通盘考虑弓网在几何、电气、动态特性、材料特性上的完全适应性。

（2）相对于受电弓而言，接触网受环境的影响更大，其特性具有更大的离散性，不可能为某一接触网设计专门的受电弓。相对于接触网而言，受电弓特性具有相对的稳定性。因此，弓网系统设计应以受电弓为中心，接触网的参数和特性设计是在给定受电弓后进行的。

（3）不同的弓网配合会表现出不同的相互作用特性，因此，依据某种型号受电弓所设计的接触网，施工完成之后必须用相应特性的受电弓来运行。

（4）弓网系统设计必须借助弓网仿真系统，以确定和验证弓网核心参数的取值和合理性。

4.7　高速铁路牵引供电与环境的协调

4.7.1　电磁环境的协调

高速铁路一般采用通信容量大、保密性强、不受电磁干扰的光通信，但由于光波的不可分岐性，诸如红外线计轴，道口电话、区间电话等铁路区间的信息传递仍离不开架空明线或电缆。由于牵引电流的成倍增加，对弱电的电磁干扰将加大，其危险影响的防护还须加强。在干扰防护要求高的大城市及通信局站、计算中心、大量市话电缆集中的地区可以采用 AT 或 BT 供电方式，而对防护要求不高的地区则采用投资低的带回流线的直接供电方式。

为了减少甚或消除电力牵引负荷对三相电网的不利影响，最大限度地降低负序和谐波对电力系统的干扰，减少接触网的电分相，使牵引供电的电能质量得到根本改善，电气化铁路综合接地系统采用全线敷设贯通地线的方式，以贯通地线、钢轨、接触网、保护（PW）线为纵向骨架，通过横向连接、分支连接等构成立体的接地网络。除另有规定和特殊要求的设备（或系统）地线外，距铁路线路两侧的电化、电力、通信、信号、车辆等专业的设备及其他金属构筑物的地线，使用一个总的接地体。为便于铁路沿线设备及器材就近接入综合贯通地线，高速铁路沿线上、下行铺设两根综合贯通地线。

在电气化铁路中，牵引网的接地系统一般采用单设贯通地线的综合接地系统，保护线和钢轨每隔 1 km 左右与综合地线相连接。它统一考虑各类电气设备的工作接地和安全接地，减少不同系统之间由于地网而引起的相互干扰，并可提供安全、可靠和稳定的接地效果。

综合接地范围包括：（1）沿线信号设备的安全地线和屏蔽地线、工作地线；（2）沿线长途通信电缆地线、电缆槽支架、漏泄电缆悬吊钢索等的屏蔽地线；（3）电力电缆的金属外皮；（4）路基地段接触网的回流线（或 PW 线）通过吸上线接到信号轨道电路的完全横向连接的空心线圈中点或扼流变压器的中点，再通过完全横向连接线或扼流变压器的中点接入综合贯通地线；（5）距接触网带电体 5 m 范围内的金属结构（桥梁、隧道、栅栏等）必须接地，其地线可接入综合贯通地线。

贯通地线的截面面积必须满足接地电阻≤1 Ω 的要求，材质应具备：良好的导电性能；电缆外护层必须有较好的防腐、防水、防氧化、防污染及防电化学腐蚀等性能，满足电缆可靠性和安全性要求；电缆必须有较高的机械性能及抗冲击能力，能适应铁路剧烈振动的环境；为便于施工，电缆必须有一定的柔软性。

弓网滑动和离线会产生噪声干扰，日本高速测量表明：弓网噪声占总体噪声的 20%～35%，其中离线电弧产生的噪声较大，最高达 100 dB；列车在曲线区段行驶或减速时，弓网间噪声强度比加速时高 15～20 dB；无线电噪声与电源频率同步，周期性产生，每一周期的噪声是一组数十微秒至数毫秒的脉冲群，其持续时间与列车运行情况有关，在电视画面上的干扰也大不相同；接触网的射频干扰主要源于弓网离线。因此，减小离线率也是防止弓网噪声干扰的重要手段。

4.7.2　接触网与大气环境的协调

接触网是露天电气设备，存在空间环境、气候环境、电磁环境、运营环境、 施工环境的复杂性。

大气温度、湿度、冰雪、大风、大雾、污染、雷电等对接触网的线索弛度、线索张力、悬挂弹性、空间姿态、绝缘强度、载流能力、磨耗关系、支柱负载都存在严重影响。

1）大气温度对接触网的影响

大气温度对接触网的影响如表 4-3 所示。

表 4-3　大气温度对接触网的影响

序号	项　目	对接触网的影响
1	环境最低温度 （最低工作温度）	1. 非恒张力导线最大负弛度； 2. 状态方程的起始条件； 3. 接触线无弛度时的温度； 4. 吊弦、腕臂、定位器处于最佳工作位置时的温度； 5. 支柱容量； 6. 各类安装曲线
2	环境最高温度	1. 非恒张力导线最大正弛度； 2. 接触网设计最高计算温度
3	最高计算温度 （最高工作温度）	1. 各类安装曲线； 2. 吊弦、腕臂、定位器处于最佳工作位置时的温度； 3. 导线最大允许载流量
4	最大风速时温度	1. 非恒张力导线的张力和弛度； 2. 支柱容量； 3. 各导线间的绝缘间隙
5	最厚覆冰时温度	1. 状态方程的起始条件； 2. 最大附加荷载时附加导线张力，支柱容量
6	吊弦、定位器最佳位置时温度	安装曲线、锚段长度等
7	导线软化温度	导线安全性，导线的机电性能

研究表明：接触线运行应力为 100 ~ 130 N/mm^2、加热到 120 ~ 140 °C 时，抗拉强度和弹性极限不会发生突变，此时可能导致接触线损坏的主要原因是塑性变形和低温材料蠕变，关注点在过度磨损处、受流组件中的热损伤处以及有缺陷的电连接处。接触线运行应力超过 130 N/mm^2、温度在 100 ~ 140 °C 时，电解铜接触线中

的微结构变化开始发展，在此种条件下，30 min 之久并没有明显变化；在电流出入导线处（如电连接点、接触线滑板接触点）可以发生接触线微结构的极度变化；120 ~ 140 °C 的温度可能导致塑性变形的累积，将抗拉强度降至 275 N/mm^2 以下，0.2% 屈服强度降至 230 N/mm^2。

2）风对接触网的影响

空气流动形成风，风的物理指标有风向、风速或风力。风向用 16 个方位记录；风速是气流在单位时间内移动的水平距离，单位为 m/s；风力是风作用于物体表面所形成的机械压力，单位为 kN/m^2（kPa）

地表对风的作用称为约束。约束有垂直约束和水平约束，垂直约束发生在风爬过山岳时，水平约束发生在山口和山谷地带。约束会使风速增加 50%左右。

风洞试验表明：线路路堤对风存在垂直约束，致使风速增加，在接触悬挂附近，风速可达到平地同样高度风速的 1.2 ~ 1.5 倍，风攻角可从 10°增大到 15°；在森林、都市等处，摩擦会使风速减弱，30 m 宽的防风林可使风速减小 20% ~ 40%，60 m 宽的防风林可使风速减小 50%左右。

一般而言，1 ~ 2 级风有利于接触网散热，4 ~ 6 级风较易使接触网产生振动，6 级以上风会给接触网支柱和线索增加较大的机械负荷。

接触网产生振动的原因较为复杂，与风速、覆冰、地理环境、接触网结构都有关系。简单说来，主要是气流在架空导线后部（对风向而言）和上、下部形成涡流气旋，当风向与导线垂直时，这些涡流气旋就会周期性地上下交替地作用于导线上，使导线在垂直面内上下振动。当振动频率与接触网固有频率接近或相同时，接触网就会产生共振现象，俗称为接触网舞动。

舞动会对接触网造成较大的破坏，严重时会使导线从线夹中脱落，甚至造成线夹断裂、断杆、断线。舞动（左右摆动和上下振动）还可能造成接触网电气故障。

鉴于舞动对接触网的破坏性，接触网工程设计时应尽量让接触网的固有频率避开风振频率！风速的选取是接触网工程设计的一项重要工作，除了遵循广泛调研、详实资料、客观科学的原则之外，还应注意以下两点：

（1）接触网的线索和设备必须能够承受所在区域 50 年一遇的特大强风。在此风速作用下，接触网线索和设备不会被破坏；大风过后，能在最短时间内恢复正常工作状态。这样的风速可称为“基本结构风速”。

基本结构风速主要用于接触网线索和支持结构的荷载校验计算，是确定接触网线索和设备的机械强度及安全系数的理论依据之一。按照《建筑结构荷载规范》规定，基本结构风速应为当地空旷平坦地面上 10 m 高度处 10 min 平均的风速观测数据，经概率统计出的 50 年一遇的最大风速值。高速接触网的结构设计风速一般按 50 m/s 取值。

（2）在一定风速作用下，接触线不会因风的作用脱离受电弓滑板的有效工作范围。也就是说，在一定风速条件下，列车能按某一设计速度正常运行，这一风速可称为“基本运行风速”。基本运行风速是保证电气化铁路正常运行的最高风速，当实际风速大于基本运行风速时，列车就应降速运行甚至中断运输。基本运行风速也是确定接触网最大许可跨距和跨中最大风偏的主要理论依据之一。高速接触网的基本运行风速一般按 35 m/s 取值。

在隧道内，根据高速铁路试验和运营数据，当行车速度等于或者大于 140 km/h 时，应按基本结构设计风速设计和校验隧道内接触网结构和设备的机械强度。

3）覆冰对接触网的影响

冰雪对接触网的破坏作用主要表现在以下几个方面：增加支持结构和线索的垂直荷载，加大线索弛度；增加支柱与基础的扭矩，严重时会造成支柱变形、基础下沉；增大导线迎风面积，致使导线的水平荷载随之增加；导线在覆冰作用下会存在纵向静力不平衡，产生纵向荷载，使导线在线夹内滑动。不均匀覆冰产生的张力差是静负荷，线索断口有缩颈现象；不同期脱冰产生的张力差是动负荷，线股断口无缩颈现象。脱冰也可能使导线产生跳跃现象。当覆冰不均匀覆在导线上自行脱落和被击落时，导线悬挂（或定位）处会产生很大的冲击荷载，造成导线脱落、线夹断裂。覆冰在导线表面的不同积聚形状会增加导线对风振动的敏感性，产生振动荷载。在风作用下较易产生舞动，覆冰导线的低频高幅舞动会造成金具损坏、导线断股、相间短路及杆塔倾斜或倒塌等严重事故。绝缘子覆上冰雪后，绝缘强度下降、泄漏距离缩短；融冰时，绝缘子的局部表面电阻增加，容易形成绝缘子闪络事故，闪络发展过程中持续的电弧会烧伤绝缘子，引起绝缘子绝缘强度降低。

4.4.3 接触网的防冰、除冰技术

2008 年年初，南方区域的贵州、广西、广东、云南等省遭遇历史上罕见的雪凝灾害，电力基础设施遭到大面积的严重破坏，电气化铁路接触网覆冰严重，供电中断，电力机车运行受阻，仅京广线南段就有 136 列列车晚点，超过 10 万名旅客滞留在车站和铁路沿线，造成了重大的经济损失。

中国除海南等个别省市外，绝大部分地区最低温度低于 0 °C，很多北方地区的最低温度甚至低于-20 °C，90%以上的电气化铁路在冬季会出现覆冰或有出现覆冰的可能性，尤其是在山区、湖泊、长大隧道等易结冰区段。目前在长大隧道处，覆冰危害非常突出，

近年来，中国电气化铁路快速增长，客运高速和货运重载铁路大规模建设，一些新的电气化铁路线路很可能要穿越高寒、高湿和高海拔地区。在这些易发生覆冰

的区域，接触网覆冰灾害问题将更加突出。如何保障在各种恶劣的环境中安全、可靠、全天候运行已经成为研究热点，接触网防冰除冰技术受到广泛的关注。

1. 机械除冰法

机械除冰法以人工除冰为主，国内电气化铁路线主要采用该方法清除接触网导线覆冰。该方式虽简单，但需要占用大量的人力，耗时长、效率低下、安全性较差。且接触网覆冰（见图 4-7）时往往环境条件恶劣，给工作人员造成了很多困难。

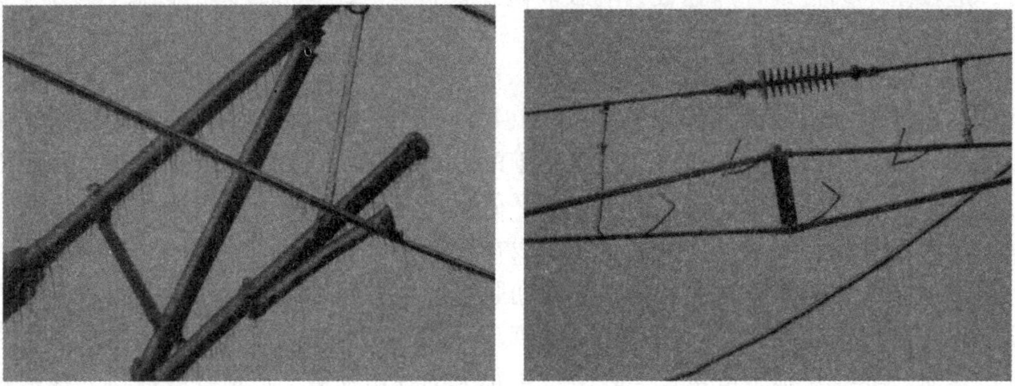

图 4-7 接触网覆冰

2. 接触网热滑方法

该方式主要用于地铁中，当覆冰的严重程度超过警戒值时，在地铁线路营运前 1 ~ 2 h 使接触网带电，列车以较慢的速度运行，使受电弓与接触线慢速摩擦，清除覆冰。

3. 焦耳热法

焦耳热法主要包括交流融冰和直流融冰两类方法。直流融冰法需要增加整流装置，因而在电气化铁路中尚未应用。下面介绍目前已应用的交流融冰法。

内置绝缘阻性丝：法国阿尔斯通、日本日立公司利用该技术特性开发了接触网除冰系统，并应用于日本、法国、韩国、英国的铁路、电车系统中。中国哈尔滨地铁也采用了阻性丝加热除冰的方法。

串联小电抗或小电阻法：这是国内目前主要采用的交流融冰方式。高速铁路 AT 牵引供电系统与电力系统不同，它沿线存在着 AT 变压器，在进行融冰试验时，不仅要考虑牵引变压器的容量，同时也要考虑沿线 AT 变压器的容量，不能简单地采用短路法产生大电流，目前主要采用电抗或电阻作为负载。西南交通大学、中铁第一勘察设计院集团有限公司联合开展了大量的现场试验，在京广线试验对比了小电阻和小电抗作为负载的融冰效果。基于电抗负载的接触网融冰装置如图 4-8 所示。

（a）融冰装置

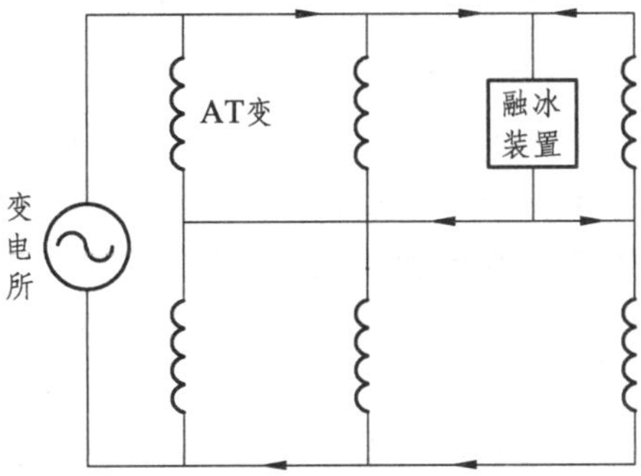

（b）融冰装置接线图及 AT 供电系统电流分配

图 4-8　基于电抗负载的接触网融冰装置

4. 在线防冰技术

接触网在线防冰和在线融冰的指导思想，是在实现防冰、融冰的同时不影响行车。目前的主要技术思想是采用配对 SVG 产生无功潮流，电流流经接触网而不进入牵引变压器。

4.8　牵引供电与相关专业的接口

接口是指不同子系统之间、系统与外部环境之间，在包括系统设计、装备制造、施工、运行维护等在内的系统集成过程中的工作界面上的搭接关系，以及为实现系统既定性能指标而在不同子系统的设施、设备之间的参数、结构和功能配合关系。

从高速铁路系统和外部系统之间的关系角度，可将高铁系统的接口分为内部接口和外部接口。

牵引供电系统与动车组系统、牵引供电系统与通信信号系统、牵引供电系统与工务系统、牵引供电系统与运输调度系统的接口为内部接口；牵引供电系统内部的供电专业、变电专业、接触网专业之间也存在着接口问题。

牵引供电系统与外部电源（公用电力系统）、客户服务系统间的接口为外部接口。

从系统接口的内容上可以分为硬接口（物理性接口）和软接口。物理性接口通常指设备之间在电气、机械、规约等方面相互关联、相互衔接关系，表示设备之间存在着电气、机械上的直接连接，如牵引供电的电力 SCADA 系统与通信信号的远程通信网的接口；软接口表示设备之间存在功能、参数、软件、规约等方面的匹配，如不同系统间的通信协议。

工务系统是列车运行的基础，它需要动车组车辆具有良好的动力学性能来匹配，需要其他系统设置于线下基础的设备的位置及要求，需要将线路状态及防灾监控相关知识及时反馈给运营调度系统。

动车组需要从运营调度系统获得行车命令；处理好轮轨关系、弓网关系、列控信息传输和旅客服务信息传输。

通信信号系统需要运营调度、动车组、客运服务、牵引供电等提出对传输通道、局域网、广域网、会议电视、视频监控的具体要求，与动车组交换控车数据。

牵引供电系统需要动车组电气特性、受电弓性能参数、行车运输组织资料、通信信号系统供电容量及位置、轨道电路、闭塞分区设置资料，向通信系统提出电力 SCADA 系统通信需求，向工务工程提出接触网基础及连接件预埋要求。

运营调度系统是客运专线运营的核心，应该保证其与其他各系统实时、畅通的联系。即：能够及时地得到所需其他系统信息，也能够及时将本系统的反馈信息传达下去。

旅客服务系统需要从运营调度系统接收运输计划、列车运行状态等信息；需要向运营调度系统传递客运服务状态信息。

1. 与电网的接口

根据 TB10621-2014《高速铁路设计规范》规定，牵引供电专业接口设计应符合下列要求：应向国家电力部门提供牵引负荷、牵引变压器安装容量、年用电量等资料，以便电力部门完成牵引变电所接入系统方案。国家电力部门应提供铁路部门归算至牵引变电所一次侧的系统短路容量等接口资料，以便完成保护整定计算。

在运行过程中，电力部门对牵引供电系统的电能质量要求、电力计价等方面均属接口问题。

高速铁路牵引变电所一般由两路 220 kV（或 330 kV）高压线路供电，以确保供电的可靠性。接口部位存在着防雷、过电压保护等问题，应该统一考虑。

牵引供电自动化系统与运营调度系统、时钟系统、综合视频监控系统、综合维修管理信息系统、火灾报警系统（FAS）、国家电网调度系统、既有线电调系统等外部系统相连。其中，与运营调度系统、综合视频监控系统、综合维修管理信息系统以及既有线电调系统的接口为双向数据通信；与 FAS 系统、时钟系统、国家电网调度系统的接口为单向数据通信。

牵引供电自动化系统分别在调度管理层、现场设备层实现与各外部系统的接口。牵引供电远动监控系统与时钟系统、运营调度系统、综合视频监控系统、既有线电调系统、国家电网调度系统和 FAS 系统相接口。

国家电网调度系统除了与牵引供电远动监控系统接口外，也可能通过牵引变电所综合自动化系统实现数据共享。

1）与运营调度系统的接口

牵引供电远动监控系统与运营调度系统的接口采用成熟的实时中间件技术，接口协议基于 TCP/IP，接口规范满足运营调度系统的接口要求，接口分界点在牵引供电自动化系统的接口交换机的端口处。与运营调度系统的接口信息为双向传输，接口数据流如图 4-9 所示。

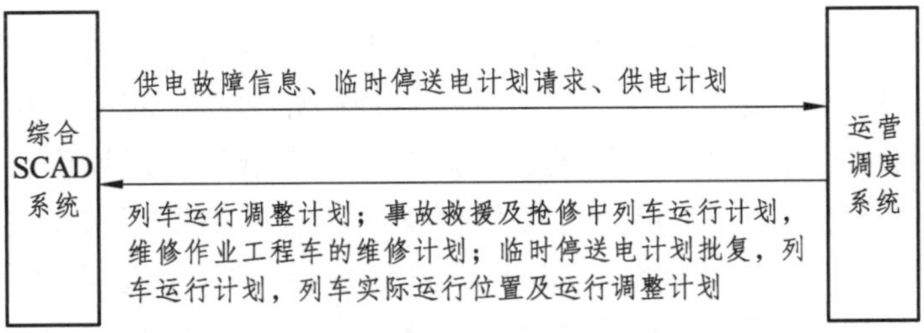

图 4-9　与运营调度系统的接口数据流

2）与综合视频监控系统的接口

牵引供电远动监控系统通过设置在调度中心、调度所与综合视频监控系统接口。综合视频监控系统分别在远动调度台的牵引及电力调度台上放置独立的视频监控终端，以提供实时监视、浏览相关视频监控图像的功能。除此之外，牵引供电远动监控系统在发生需要启动视频监控系统的故障报警录像故障时产生联动报警信号，通过 TCP/IP 协议输出到综合视频监控系统的管理主机触发相应的摄像机启动报警录像。

与综合视频监控系统的接口分界点在牵引供电自动化系统的接口交换机的端口处。

3）与国家电网调度系统的接口

由于国家电网调度系统的接入要求不同，与国家电网的接口可能在牵引供电远动监控系统的调度所系统处，也可能在牵引变电所综合自动化系统处。

为此，调度所系统内设置独立的接口服务器，负责实现与本调度所相关的国家电网调度系统的接口功能。牵引供电远动监控系统与国家电网调度系统的接口为一对多方式，信息流为牵引供电自动化系统到国家电网调度系统的单向传输，接口信息仅包括各牵引变电所进线侧的开关状态及遥测信息。

此外，被控站的变电所综合自动化系统远动管理单元也具备与国家电网调度系统接口的能力，该接口为一对一方式，信息流为牵引变电所综合自动化系统到国家电网调度系统的单向传输，接口信息包括本牵引变电所进线侧的开关状态及遥测信息。

与国家电网调度系统的接口分界点，在调度所系统的接口交换机端口处或综合自动化系统远动管理单元的通信接口处。

2. 与工务工程的接口

这部分主要是指牵引供电系统中接触网与工务的接口。工务是对包括线路、路基、桥梁、隧道、轨道等多个专业在内的一个笼统称谓。接触网的几何参数是以线路中心线和轨道平面作为测量基准点的，路轨变动将直接改变接触网的几何参数，影响弓网运行安全。因此，接触网的设计、施工和运营与工务系统密切相关，如线路平面（直线、曲线、缓和曲线）会影响接触网的张力差、跨距、拉出值、线岔等技术参数；线路纵断面（平道、坡道、竖曲线）会影响接触线坡度、导高、吊弦长度等技术参数；路基、桥梁、隧道与接触网支柱和基础类型密切相关，桥梁振动与接触网振动密切相关，隧道横断面和净空与接触网结构和动态特性密切相关。

当列车高速进入隧道时，隧道内的空气被压缩，局部压强增大，对接触网隧道支撑设备以及弓网接触力造成影响。为了避免接触网下部工程施工对桥隧建筑物造成损害，同时也为了提高接触网基础工程的安全性和稳定性，应该对接触网下部工程与桥隧工程进行统一考虑、协调设计、同步施工。

管理上，牵引供电专业根据工务工程提交的详细设计资料，对接触网预留基础、拉线锚环及设备安装螺栓等预埋件进行相应确认，提出建议及修改，由工务工程系统提供线路信息，以便进行牵引计算。

3. 与电务工程的接口

在电气化铁路中，牵引供电系统、电力系统、通信系统、信号系统合称为“四电”系统。电气化铁路中采用轨道电路进行信号传输，而轨道同时也作为牵引供电的回流导体，因此如何实现两者的公用是重要的接口，一般采用扼流变压器或空心线圈等方式进行工频供电电流与高频信号之间的隔离。

在设计阶段，牵引供电专业应向通信和信号专业提供接触网电分相和接地的详细设计资料，信号专业予以确认；车载断电自动过分相装置所需的地面感应器的预埋设计、施工及维护由电务系统的信号专业负责；信号专业向牵引供电专业提供轨道电路闭塞分区的详细设计；牵引供电专业确认扼流变压器或空心线圈的位置，进行上下行横连线、吸上线、CPW 线、综合接地等电位连接线的设计， 并由信号专业予以确认。

高速铁路中，沿线埋设贯通电线，实施综合接地方式，沿线信号、通信设备与供电系统采用统一接地系统。因此，必须有效考虑高压系统在各种工况下引起接地系统电位变化对低压系统的影响。

4. 与动车组接口关系

1）弓网关系匹配

受电弓与接触线在电气方面和机械方面都是相互依赖、相互制约、相互作用的。受电弓高速滑行时接触点所具有的导电能力受许多因素的影响，如接触悬挂的类型及弹性系数、接触线坡度、受电弓抬升力以及列车运行速度、车辆类型和线路条件等。进行弓网之间的参数匹配的主要目的，是保证受电弓的集流状态良好，满足列车运行需要，同时减小列车运行噪声及电磁辐射对环境的影响。

2）车-网参数配合

车-网参数配合的目的是避免线路产生谐振过电压。若动车组和接触网参数匹配不佳，产生的谐振过电压将破坏供电系统的绝缘和设备。

3）车-网-所的绝缘配合

由于变电所、牵引网和动车组构成了一个完整的电气闭环系统，一旦系统中存在过电压，各部分绝缘都将承受，任何一部分击穿都将引起供电中断。一般来所，变电所设备的绝缘等级最高，接触网绝缘子次之，动车组由于空间上的局限绝缘等级最低。雷电过电压等冲击电压与谐振过电压等周期过电压对整个系统的破坏过程有很大的差异，在过电压防护和绝缘配合方面必须车-网-所同时考虑。

4.9 高铁牵引供电系统的联调联试

4.9.1 供电系统的联调联试

进行供变电系统联调联试的目的是：测试供变电系统在列车各种运行条件下的性能和参数，评价供变电系统的安全性、稳定性和可靠性；验证 SCADA 系统的遥控、遥信、遥测功能，根据测试结果对供变电系统进行调整、优化，使供变电系统达到设计要求，为动态验收提供依据。测试内容包括：变电所进线侧母线电压、电流；牵引网侧母线电压、电流；馈线电压、电流；测试负序、谐波、功率因数；AT 所两侧 AT 电流、分区所两侧接触网末端电流；供电臂上、下行末端穿越电流；供电臂末端分开供电和并联供电的运行参数；越区供电条件下各 AT 所和 AT 分区所的运行情况；测试接触网人工短路状况下牵引变电所、AT 分区所、AT 所接触网短路电压、电流参数，计算各 AT 吸上电流比，分析短路点接触网阻抗；测试牵引变电所、分区所、开闭所、AT 所及电力变配电所、接触网网上开关、箱式变电所等受控站牵引供电及电力供电设施综合自动化系统的遥控、遥信、遥测等功能。

供变电系统联调联试的评判标准有《轨道交通 牵引供电系统电压》（GB/T 1402）、《电能质量 供电电压允许偏差》（GB 12325）、《电能质量 三相电压允许不平衡度》（GB/T 15543）等国家标准和行业标准。

参与牵引供电联调联试的协作方有系统集成商、施工单位、相关铁路局集团公司、客专公司等。集成商需提供被测试变电所、AT 所的主接线图和二次接线图及继电保护整定值；提供被测试变电所电力系统引入电源的短路容量、短路用断路器和其他工器具。铁路局供电段和施工单位等人员需配合测试单位人员进入测试场地接入测试设备，安排越区供电测试前后相关变电所的开关操作。客专公司组织测试单位、铁路局有关部门及单位、设计单位、监理单位、集成商、工程单位做好短路试验方案的编制、审核和实施工作。

4.9.2 弓网系统的联调联试

弓网系统联调联试的目的是对已完成施工的接触网系统进行调试和优化，使接触网系统达到设计要求，为动态验收提供依据。测试的内容包括：接触网几何参数、接触线平顺性；弓网系统受流性能（最大接触力、最小接触力、接触力平均值和标准偏差、燃弧率）；接触悬挂静态弹性、接触线动态抬升量；动车组正常过电分相区时机车主断路器的动作状态和网压变化，动车组的速度损失。

联调联试的依据标准有《高速铁路电力牵引供电工程施工质量验收标准》（TB 10758），《高速铁路工程静态验收技术规范》（TB 10760）、《高速铁路工程动态验收技术规范》（TB 10761）、《高速铁路接触网运行维修规则》（TG/GD 124）、《高速铁路联调联试及运行试验指导书》（铁集成 2010166 号文）等国家标准和行业标准。

弓网系统联调联试前，由设计单位提供最终的全区段接触网设备基础台帐数据，主要包括：接触网平面布置图、结构图、设备结构图、设备类型，线路的曲线、坡道、桥梁的公里标位置；由设计单位和测试单位共同确定各测试断面的位置及该断面内接触网的静态弹性、动态抬升量，施工单位向测试人员提供测试设备和人员的配合；测试时需按照接触网带电的所有安全措施要求进行。

第 5 章　高速铁路列车运行控制技术

5.1　列车运行控制系统

5.1.1　列车运行控制系统的组成

当印有 CRH 的“子弹头”列车从你眼前飞速驶过时，你是否有这样的顾虑——跑那么快，安全有保障吗？司机怎么知道前面有没有其他列车？

列车运行控制技术就是用来解决这个问题的，它是列车运行安全的保证。不管是高速动车组还是一般的快速列车，甚至是货运列车，都要装备一套这样的系统来保证列车运行的安全。

传统的行车方式是司机按照地面信号驾驶列车，列车安全要靠司机保证。司机首先要正确地识别信号，正确地理解信号，然后还要及时正确地执行。这三个环节只要有一个不正确就会出现险情。

为了防止司机失误影响行车安全，必须使车载信号设备从地面传上来的信号命令直接转变为列车制动系统的控制。列车的运行安全必须以专用的安全设备进行监督乃至强迫列车执行。这些安全设备从初级的列车自动停车装置、自动报警装置、列车速度自动监督系统（列车速度自动检查装置）到列车自动运行控制系统。

列车运行控制 ATC（Automatic Train Control）系统是以技术的手段对列车运行方向、运行间隔和运行速度进行控制，使列车能够安全运行且提高运行效率的系统；是实现铁路运输调度统一指挥的关键技术设备，也是铁路信息化技术的重要技术领域。

一般来说，列车运行自动控制系统 ATC 包括三个子系统：列车自动监控 ATS（Automatic Train Supervision）系统，列车超速防护 ATP（Automatic Train Protection）系统，列车自动驾驶 ATO（Automatic Train Operation）系统。

图 5-1 直观地表现了列车运行控制系统的总体结构以及各个子系统之间的关系。

列车超速防护，顾名思义，就是在列车速度超过规定的时候对列车运行进行干预。当 ATP 启动之后，它就一直监视着列车的整个运行过程，包括列车速度的变化、车门的状态等。当发生危及行车安全和旅客生命的事件时，列车超速防护系统会毫不犹豫地“干预”列车运行以保证安全。

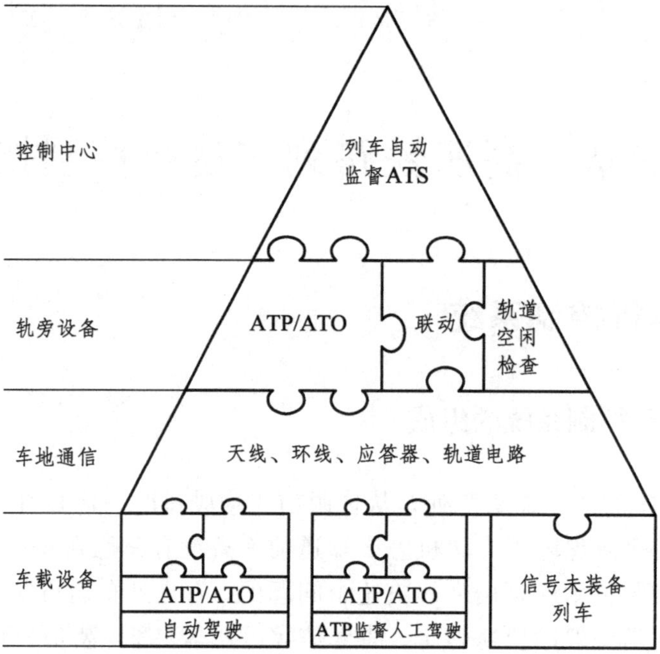

图 5-1 ATC 系统总体架构图

列车自动驾驶系统 ATO 会根据地面传来的信息经过精确的计算，按照节能、舒适、正点的标准娴熟地“驾驶”列车。因为列车自动驾驶系统可以根据实际情况按照最优化的方式处理可能遇到的情况，这点对人来说是很难办到的。某种意义上来讲，列车自动驾驶完全可以取代人来操控列车，并且在全球各国的铁路系统里面这种列车自动驾驶系统早已成功地投入了运营。

列车自动监控系统 ATS 是系统的最高指挥官，坐镇调度中心，按照人们对铁路运输的需求自动地计算出最合理的列车运行时刻表，并统筹管理行车计划。当某列车出现晚点的情况时能自动对运行时刻表进行调整，指挥其他列车的运行，从而最大限度地保证所有列车的正点。

5.1.2 日、法、德列控系统

随着现代信息类技术的飞速发展，列车运行控制技术与信息类技术（如计算机、通信、控制技术）集成为一个高自动化水平的大系统，作为现代化铁路的重要标志之一，正向数字化、智能化、网络化和一体化的方向发展。

在列车运行控制技术中，现代铁路各专业及技术之间的关系和作用变得密不可分。铁路信号、通信技术的相互融合，车辆、线路、牵引、制动以及行车调度指挥等专业技术的整合，冲破了功能单一、控制分散、通信信号相对独立的传统技术理念，不仅在行车安全方面提供了根本保障，而且在行车自动化控制、运营效率的提高及管理自动化等方面，提供了完善功能，并向运输综合自动化发展。

1. 日本新干线 ATC 列控系统（见图 5-2）

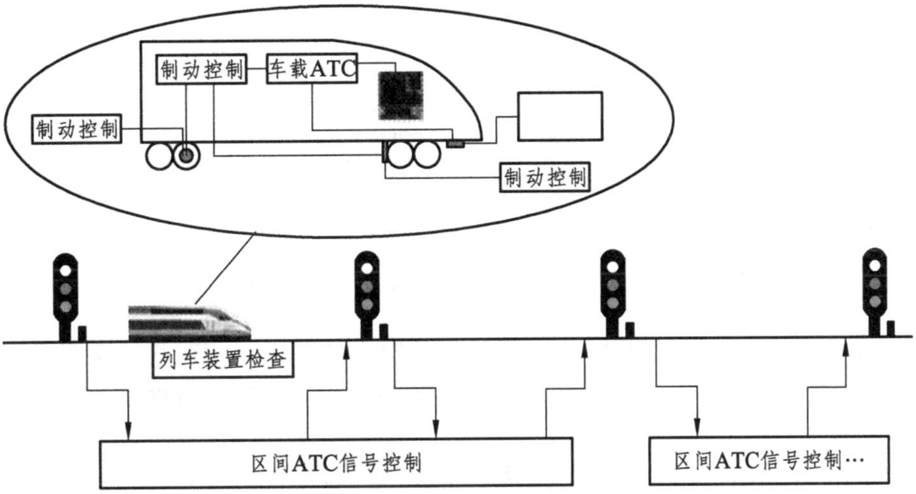

图 5-2　新干线列控系统结构图

日本新干线从 1964 年开通到现在已经五十多年了，而因列车事故死伤的乘客人数是零！这对作为掌管列车运行安全的列控系统来说是一个值得骄傲的记录。

日本新干线早期的 ATC 系统普遍以设备优先制动结合超前阶梯式速度监控的模式，即列控车载设备根据轨道电路传送来的速度信息，对列车自动进行制动或缓解控制，使列车出口速度达到本区段的要求。

1991 年，日本铁路方面开始试验数字式 ATC，并在东海道新干线上开始运用。数字式 ATC 采用目标距离一次制动模式曲线方式，车载设备根据地面轨道电路传送来的信息和各开通区间的长度得到与前方列车所占用区间的距离，再综合线路数据、制动性能和允许速度等计算出列车运行最大允许速度。当列车接近前方减速点时，即刻生成目标距离一次制动模式曲线。采用目标距离一次制动模式曲线缩短了制动距离，并可根据列车性能给出不同的模式曲线，既保障了列车运行安全又提高了运输效率。

2. 法国 U/T 列控系统（见图 5-3）

作为法国高速铁路标志的 TGV 区段采用的 U/T 列控系统，是以无绝缘轨道电路 UM71 或 UM2000 作为车地通信方式，然后在车上安装 TVM300 或 TVM430 信号设备，采用人控优先模式。

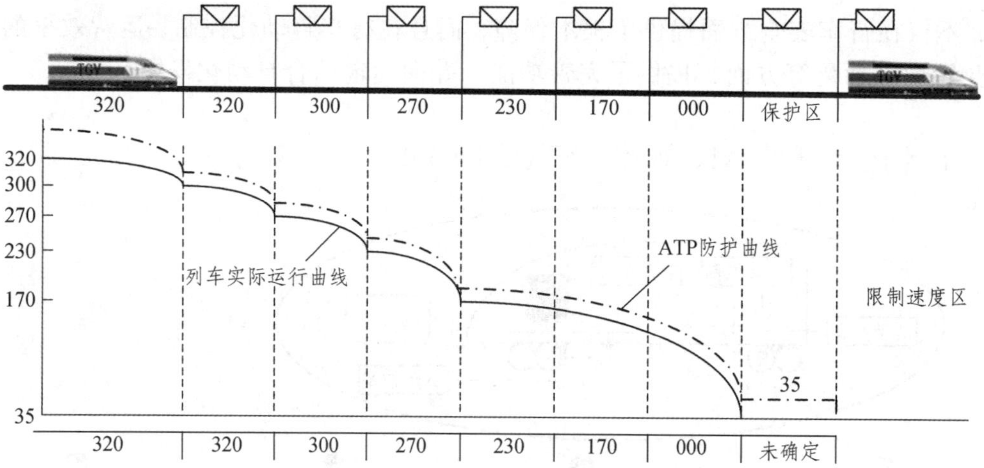

图 5-3　法国 U/T 列控系统速度防护模式

TVM300 在 1981 年于巴黎—里昂投入使用，其系统构成简单，造价较低。采用无绝缘轨道电路 UM71，地对车的信息传输容量仅 18 个，速度监控是滞后阶梯式的。

TVM430 系统在 1993 年于法国第三条北方线高速铁路首先投入使用，随着列车运行速度不断提高，速度已达 320 km/h，法国对模拟电路构成的 U/T 系统进行了数字化改造：采用无绝缘轨道电路 UM2000，车、地间的信息传输实现数字编码化；其速度监控方式提高为分级速度曲线控制模式。

在法国，采用 TVM 列控系统的 TGV 取得了巨大的成功。但是法国人不只是要让 TGV 活跃在国内，他们还要让 TGV 走向世界。1992 年 TGV 首先去了西班牙。1992 年 4 月，西班牙马德里—塞维利亚长约 471 km 的高速新线开通，这条新线上装备了 UM2000+TVM430 系统。

1999 年，韩国首尔—釜山高速新线开通，这条新线上装备了 UM2000+TVM430 系统，法国人成功打入亚洲市场。他们还在不断完善 U/T 列控系统，继续扩展市场。

3. 德国 LZB 列控系统（见图 5-4）

德国 ICE 高速铁路采用的 LZB 列控系统，摒弃了以轨道电路传输信息的方式，采用轨道电缆传输列控信息，是世界上首次实现连续速度控制模式的列控系统，是一种成熟的技术，1965 年在慕尼黑—奥斯堡间首次运用，目前已装备了德国境内 2000 km 的铁路线。

LZB 系统在轨道内两根钢轨之间铺设两条专用轨道环线电缆，每 100 m 交叉一次，列车与地面设备之间通过轨道电缆环线以感应通信的方式进行双向信息交换，通过对轨道电缆环线交叉点计数和车载计程传感器对列车定位和计程。地面设 LZB

控制中心，每个中心控制 50 ~ 100 km 长的区段，列车上设有按“三取二”原理工作的车载计算机系统。LZB 系统车内设有主体化机车信号，向列车司机显示列车司机速度、目标速度、目标距离、应有速度、控制列车运行的其他指令。

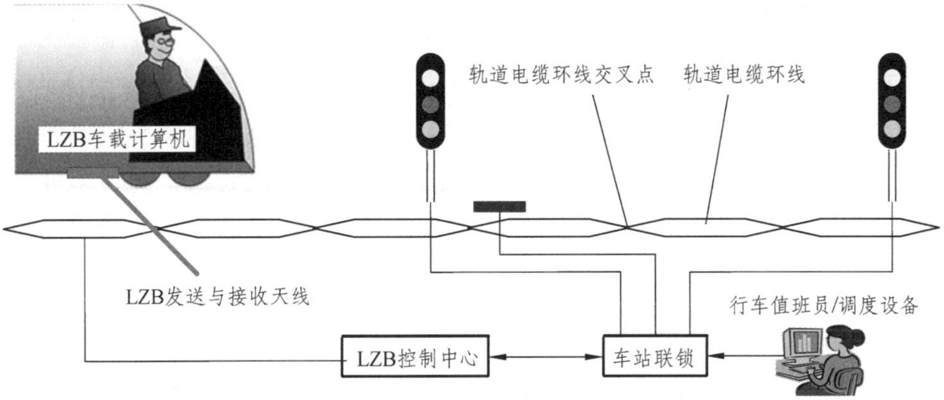

图 5-4 德国 LZB 列控系统结构图

5.2 欧洲铁路列车控制系统 ETCS

欧盟作为当今世界最成功的合作组织，在经济、政治、文化方面都有很深入的合作和交流，但是由于各国不同的铁路运输国情，造成相互之间的铁路信号系统无法兼容，影响了各国之间的交流。欧洲铁路和欧洲信号工业在欧洲委员会的财政支持下，通过 10 多年努力制订了一套列车运行控制系统的技术规范——ETCS。该系统既可以兼容现有信号体制，又可以在各国统一推广使用铁路信号标准，保证各国的列车在欧洲铁路网内的互通运营，以提高运输效率。

5.2.1 ETCS 系统构成

ETCS 列控系统首先是一系列具有可操作性的技术文件、标准、规范和概念，同时也涉及一系列信号安全系统。ETCS 所涉及的内容很多，从地面到车载，从功能需求到系统需求，从运用模式到设备接口，从通信协议到信息格式，涵盖了列车运行控制系统中的方方面面。

地面子系统主要设备有：欧洲应答器（Eurobalise）、轨旁电子单元、无线通信网络（GSM-R）、无线闭塞中心（RBC）、欧洲环线（Euroloop）、无线注入单元（Radio in fill unit）。

车载子系统主要包括：ERTMS/ETCS 车载设备、铁路无线移动通信系统（GSM-R）、专用传输模块（STM，即 Specific Trains Modules）。

5.2.2 ETCS 的应用等级

为了实现高速列车在欧洲境内穿越国境时互通运营，结合欧洲各国铁路现状，兼顾既有设备及今后列车运行控制系统发展趋势，ETCS 确定了 5 个应用等级。

ETCS-0 级：这是 ETCS 的一种兼容功能，装备了 ETCS 设备的列车可以在没有装备 ETCS 地面设备的线路上运行。由既有地面信号系统（联锁、轨道电路）完成列车占用检测和列车完整性监督。ETCS 车载设备只显示列车速度，并只监督列车最大设计速度和线路最大允许速度。车载设备不提供机车信号功能，司机凭地面信号行车。

ETCS-0+级（STM 级）：这也是 ETCS 的一种兼容功能，装备了 ETCS 设备的列车可以在装备本国信号系统地面设备的线路上运行。为了能识别本国信号系统，车载设备需要增加 STM 专用传输模块，STM 把接收到的本国信号系统的信号译成 ETCS 报文格式，然后传送给 ETCS 车载设备。列车控制以人为主，行车安全不由 ETCS 保证。

ETCS-1 级（见图 5-5）：采用欧洲点式应答器和采用电视应答器 + 欧洲环线两种方式构成。基于点式传输的列车控制系统，在既有信号系统上叠加使用。列车占用检测和列车完整性检查由既有地面信号系统（包括联锁设备、轨道电路等）完成。ETCS-1 级是一个连续的速度监督系统，ETCS 根据地面信号系统的情况，确定每列列车的移动授权。各种移动授权在地面生成，通过欧洲应答器传送给列车。车载设备接收移动授权并防止超越授权。

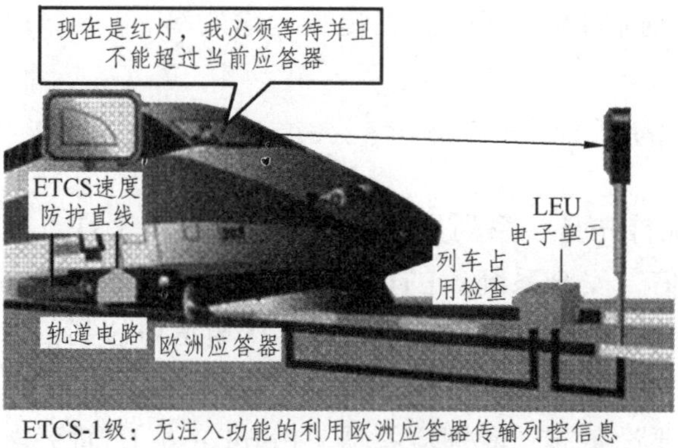

图 5-5 ETCS-1 级列控系统结构图

ETCS-2 级（见图 5-6）：采用欧洲点式应答器 + 欧洲无线（GSM-R）构成。基于无线传输的列车控制系统，在既有信号系统上叠加使用。无线闭塞中心根据地面信号系统的情况确定每列列车的移动授权，通过欧洲无线（Euroradio）GSM－R传送给列车。欧洲应答器信息作为列车定位的基准。列车占用检测和列车完整性检查由既有地面信号系统（包括联锁设备、轨道电路）等完成。ETCS-2级可以取消地面信号机，司机凭车载信号行车。

图 5-6　ETCS-2 级列控系统结构图

ETCS-3级（见图5-7）：采用点式应答器＋欧洲天线（GSM-R）＋无线列车检测构成。取消了传统的地面信号系统，列车定位和列车完整性检查由地面无线闭塞中心RBC和列车完整性验证系统（不属于ERTMS/ETCS）共同完成。RBC在其管辖的区域内跟踪每列列车的位置，根据各列车发回的信息进行进路的锁闭或解锁，并确定每列列车的移动授权。

图 5-7　ETCS-3 级列控系统结构图

5.3 中国铁路列车控制系统 CTCS

中国经济的迅猛发展，使中国铁路运输面临极大的考验。虽然通过前后五次大提速，但是仍满足不了运输的需求。而伴随列车运行速度的提高，需要有相应的信号设备来保证列车的正常行驶，CTCS 列车运行控制系统因此成为铁路信号系统的核心设备。CTCS 全称为中国铁路列车运行控制系统，是借鉴欧洲的 ETCS 技术，经中国大量工程技术人员改造并加入中国特色的模块信息包而形成的列车控制系统。CTCS 采用目标距离控制模式，改变了铁路信号显示和列车运行区间自动闭塞的设计理念及方法。列车运行由以人为主确认信号和操作向实现车载设备的智能化转化；信号显示制式由速差式向速度式（目标距离）转化；普遍应用计算机技术、数字化技术，基于通信技术的信号系统应运而生等。这些技术进步都标志着中国铁路信号进入了一个新的发展阶段。

1. CTCS 简介

CTCS 体系的构建原则是以地面设备为基础，车载与地面设备统一设计。CTCS 体系结构按照铁路运输管理层、网络传输层、地面设备层和车载设备层配置，如图 5-8 所示。

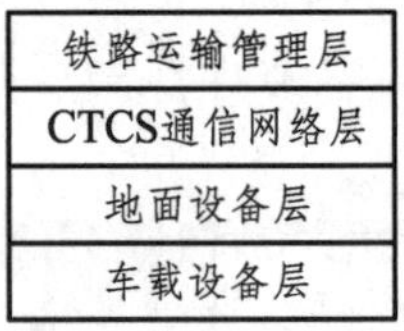

图 5-8　CTCS 系统体系结构

铁路运输管理系统是行车指挥中心，以 CTCS 为行车安全保障基础，通过通信网络实现对列车运行的控制和管理。

通信网络层分布在系统各个层面，通过有线和无线通信方式实现数据传输。

地面设备层主要包括列控中心、轨道电路和点式设备、接口单元、无线通信模块等。列控中心是地面设备的核心，它根据行车命令、列车进路、列车运行状况和设备状态，通过安全逻辑运算产生控车命令，实现对运行列车的控制。

车载设备层是对列车进行操纵和控制的主体，具有多种控制模式，并能够适应轨道电路、点式传输和无线传输方式。车载设备层主要包括车载安全计算机、连续信息接收模块、点式信息接收模块、无线通信模块、测速模块、人机界面和记录单元等。

2. CTCS 的基本功能

（1）安全防护：在任何情况下防止列车无行车许可运行；防止列车超过进路允许速度；防止列车超过线路构造规定速度；防止列车超过机车车辆构造速度；防止列车超过临时限速及紧急限速；防止列车超过铁路有关运行设备的限速；防止列车溜逸。

（2）人机界面：具有良好的人机交互界面，能以字符、数字及图形等方式显示列车运行速度、允许速度、目标速度和目标距离；能够实时给出列车超速、制动、允许缓解等表示以及设备故障状态的报警；同时配备必要的机车乘务员输入装置和数据输入。

（3）检测功能：具有开机自检和动态检查功能；有关键数据和关键动作的记录功能及监测接口。

（4）可靠性和安全性：CTCS 体系按照信号“故障－安全”原则进行系统设计，采用冗余结构，满足电磁兼容性相关标准。

3. CTCS 系统构成

CTCS 系统参照国际标准，结合中国铁路国情，从需求出发，按系统条件和功能划分等级。CTCS 体系的构建原则是以地面设备为基础，车载与地面设备统一设计。它分两个子系统，即车载子系统和地面子系统，系统结构如图 5-9 所示。

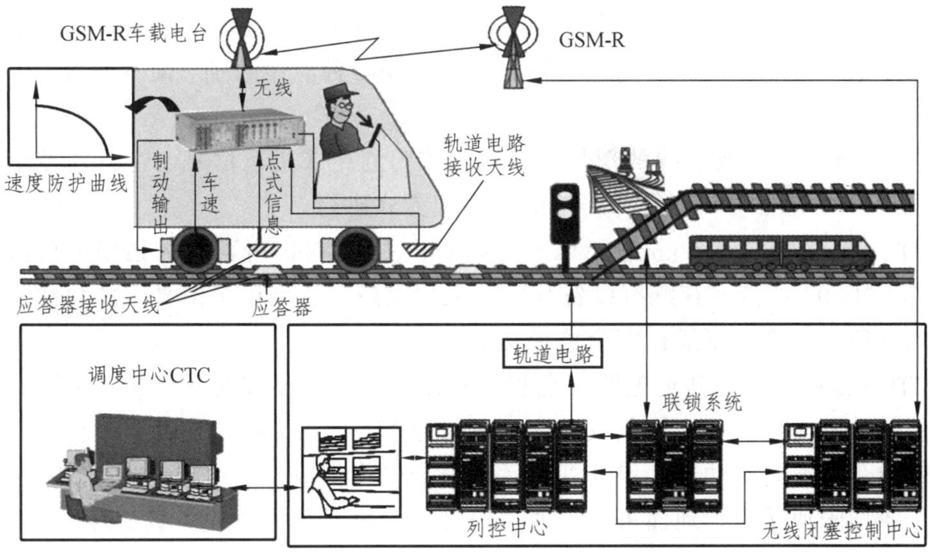

图 5-9　CTCS 系统结构示意图

1）地面子系统

地面子系统可由应答器、轨道电路、无线通信网络（GSM-R）、列车控制中心（TCC）/无线闭塞中心（RBC）等几部分组成。其中 GSM-R 不属于 CTCS 设备，但是 CTCS 的重要组成部分。

应答器是一种能向车载子系统发送报文信息的传输设备，既可以传送固定信息，也可以连接轨旁单元传送可变信息。

轨道电路具有轨道占用检查、沿轨道连续传送地车信息功能，应采用 UM 系列轨道电路或数字轨道电路。

无线通信网络（GSM-R）是用于车载子系统和列车控制中心进行双向信息传输的车地通信系统。

列车控制中心是基于安全计算机的控制系统，它根据地面子系统或来自外部地面系统的信息（如轨道占用信息、联锁状态等）产生列车行车许可命令，并通过车-地信息传输系统传输给车载子系统，保证列车控制中心管辖内列车的运行安全。

2）车载子系统

车载子系统可由 CTCS 车载设备和无线系统车载模块两部分组成。CTCS 车载设备是基于安全计算机的控制系统，通过与地面子系统交换信息来控制列车运行。无线系统车载模块用于车载子系统和列车控制中心进行双向信息交换。

4. CTCS 等级应用

针对不同的线路、不同的传输信息方式和闭塞技术，CTCS 划分为 5 个等级（CTCS-0 级 ~ CTCS-4 级），同条线路上可以实现多种应用级别，向下兼容，以满足不同线路速度需求。

CTCS-0 级：为既有线的现状，设备构成为通用式机车信号 + 运行监控记录装置（LKJ）。一般自动闭塞设计仍按固定闭塞方式进行。

CTCS-1 级面向 160 km/h 及以下的区段，由主体机车信号+加强型运行监控装置（LKJ-2000）组成；在既有设备基础上强化改造，达到机车信号主体化要求，增加点式设备，实现列车运行安全监控功能。

CTCS-2 级是基于轨道电路信息和应答器信息的点连式的列车控制系统。在该区段，通过地面－车载一体化设计，为运行速度在 200 km/h 及以上的动车组提供完整的列车超速防护功能，保证列车运行安全并提供最佳的运输能力。CTCS-2 级适用于各种限速区段，地面可不设通过信号机，机车乘务员凭车载信号行车。

CTCS-3 级是基于无线通信（GSM-R）传输信息并采用轨道电路等方式检查列车占用的列车运行控制系统。CTCS-3 级面向提速干线、高速新线或特殊线路，基于无线通信的固定闭塞或虚拟闭塞。CTCS-3 级适用于各种限速区段，地面可不设通过信号机，机车乘务员凭车载信号行车。

CTCS-4 级是完全基于无线通信（GSM-R）的列车运行控制系统，面向高速新线或特殊线路。CTCS-4 级由地面无线闭塞中心（RBC）和车载设备完成列车占用检测及完整性检查，点式信息设备提供列车用于测距修正的定位基准信息。CTCS-4 级地面可不设通过信号机，机车乘务员凭车载信号行车。

表 5-1 对 CTCS 列控系统等级做了一个比较，其中 L 为一个闭塞分区长度。

表 5-1 CTCS 列控系统等级比较表

应用等级	CTCS-0 级	CTCS-1 级	CTCS-2 级	CTCS-3 级	CTCS-4 级
控制模式	目标距离	目标距离	目标距离	目标距离	目标距离
制动方式	一次连续	一次连续	一次连续	一次连续	一次连续
闭塞方式	固定闭塞或准移动闭塞	准移动闭塞	准移动闭塞	准移动闭塞	移动闭塞或虚拟闭塞
地对车信息传输	多信息轨道电路+点式设备	多信息轨道电路+点式设备	多信息轨道电路+点式设备；或数字轨道电路	无线通信双向信息传输	无线通信双向信息传输
轨道占用检查	轨道电路	轨道电路	轨道电路	轨道电路等	无线定位应答器校正
列车运行间隔	按固定闭塞运行，大于 L	设为对照值 L	L	L	小于 L
线路数据来源	大，贮存于车载数据库	大，储存于车载数据库	应答器提供或数字轨道电路	无线电通信提供	无线电通信提供
参考 ETCS 级			ETCS-1 级	ETCS-2 级	ETCS-3 级

5. CTCS 的中国特色

2007 年 4 月 18 日第六次大面积提速之后，如果留意一下提速铁路线上不时呼啸而过的列车，人们可能会看到这样有趣的现象：刚刚驶过几列白色流线型的像风一样快的动车组列车，跟着是几列蓝色车皮或红色车皮的列车，不过几分钟接着就开来一列长长的货物列车，还有可能见到满载双层集装箱的列车快速驶过。

同一条线路上跑多种不一样的列车，这就是具有中国特色的高密度客货混跑下的运输方式。在同一条提速线路上，既要运行 200 km/h 及以上的动车组列车，又要运行普速旅客列车，还要运行货物列车和双层集装箱列车；既要提高列车速度，还要增加列车密度。这就要求中国铁路必须在一个路网上做更多的事情，同时也注定了 CTCS 技术体系的中国特色。

CTCS 级间转换是针对中国铁路列车高密度、客货混跑的特殊运输环境而设计的，它通过地面设备和车载设备的相应配置达到不同列车跨线运行的目的。图 5-10 为 CTCS-2 级与 CTCS-3 级之间转换示意图。

级间转换分别设置具有预告、执行、检查功能的固定信息应答器。CTCS-2 级与 CTCS-3 级之间的转换原则上是区间自动转换，仅当自动转换失效时，司机才根据 ATP 车载设备或 LKJ 的相应警示信息进行手动转换。

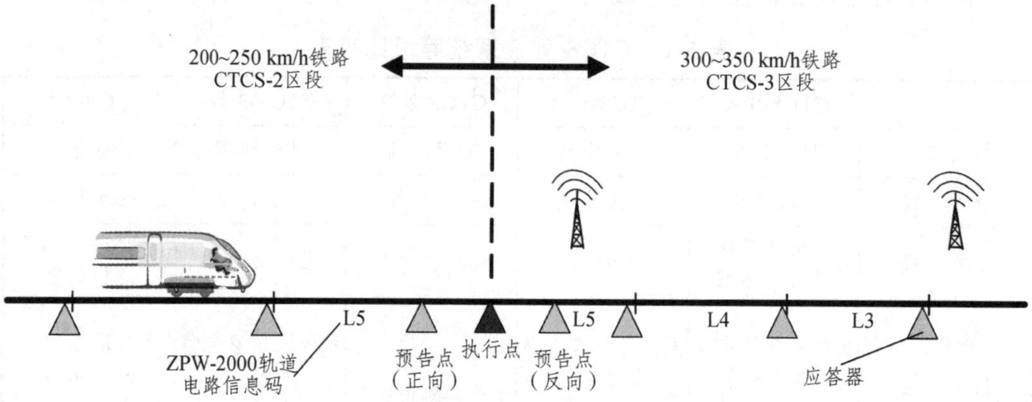

图 5-10 CTCS-2 级与 CTCS-3 级之间转换

由于 CTCS-3 级列控系统装备了 CTCS-2 级列控系统的设备，所以系统可运行在 CTCS-3 级的线路，也可下线运行在 CTCS-2 级的线路。转换如图 5-11 所示。

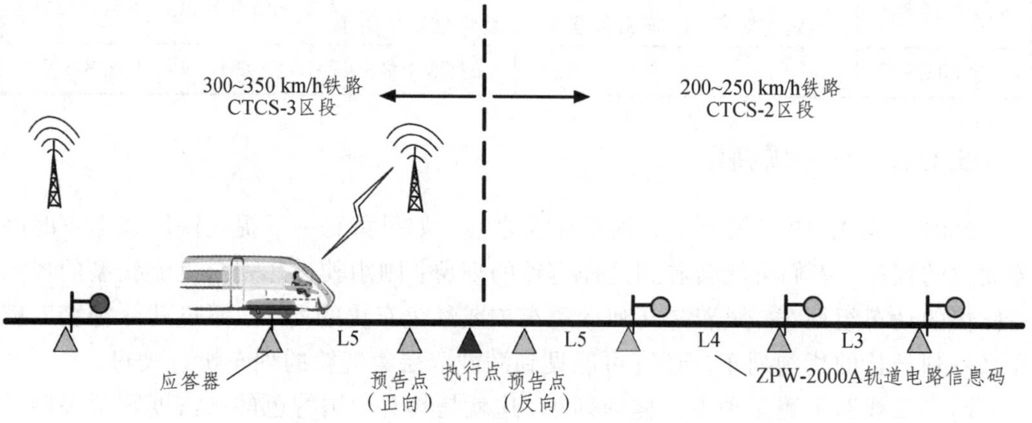

图 5-11 CTCS-3 级转换为 CTCS-2 级

装备 CTCS-3 级车载 ATP 设备的高速动车组在 300 ~ 350 km/h 铁路上按 CTCS-3 级方式运行；进入 200 ~ 250 km/h 铁路，通过执行点应答器时列控车载设备自动切换，按照 CTCS-2 级方式运行。300 ~ 350 km/h 铁路列控系统地面设备兼容 CTCS-2 级，当装备 CTCS-2 级列控车载设备的动车组进入 300 ~ 350 km/h 铁路时，列控车载设备仍控制动车组按照 CTCS-2 级方式运行。

5.4　CTCS-2 级列控系统

5.4.1　CTCS-2 级系统组成原理

1. CTCS-2 级列控系统概述

CTCS-2 级列控系统是基于轨道电路和点式设备传输信息的列车运行控制系统；面向客运专线、提速干线，适用于各种限速区段，机车司机凭车载信号行车。

系统分车载设备和地面设备两部分，其总体结构如图 5-12 所示。

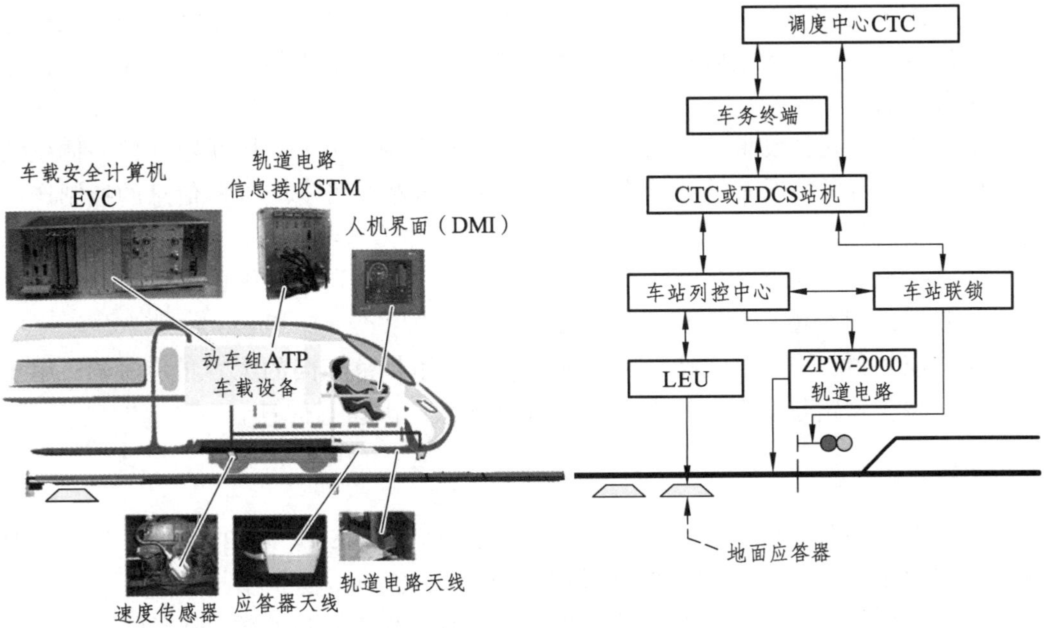

图 5-12　CTCS-2 级系统构成图

CTCS-2 级列控系统采用目标距离—速度控制模式，其采取的制动模式为连续式一次制动速度控制的方式。目标距离、目标速度通过轨道电路传输，线路信息由点式应答器传输，并且与列车本身的性能确定列车制动曲线。CTCS-2 级列车运行示意如图 5-13 所示。

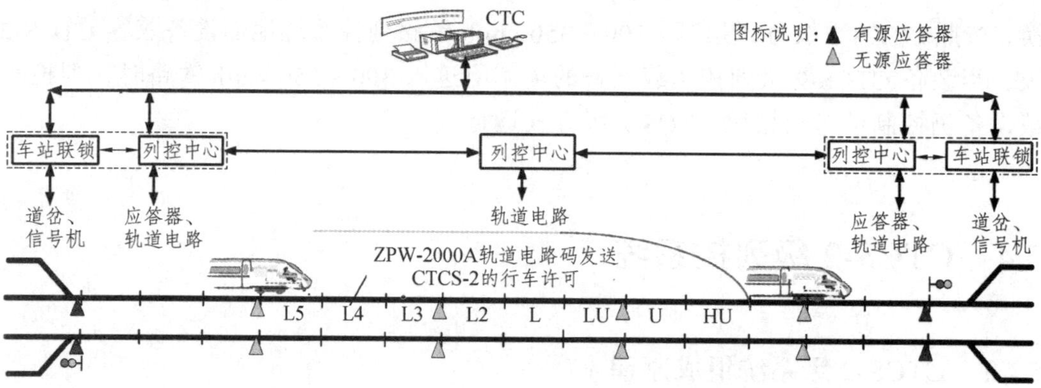

图 5-13 CTCS-2 级动车组运行示意图

2. CTCS-2 级系统构成

1）地面设备

CTCS-2 级列控系统的地面设备由车站列控中心、地面电子单元（LEU)、点式应答器、ZPW-2000A（UM）系列轨道电路、车站闭环电码化、车站计算机联锁等组成。轨道电路、车站电码化传输连续列控信息，点式应答器、车站列控中心传输点式列控信息。

列控中心：硬件设备结构要求与车站计算机联锁相同，采用联锁列控一体化结构，根据列车占用情况及进路状态，通过对轨道电路及可变应答器信息的控制产生行车许可信息及进路相关的线路静态速度曲线，并传送给列车。

轨道电路：采用 ZPW-2000 A 系列轨道电路，完成列车占用检测及列车完整性检查，连续向列车传送允许移动控制信息。

点式应答器：采用电气特性与欧洲 ETCS 技术规范相同的大容量应答器，用于向车载设备传输定位信息、进路参数、线路参数、限速等信息。

2）车载设备

车载设备同时配备 ATP+LKJ2000 进行安全防护。在 CTCS-2 区段由 ATP 防护安全，当列车下线行驶在 CTCS-0/1 级区段时由 LKJ2000 防护安全。

车载设备根据地面设备提供的信号动态信息、线路静态参数、临时限速信息及有关动车组数据，生成控制速度和目标距离模式曲线，控制列车运行。同时，记录单元实时动态记录列控系统有关数据及操作状态信息。

车载设备采用高可靠的安全计算机平台，根据地面连续式和点式传输的移动授权及线路数据，生成连续式速度监督曲线，监控列车的安全运行。列车超速时，车载设备通过继电接口对列车的制动系统发出制动控制指令。

3）安全计算机

安全计算机（见图 5-14）作为信号系统的核心设备，严格按照“故障-安全”原则进行设计。所谓“故障-安全”原则，即是当信号系统硬件或软件出现故障时，能够自动导向安全侧，使信号系统输出安全信号的原则。除了采用“故障-安全”原则之外，安全计算机还具有容错功能，即采用“3 取 2 表决系统”和“2×2 取 2 动态切换系统”。

图 5-14　安全计算机

由于安全计算机具有“故障－安全”和容错的功能，从而保证了信号系统的高可靠性和高安全性。

4）列控车载设备的工作模式

列车运行速度防护作为 ATP 最重要的功能，针对不同的运行工况，车载 ATP 设备提供了以下几种工作模式。

（1）待机模式（SB 模式：Stand By）。

在 CTCS 2 区段，投入电源后，ATP 就直接转入待机模式，无条件输出制动，以免列车发生溜逸。

（2）完全监控模式（FS 模式：Full Supervision）。

在完全监控模式下，ATP 车载装置具有列车控制所需的基本数据，包括本列车位置、来自轨道电路的显示信息、来自应答器的线路信息、车上列车参数等，可以生成制动速度防护曲线（见图 5-15），列车运行安全由此得到根本保障。

通过显示器 DMI 显示列车实际速度、限速、目标速度和目标距离等信息，同时连续监控列车速度，与速度模式比较，自动输出紧急制动或常用制动。

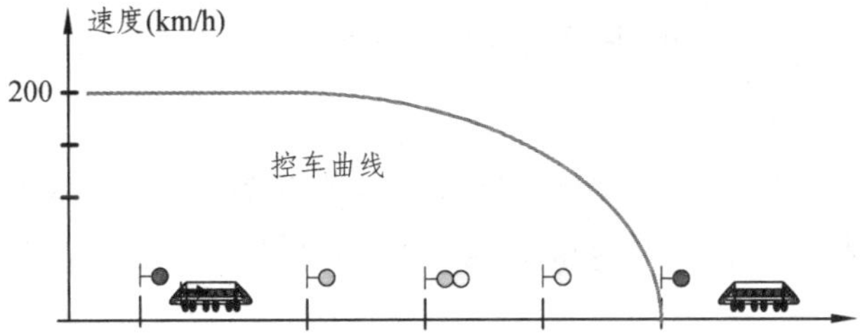

图 5-15　完全监控模式

（3）部分监控模式（PS 模式：Part Supervision）。

当 ATP 车载设备接收到轨道电路允许列车信息但线路数据缺损时，ATP 车载设备工作于部分监控模式，产生固定限速，监控列车运行。

部分监控模式应用在以下 3 种运行工况下：

① 连续两组及以上应答器的线路数据丢失。

当连续两组及以上应答器的线路数据丢失时，ATP 车载设备按线路最不利条件产生监控速度曲线（最高限速 120 km/h），控制列车运行，如图 5-16 所示。

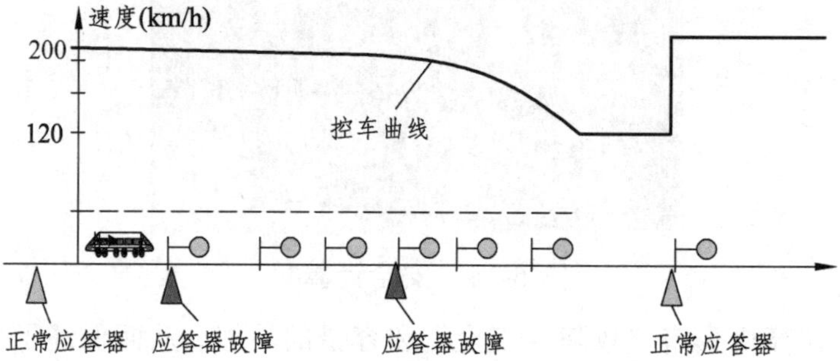

图 5-16　部分监控模式（a）

② 侧线发车。

侧线发车时，ATP 车载设备根据股道轨道电路信息（根据大、小号道岔进行限速，发送 UU 码或 UUS 码），形成并保持固定限制速度 80 km/h（至出站口），控制列车运行，如图 5-17 所示。

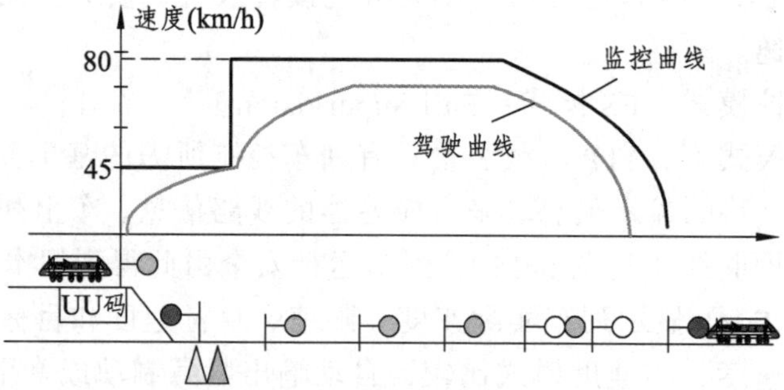

图 5-17　部分监控模式（b）

③ 引导接车。

车站信号设备等故障以及不能接收应答器线路数据时，须采用引导接车。此时，车载 ATP 装置生成一定的核对速度曲线（20 km/h），防护列车站内引导运行安全，如图 5-18 所示。

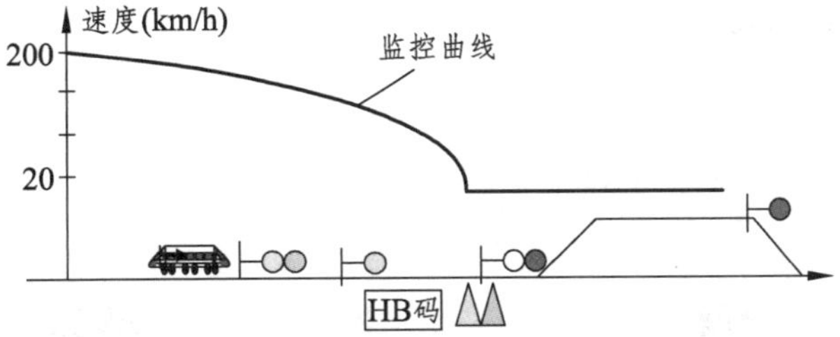

图 5-18　部分监控模式（c）

（4）目视行车模式（OS 模式：On－Sight）。

因轨道电路故障引起禁止信号时，ATP 车载设备采用目视行车模式。此时 ATP 生成固定限制速度（20 km/h），列车在 ATP 监控下运行，如图 5-19 所示。

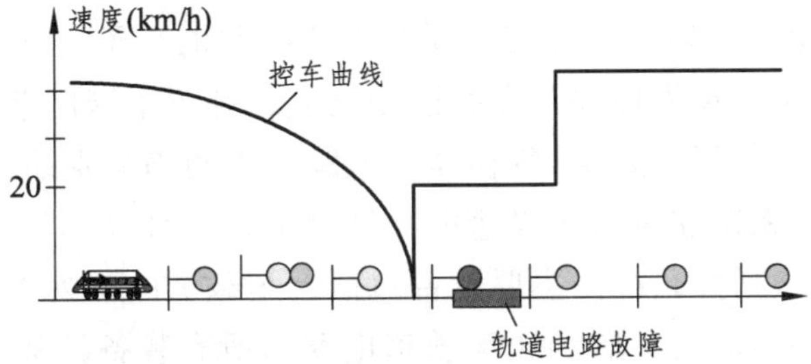

图 5-19　目视行车模式

（5）调车监控模式（SH 模式：shunting）。

当车列进行调车作业时，司机经过特殊操作后，转为调车模式，ATP 生成调车限制速度，控制列车运行。牵引运行时，限制速度 40 km/h；推进运行时，限制速度 30 km/h。如图 5-20 所示。

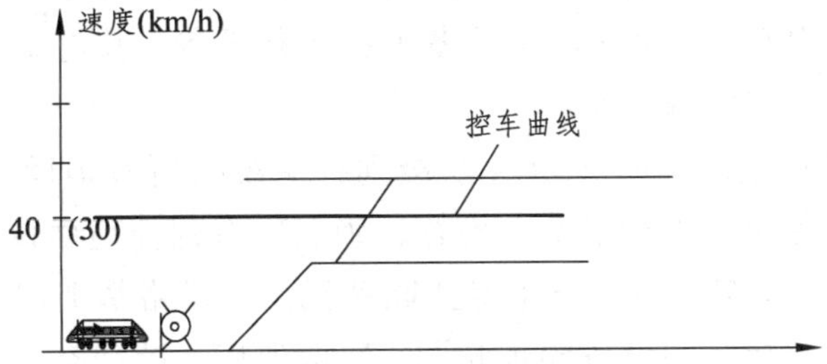

图 5-20　调车监控模式

（6）隔离模式（IS 模式：Isolation）。

若 ATP 车载设备故障，制动停车后，根据故障提示，司机经特殊操作，ATP 车载控制功能停用，在该模式下司机按调度命令行车。若仅 BTM 失效，ATP 车载设备提供机车信号，可人工转换为 LKJ 控制列车运行，如图 5-21 所示。

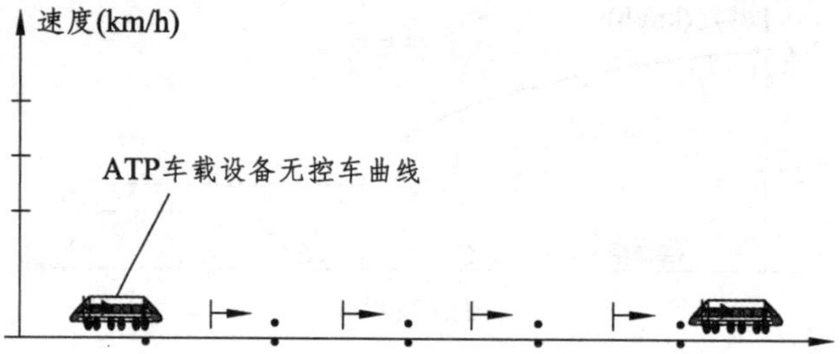

图 5-21 隔离模式

5.4.2 第六次铁路大提速

2007 年 4 月 18 日，对中国铁路来说是个不寻常的日子。这一天，中国铁路实施第六次大面积提速，在提速线路和客运专线上，开行中国制造的 CRH 高速动车组，速度达 200 km/h 等级，旅客、货物列车追踪技术间隔分别缩短至 5 min、7 min。

CTCS-2 级列控系统在第六次提速中大显身手，CRH 动车组运行的提速线路和客运专线上装备了该列控系统，主要设备包括：车载 ATP、列控中心、微机联锁、调度集中 CTC、应答器、ZPW-2000 A 轨道电路，所有装备已基本实现国产化。

中国铁道部运输局确定了既有线 200 km/h 动车组列控车载设备和地面设备的配置、运用技术原则。确定了按统一技术标准实施 CTCS-2 级列控系统集成，列控车载设备和应答器设备的技术由国外引进，列控中心设备、CTC/TDCS、联锁设备和自动闭塞结合改造的技术路线；确定了主要依靠中国国内的技术力量，借助国外先进经验和设备，由中国铁道部运输局负责系统集成的工作策略；确定了在中国国内自主研发的 ZPW-2000A（UM）系列自动闭塞轨道电路的基础上，地面加装点式应答器、车站列控中心等，动车组上装备列控车载设备，并与车站联锁、行车指挥等有机结合的列控系统实施方案。

中国铁道部对自主研制的 CTCS-2 级列控系统的所有地面点式应答器源点数据、安装位置、设备质量进行了全面检查，确保所有列控地面设备运用良好无误。同时，建立了工务、电务、机务三个专业联动机制，线路基础调整变化，能够做到列控系统基础数据和接触网设备同步联调，确保列控系统动态质量可靠。另外，在车载 ATP 系统方面，车载安全计算机采用高可靠的安全计算机平台，能根据地面连续式和点式传输的移动授权及线路数据，生成连续式速度监督曲线，监控列车的安全运行；列车超速时，通过继电器接口对列车的自动系统发出控制指令。

CTCS-2 级列控系统保证了第六次提速中 CRH 动车组列车的行车安全和运行效率，对第六次提速的成功实践起到了举足轻重的作用。

5.4.3 京津城际客运专线

伴随着 CTCS-2 级列控系统在中国铁路第六次大提速的成功，中国铁路又迎来了新的挑战——京津城际客运专线。

京津城际客运专线的起点是北京南站，终点为天津站，全长 116.5 km，设计速度为 350 km/h，运营速度达到 300 km/h，实现 3 min 的运行追踪间隔时间。

面临 300 km/h 高速环境、高密度跨线运行的运输情况，如何实现系统跨线运行需求？如何满足 3 min 的运行追踪间隔时间？如何保证列控系统能力的扩展？

1. 京津城际客运专线列控系统（见图 5-22）

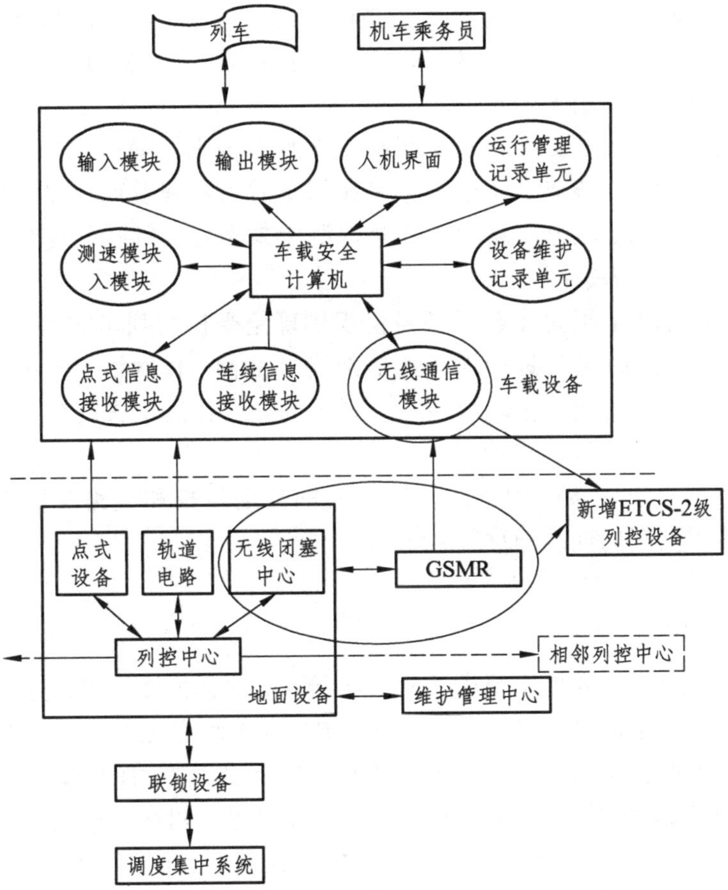

图 5-22 京津城际客运专线列控系统设备框图

京津城际客运专线列控系统首次采用 ETCS-2 级 + CTCS-2 级的列控系统，即在 CTCS-2 级列控的基础上加入 GSM-R 无线通信网络用于车地控制信息传输，同时保留地面信号机。

京津城际客运专线列控系统主要地面设备包括：无线闭塞中心 RBC、微机联锁、集中调度 CTC、应答器、ZPW-2000 A 轨道电路。

京津城际客运专线列控系统主要车载设备包括：车载 ATP、车载无线接收模块、应答器接收模块、轨道电路接收模块、测速测距模块。

2. ETCS-2 级列控系统

基于无线通信的 ETCS-2 级列控系统主要由地面无线闭塞中心（RBC）、地面与列车之间通信的无线通信网络（GSM—R 网络）、轨道电路、点式传输设备以及列控车载设备组成。

ETCS-2 级列控系统采用准移动闭塞制式结合目标距离—速度控制模式，其采取的制动模式为连续式一次制动速度控制的方式。目标距离、目标速度、线路信息通过无线通信方式传输，并且与列车本身的性能确定列车制动曲线，从而保证了 3 min 的列车追踪运行间隔时间。

地面无线闭塞中心（RBC）负责生成列车控制数据，通过 GSM-R 专用无线网络传递给列控车载信号设备，轨道电路完成列车占用检查及列车完整性检查，列车定位采用点式应答器、轨道电路和车载测速测距来实现，列控车载设备采用智能化结构以兼容既有线设备。

地面无线闭塞中心通过车载设备身份识别确定受控的列车数据。地面列控中心生成各种移动授权，并通过地面无线通信网络（GSM—R 网络）传送给列车，提供连续式的速度监督，也能防止越权授权。列车的允许速度由进路条件（如弯道、坡道）以及列车构造特性等因素确定。

车载列控信号设备接收到无线闭塞中心的移动授权和线路参数再结合自身列车的特性，实现列车的连续速度控制。

3. 技术挑战

京津城际客运专线列控系统由 ETCS-2 级 + CTCS-2 级组成，这不仅是在中国国内首次使用，也是世界范围内首次使用。ETCS-2 级和 CTCS-2 级列控系统作为两种列控技术体系里面的两个系统，主要存在以下几个方面的问题：ETCS-2 级和 CTCS-2 级列控系统的地面应答器报文编制兼容问题；调度通信制式切换和干扰问题；ETCS-2 级与 CTCS 各级列控系统之间的转换问题；ETCS-2 级列控系统安装、调试、使用和维护问题；GSM-R 数字通信通信系统问题。

4. 放飞梦想

ETCS-2 级 + CTCS-2 级列控系统既满足了京津城际客运专线 300 km/h 的运营

需要，同时由于装备了 CTCS-2 级列控系统，动车组可以下线运行在 CTCS-0/1 级区段，这符合中国跨线混跑的特殊铁路运输国情。

列控系统配备 ETCS-2 级列控系统也是一次技术创新的探索——利用 ETCS-2 级列控系统的实践经验来制定和完善中国 CTCS-3 级列控系统标准，同时也为之后修建的京沪高铁提供重要的参考。

承载着中国人梦想的装备 ETCS-2 级 + CTCS-2 级列控系统的 300 km/h 动车组在开通的那天，向全世界展现了中国铁路通过引进、消化、吸收、再创新之后集成创新的具有自主知识产权和中国特色的京津客运专线列控系统，同时也标志着中国铁路跻身世界高速铁路行列。

5.4.4 国产化与创新

中国铁路在第六次大提速中，坚持采用“先进、成熟、经济、适用、可靠”的技术方针，按照“标准化、系列化、模块化、信息化”的要求，立足国产化，引进先进技术，联合设计生产，打造中国品牌，加强对引进技术的消化吸收和再创新，增强自主创新能力，加快推进技术装备现代化。中国铁路成功集成了具有中国特色、拥有自主知识产权的 CTCS-2 级列控系统，通过轨道电路加点式应答器传输列控信息，有效地解决了不同速度值列车高密度混合运行、动车组跨线运行、系统设备互联互通等技术难题。经过提速试验验证，这套系统成熟可靠、安全实用，是中国铁路在列车运行控制方面所取得的一项重要技术成果。

CTCS-2 级列控系统具有中国特色和自主知识产权，是统一技术标准、高安全、高可靠、兼容既有线和客运专线设备制式的系统，是世界瞩目的一次技术创新。第六次大提速在 CTCS-2 级列控系统集成、设备研发、关键设备引进等方面取得了一系列创新和突破，具体如下。

平台标准：完成了系列技术标准制定、设备研制、系统接口、工程建设系统使用等。

自主研发：核心的 CTCS-2 级车站列控中心设备，按统一的技术标准、功能需求和技术平台，由中国国内自主开发研制，采用了具有自主知识产权的 ZPW-2000A 型无绝缘轨道电路。

集成创新：CTCS-2 级列控系统采用车-地一体化设计的基于轨道电路和点式应答器传输信息的列车运行控制系统，实现了行车指挥调度、联锁、列控和微机检测的系统集成；实现了铁路信号区间和车站一体化、通信和信号一体化。

技术再创新：在技术引进、消化、吸收的基础上，通过自主研发，实现了列控系统的再创新。

集成国外车载 ATP 及安全计算机硬件、软件平台技术，完成了列控车载设备的技术引进、消化、吸收和功能提升。

应答器及 LEU 再创新。完成了地面应答器和 LEU 电子单元的技术引进、消化、吸收和再创新。

CTCS 报文结合中国铁路国情，在 ETCS 信息包框架组成的基础上，按照 CTCS 技术规范、运输作业特点和需求，确定了统一的安全编码规则和程序，完全掌握了报文编制技术。

表 5-2 是第六次大提速 CTCS-2 级列控系统的情况。

表 5-2　CTCS-2 列控系统设备一览表

设备名称	设备型号	掌握方式
轨道电路	ZP·Y2-18 型移频自动闭塞	原始创新
	UM71 系列无绝缘轨道电路	集成创新
	ZPW-2000 系列无绝缘轨道电路	原始创新
转辙机	S700K 型电动转辙机	集成创新
	ZD（J）9 系列电动转辙机	原始创新
	ZY 系列电动转辙机	
信号机	LED 色灯信号机	
点式设备	欧标点式应答器	集成创新
车站列控中心	LKD1-T 型车站列控中心	
	LKD1-H_2 型车站列控中心	
	LKD1-Y 型车站列控中心	
	LKD1-K 型车站列控中心	
	LKD1-J 型车站列控中心	
车站联锁设备	TYJL-TR9 型微机联锁	原始创新
	TYJL-ECC 型微机联锁	
	EI32-JD 型微机联锁	
	DS6-K5B 型微机联锁	
调度中心 CTC	FZk-CTC 型调度中心	
	FZy-CTC 型调度中心	
	FZt-CTC 型调度中心	
	FZj-CTC 型调度中心	
	FZh-CTC 型调度中心	
车载 ATP	$CTCS_2$-200H 型车载 ATP	技术引进
	$CTCS_2$-200C 型车载 ATP	

第六次提速给中国铁路通信信号技术带来了五大变化：① 实现了由对地面固定信号显示的控制到面向列车移动体直接控制的转变。② 实现了由只是对信号显示控制的开环控制到列车必须按要求执行信号指令闭环控制的转变。③ 实现了由车站分散控制到调度集中统一指挥控制的转变。④ 实现了调度由单一指挥行车到行车指挥、进路控制、临时限速等综合操控的转变。⑤ 无线通信实现了由简单的对讲通信到可选择的点对点、点对多点网络通信方式的转变。

5.5　中国高速铁路列车控制技术

高铁列控技术作为高速铁路的核心技术，将迎来新一轮的大发展时期。现代计算机技术、无线通信技术和工业控制技术都将逐渐融合到高铁列控技术当中，更高、更快、更强将是中国高铁列控系统技术发展的方向。

更高——结合中国铁路高密度的现实情况，在实践中不断提高列控理论水平，加快列控装备的研发，保障高铁列车运行安全，减小列车运行追踪间隔。

更快——随着列车运行速度的不断提高，在高速情况下，为了保证列车行车安全，列控技术将迎来一系列新的挑战。

更强——铁路不但是一种大众化的交通工具，它本身的先进性也代表了一个国家的综合实力，所以列控技术也要朝着像技术强国的方向迈进。

5.5.1　车-地通信的新宠——GSM-R

GSM-R（GSM for Railway）在 GSM 系统标准上增加了铁路应用的特殊功能，并加入了适合列车运行情况下的要素，其中包括列控系统车-地通信的应用，能满足列控系统车地通信的需求。

GSM-R 系统借鉴了 GSM 的技术，保留了 GSM 的大体结构，是一个成熟可靠的系统。GSM-R 作为当今国际铁路列控系统车-地通信发展的趋势，有以下优点：① 通过 GSM-R 网络可完成车-地无线双向数据通信。② 采用 GSM-R 网络可以减少轨旁设备，减少了硬件维护量。③ 通过 GSM-R 网络传输的数据量比以往的车地通信方式大大增加。

中国铁路 CTCS 列控技术体系中的 CTCS-3 级（基于轨道电路和无线通信的准移动闭塞系统）和 CTCS-4 级（完全基于无线通信的移动闭塞系统）与 GSM－R 有着密切关联。这两种列控系统均采用 GSM-R 网络传输地面数据和移动授权信息，符合当前国际高端的基于通信的列控系统（CBTC）的技术要求，将是中国铁路列控技术和车地通信技术今后发展的方向。

5.5.2 CTCS-3 级列控系统

1. CTCS-3 级列控系统概述

CTCS-3 级系统是一个基于无线通信系统（GSM-R）完成车-地通信的列车运行控制系统。它面向提速干线、高速新线或特殊线路。

在 CTCS-3 级列控系统中，车载设备应与地面设备配合工作，列车按准移动闭塞方式运行，由无线闭塞中心（RBC）控制，利用无线通信系统（GSM-R）在车、地之间双向传输信息，车载设备配备无线通信模块，应答器作为定标设备。以车载信号为主体信号，可以取消地面信号。另外，利用轨道电路或计轴设备进行轨道占用及列车完整性检查，但不属于 CTCS-3 级的设备。

2. 系统原理与组成

CTCS-3 级是基于无线通信（如 GSM-R）的列车运行控制系统，它可以叠加在既有干线信号系统上。轨道电路完成列车占用检测及完整性检查，点式设备用于列车定位的基准，无线通信系统实现车、地间连续、双向的信息传输，行车许可由地面无线闭塞中心产生，通过无线通信系统传送到车上。CTCS-3 级列控系统原理如图 5-23 所示。总体结构如图 5-24 所示。

与 CTCS-2 级列控系统相比，CTCS-3 级列控系统地面设备增加了无线闭塞中心（RBC），车载设备增加了 GSM-R 车载电台。

CTCS-3 级列控系统采用目标距离—速度控制模式，使用连续式一次制动的制动模式。车载 ATP 设备结合由无线闭塞中心传送给列车的目标距离、目标速度、线路信息和列车本身的性能确定列车一次制动曲线。列车运行如图 5-25 所示。

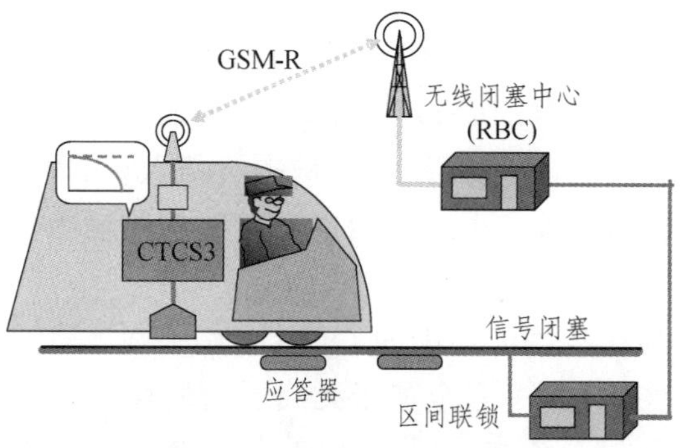

图 5-23　CTCS-3 系统原理图

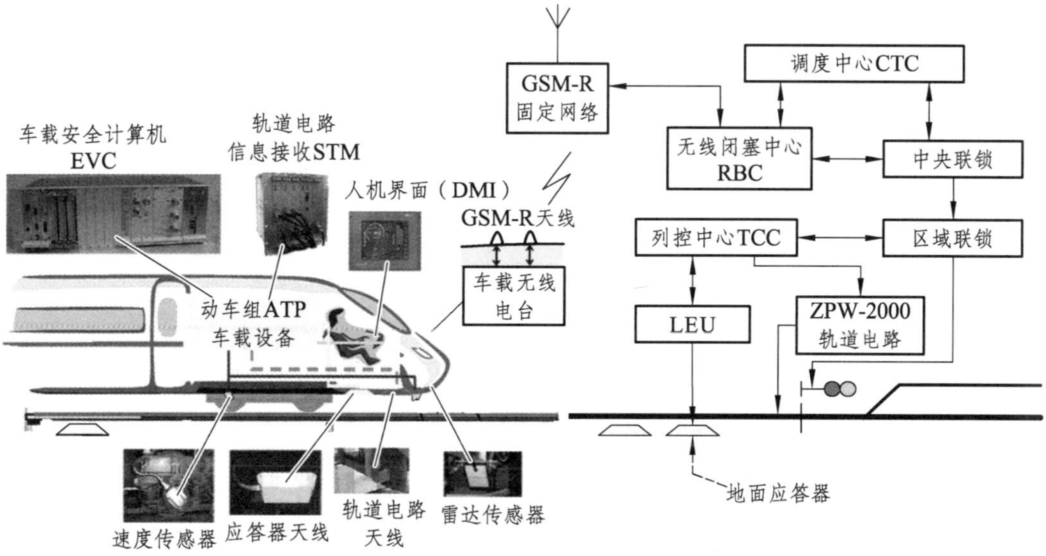

图 5-24　CTCS-3 级系统结构图

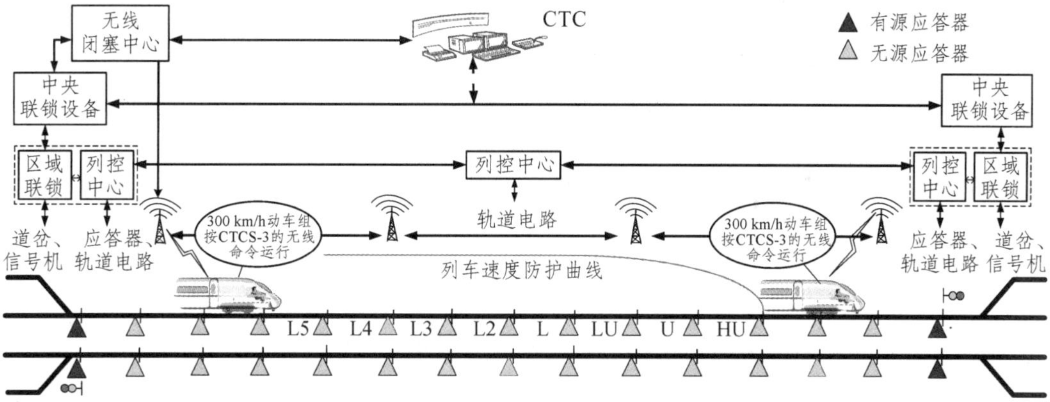

图 5-25　CTCS-3 级高速动车组运行示意图

CTCS-3 级列控系统基于 GSM-R 无线通信传输列控信息，其中的 CTCS-2 级功能是通过轨道电路信息码传输列控信息实现，点式应答器信息共用。

CTCS-3 级列控系统中的 RBC 通过联锁和轨道电路获得前方列车位置信息，并通过无线方式传送给后续列车，后续列车的车载设备控制列车安全运行。

3. GSM-R 无线闭塞中心（RBC）

CTCS-3 级列控系统中，无线闭塞中心（RBC）通过轨道电路和联锁系统获得前方列车的位置信息，并接收调度中心的调度命令和临时限速命令，然后把这些信息通过 GSM-R 无线通信网络传输给后续列车。车载设备以这些信息为依据，结合列车自身的性能控制列车安全运行，如图 5-26 所示。

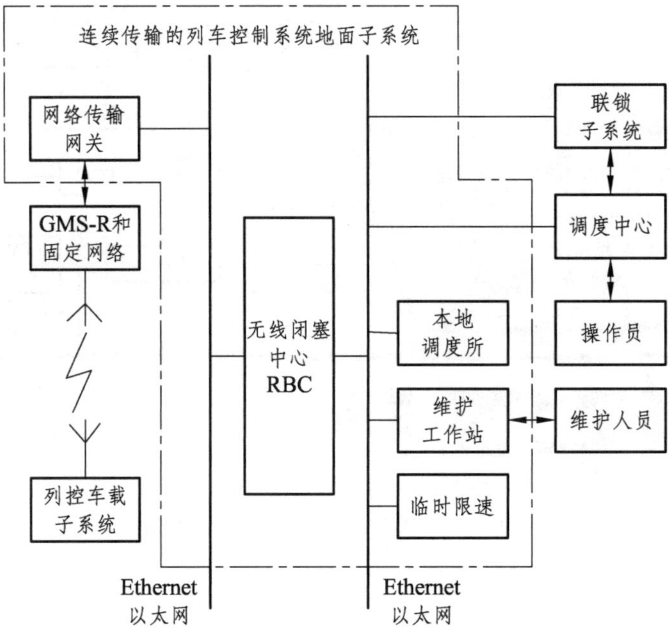

图 5-26 列控地面子系统（无线闭塞中心）

4. 具有中国特色的 CBTC—CTCS-3 级列控系统

CBTC 系统是一个广义的概念，采用不同设计理念可以构建不同模式的 CBTC 系统。具有中国特色的 CTCS-3 级列控系统也是 CBTC 的一种模式，它按照准移动闭塞的闭塞制式设计，以地面应答器作为列车定位的手段，通过 GSM-R 网络完成车、地双向无线通信，同时保留了轨道电路部分，检查轨道占用情况。

300 km/h 及以上的高速客运专线 CTCS-3 级在系统设计上有以下要求：

首先是列控信息量上的要求。350 km/h 高速运行状态下，列车追踪间隔约 13500 m，最小行车间隔 3 min，平均闭塞分区长度 1500 ~ 1800 m，两列车追踪需要 9 ~ 10 个追踪码序，较 250 km/h 增加 2 ~ 3 个低频信息码的需求。

其次是列控信息实时性的需求。300 km/h 及以上高速、高密度运行情况下，对列车控制信息的实时性要求更高，车载设备需要连续、实时地接收大量的地面线路参数信息，以保证高速状态下数据的时效性。

最后是兼容性方面的要求。根据中国铁路中长期发展规划，300 km/h 及以上高速客运专线与 200 km/h 客运专线和既有提速干线必须确保互联互通，高速列控设备应具与 CTCS-2 级列控系统的兼容性。

构建 CTCS-3 级列控系统技术平台，需要在满足兼通既有线 CTCS-2 级列控系统的基础上，采用基于 GSM-R 的无线通信系统实现列车控制信息的传输，通过 CTCS-3 级列控系统集成创新，从而满足高速客运专线运行控制的需要。

5.5.3 京沪高铁 CTCS-3 级列控系统

“工欲善其事，必先利其器”，京沪高铁在列控技术方面，在 CTCS-2 级列控系统的基础上，通过增加 GSM-R 无线通信网络和地面无线闭塞中心（RBC）构建 CTCS-3 级列控系统。这样既能满足了京沪高铁高速度、高密度的运输特点，又能向下兼容 CTCS-2 级列控系统，符合中国铁路列车跨线运行的基本国情。

5.5.4 CTCS-4 级列控系统

CTCS-4 级列控系统是 CTCS 技术体系中代表中国列控技术最高水平的应用等级，是世界顶尖的列控系统，是结合了中国特殊运输国情的具有中国特色的列控系统，是中国高速铁路列控技术发展的方向。

CTCS-4 级列控系统是基于通信的列控系统。在地面取消了轨道电路，采用基于无线通信技术（GSM-R）的方式实现车、地双向数据传输，再辅以列车定位设备实现列车位置检测，通过提高列车定位精度和移动授权更新率来提供更大的通过能力，缩短列车的间隔距离。列车最小正常追踪运行间隔为在当前速度下使用常用制动直至停车的制动距离加安全保护距离，并由前后列车的动态关系确定。

基于通信的 CTCS-4 级列控系统在保障列车行车安全的基础上，使列车最小追踪间隔达到极致，最大限度地提高了行车密度；运用车-地无线通信，大大减少了轨旁设备，减少了列控系统维护工作量；高度集成的列控无线闭塞中心强大的系统扩展能力，为整个列控系统的扩容和升级带来了便利；无线网络的覆盖可提供更多、更好的增值服务……

第 6 章　高速铁路通信技术

6.1　高速铁路通信系统

6.1.1　高速铁路通信概述

高速铁路是一个庞大而复杂的系统，有着高度集中和各个工作环节紧密联系、协同工作的特点。沿线车站的各部门、各工种要实现安全、准确、迅速、协调的运输生产，都离不开高速铁路通信。

高速铁路通信的基本任务如下：

首先，高速铁路通信必须保证指挥列车运行的各种调度指挥命令信息及时、准确、可靠地传输。无论是旅客列车还是货物列车，都必须严格按运行图和调度员的指挥命令行车，机车乘务员在运行中出现的各种情况需要及时与调度员或车站值班员联系，因此，调度指挥命令信息的传输就显得十分重要。

其次，高速铁路通信要为旅客提供各种服务的通信。铁路是为旅客服务的，旅客服务系统离不开通信。例如预售客票，就需要及时把全国各地的售票情况汇总起来，这就必须有一个计算机数据通信网来实现预售客票中各种数据信息的传输。车站内旅客的向导，也需要有通信线路把各种服务信息传送并显示出来，以便指导旅客乘降或自动回答旅客提出的各种问题，等等。

再次，高速铁路通信要为设备维修及运营管理提供通信条件。比如，线路维修人员在沿线作业时需要及时互通信息，需要有沿线电话。其他如传真、地区电话等也是运营管理中不可缺少的通信条件。

图 6-1 展示了高速铁路通信的 6 大特点。

（1）高速铁路通信的高可靠性，使列车的高速安全运行得以保证。自从有高速铁路以来，人们关心的首要问题就是安全。迄今为止，世界上高速铁路的安全记录为世人所称道，其主要原因之一就是有先进的通信系统，而通信系统本身的可靠性必须达到很高的水平。因此，人们总是不遗余力，采取各种方法和措施来提高通信系统的可靠性。

（2）高速铁路通信保证了运营管理的高效率。建设高速铁路的目的就是要提高运输效率，而通信提供各种手段来保证行车调度指挥、运营管理以及各种为旅客提供的服务能够高效率地进行。相应地，对通信系统本身也要求有很高的效率。因此，高速铁路采用了各种先进的通信技术，增大通信容量，以保证信息的传输、存储、处理能高效地进行。

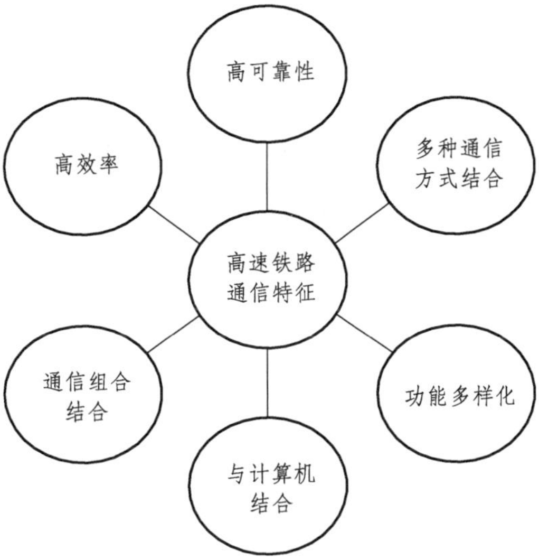

图 6-1 高速铁路通信特征

（3）高速铁路通信与信号系统紧密结合，形成一个整体。在既有线列车低速运行的情况下，通信系统与信号系统基本上是各自独立的，而在列车高速运行的条件下，这种状况已不适应，取而代之的是二者的紧密结合，形成一个高自动化的通信、指挥、控制和信息系统平台。

（4）高速铁路通信与计算机和计算机网络相结合，形成一个现代化的运营、管理、服务系统。将计算机和通信系统连接成网，为各种服务提供了先进的设备条件。旅客售票系统就是一个典型的例子。这种通信与计算机和计算机网络的结合，也是上述通信、指挥、控制和信息系统实现的基础。

（5）高速铁路通信完成多种信息的传输和提供多种通信服务。高速铁路通信中除了有电话这种语音信息的传输外，还有大量的非话业务，如数据、图像、监控信号的传输与处理。使之演变成综合业务数字通信网（ISDN）。近年来随着通信技术的飞速发展，铁路通信中的 ISDN 也已逐步成为现实。

（6）多种通信方式结合形成统一的铁路通信网。除了区段和地区的有线电话和数据通信网外，与运行中的列车实现通信联系是离不开无线通信的。目前，现代通信新技术的发展层出不穷，例如移动通信、卫星通信、微波中继通信、无线通信等将与光纤通信、程控交换等相结合，形成一个多种方式和手段的通信网。它将大大提高通信的可靠性和有效性，满足高速铁路提出的各种需求，充分发挥通信保证行车安全和提高运输效率的作用。

6.1.2 高速铁路专用通信

高速铁路通信中有一个重要的概念是专用通信。专用通信是指行业内部专用的通信网络系统。而铁路专用通信是专门用于组织及指挥铁路运输及生产的通信系统。

高速铁路专用通信是保证列车高速、安全、高效、舒适运行和优质服务的重要基础设施之一，其建设标准既要满足高速铁路运营的特定要求，又要遵循有关国际和国家标准以及铁路行业标准。高速铁路所需的大量信息，依赖于高速铁路专用通信网的传递、交换和处理，并对信息的安全性和可靠性以及系统的可维护性有更高的要求。

专用通信网与人们平时认识的公用通信网的差别主要体现在以下方面：从技术层面上来考察，专用通信网络系统与公用通信网并无过大的区别，只是在网络的规模、功能、管理与服务以及支撑网覆盖区域等方面有一定差异，这是由各自的职责和业务范围所决定的。但是，公用网和专用通信网均应遵循国际 ISO 和 ITU-T 标准以及国家标准，以利于与国际接轨，并可方便地实现互联互通；此外，专用通信网还要符合行业标准的规定，以满足行业所特需的相关要求。

各国铁路由于自身的国情、文化传统、运输组织和运用习惯等因素的差异，所选择的配置不尽相同，但是归结到底，都是为了充分利用各国的资源，减少投资和运营成本。

世界各国高速铁路发展的实践表明，各国高速铁路专用通信均以铁路专用通信网络系统为依托，并成为其重要的组成部分。这样做既可以充分利用既有铁路专用通信网的资源从而节约大量投资，又便于维修管理部分统一提供各种服务。

高速铁路通信网的技术水平及其体系结构，均服从并基于高速铁路运营的要求。各国在修建高速铁路时又以历史背景、国情、地域分布以及经济发展目标等众多因素为依据，因此，各国高速铁路的模式不尽相同，相应地其高速铁路通信网也别具一格。但是，从高速铁路的技术水平、基础设施、管理经验以及安全保障等层面上来考察，日本、法国和德国的高速铁路具有举世公认的优势，其专用通信网也比较先进和完善，为世界各国建设高速铁路专用通信系统提供了参考和借鉴。

日本是世界上最早建成高速铁路的国家，奠定了其在世界高速铁路发展史上先驱者的地位。众所周知，要建成一流的高速铁路，作为基础设施的铁路通信网络系统的重要性不言而喻，日本铁路当然也极其重视这个问题。经过几十年的积极发展，在确保行车安全、强化统一调度指挥和系统综合信息采集、传输、加工与处理等诸多方面，高速铁路专用通信网络系统起到了重大作用。

如今，新干线似乎已经成了日本高速铁路的代名词。日本新干线专用通信网络系统由传输网（光缆、小同轴电缆和少量铜缆）、分组交换网、微波迂回路经路网、移动通信网、列车内部通信网、灾害监测网、铁路信息集中监视控制网以及车站综合局域网所组成。

日本有新干线作为自己的砝码，自信的法国人不甘落后，要建高速铁路当然不愿意输给日本。法国高速铁路列车在运行速度、安全和旅客服务等诸多方面都处于世界领先地位，但令人遗憾的是，TGV 专用通信网络系统却并不特别先进！

法国 TGV 铁路专用通信系统由普通电话网、分组交换网、可视会议网、用户程控交换网、数字传输网、无线调度电话网、有线调度电话网、远程显示监视网、旅客远程信息系统、自动化客票系统和警用电话系统等组成。法国 TGV 专用通信系统虽然不是特别先进，但是在发展的过程中也逐渐形成了自己的特色。

德国铁路运营里程约为 42 000 km，铁路通信技术分为三个等级：既有线通信系统的技术等级稍低，新建线路通信系统的技术较先进，而改造线路则介于既有线与新建线路之间。

德国专用通信系统由干线通信、有线调度通信、分组交换网与程控电话网、列车内部通信网以及列车无线通信系统组成。

6.1.3　中国高速铁路通信系统组成原理

中国高速铁路通信系统以传输及接入设备、电话交换、数据网、GSM-R 专用移动通信等设备为基础，建立调度、会议电视、救援指挥、动力环境监控和同步时钟分配等通信系统，将有线通信和无线通信有机结合，实现话音、数据、图像、列车运行控制等多种功能。中国高速铁路通信系统的主要组成结构如图 6-2 所示。

图 6-2　中国高速铁路通信系统组成结构

高速铁路通信系统各个组成部分的主要功能介绍如下。

✧ 传输层具有信息承载能力，是通信的基础设施，它为交换中心之间提供链路，构成通信业务网和支撑网，为通信终端设备之间提供信道。

✧ 数据网提供各种数据业务，属基础网络，是各类计算机网赖以建立的基础。

✧ GSM-R 设备具有调度通信、区间移动电话、通用数据传输、列控信息传输等多种功能；核心节点按全路网络规划配置。

✧ 自动电话设备利用自动交换机在铁路地区内实现了公务通信。

✧ 客服通信系统为旅客服务提供数据传输。

✧ SCADA 即数据采集与监视控制系统，SCADA 通信系统为 SCADA 牵引供电系统提供数据传输。

✧ 应急救援指挥通信系统为突发事件（灾害）应急救援工作的开展提供通信保障。

✧ 调度通信系统业务包括列车调度通信、货运调度通信、牵引变电调度通信，以及专用通信、站场通信、应急通信、施工养护通信和道口通信等。

✧ 会议电视系统实现部、局、站段间的会议通信功能，采用两级管理的方式，具有速度快、效率高以及节省资金的优点。

✧ 同步及时钟分配系统保证数字信息的同步传输。

中国高速铁路通信系统是铁路通信网的一大特色，它是直接为高速铁路运营服务的通信网，是组织高速铁路运输、指挥列车运行、提高旅客服务水平、维护设备运转、处理意外事故的高速铁路的基础设备。

1. 传输层与接入设备

在高速铁路的运营过程中，需要有传输各种信息的线路与设备，主要用于解决高铁沿线中、长途干线以及铁路区段信息的传输，高铁长途和区段通信传输通常采用光纤通信方式，有容量大、可靠性高、经济性好的特点。

传输设备是承载高铁中、长途多种通信业务的传输网络，为干、局交换中心之间提供链路构成通信业务和支撑网，为通信终端设备之间提供信道构成通信系统。

接入设备是组织高铁区段通信的主要手段。高速铁路系统中，对接入设备的业务功能提出了更高的要求，要采用先进的通信传输与接入方式，为各类 MIS 系统、车号自动识别系统、办公信息系统、调度通信系统、自动电话用户、ISDN 终端、音频终端、CATV 用户提供灵活多样的接口，实现话音、数据、图像综合接入。

铁路通信传输与接入设备采用三层组网方式：第一层为长途传输网，提供铁路局之间的长途通道，采用 2.5 G 的 SDH 的光传输系统，或微波系统；第二层是本地中继网，提供铁路局以下各通信端站的中继通道，采用 622 M 或 155 M 的 SDH 光传输系统，或微波系统；第三层是本地接入网，提供本地接入通道，多采用 155 M 的 SDH 光传输系统。

在高铁正线车站设置 SDH2.5 Gb/s 设备，MSP1+1 保护方式；接入层在车站动车段（所）、维修段等设置 622 Mb/s MSTP 设备，通过车站迂回，组成多个保护环，为各类业务提供传输通道。传输和接入设备的连接如图 6-3 所示。

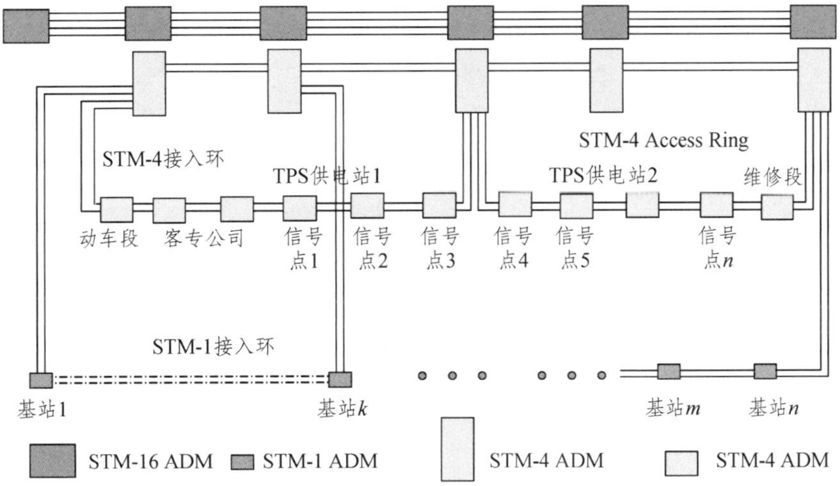

图 6-3　传输和接入设备

2. 自动电话系统

数字程控交换机是目前最先进的自动交换技术，用于高速铁路地区的公务通信。高速铁路电话交换网由长途电话交换网和本地电话交换网组成。铁路电话交换网与公用网本地交换网互联互通。

长途电话交换网采用两级交换中心。在长途交换网内，采用长途、地区合一的交换设备，且上级电话所具有下级电话所的功能。本地电话交换网由汇接电话所和分电话所组成，中间站用户通过接入网纳入本地交换网。自动电话系统结构如图 6-4 所示。

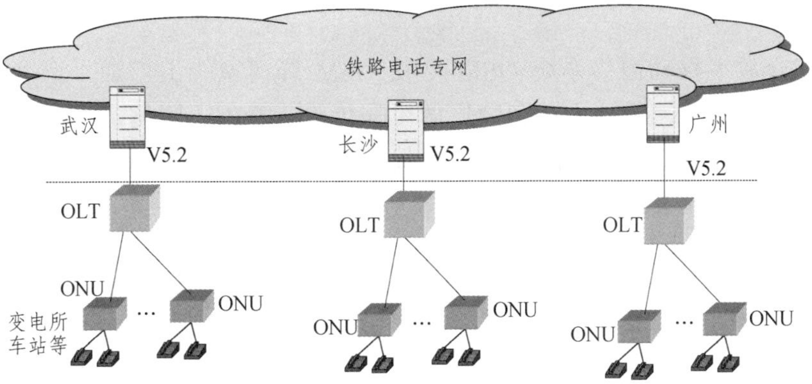

图 6-4　自动电话系统结构

3. 数据网

数据网是一个支持高速铁路信息化业务的网络平台，承载运营调度系统、旅客服务系统、电视会议系统、视频监控系统、信息系统等非安全数据传送业务，是各类 MIS 系统和应用系统赖以建立的基础。中国铁路采用的数据网有较早的 X.25 网、帧中继和 ATM，至目前的 TCP/IP 铁路互联网。

高速铁路的数据网采用 TCP/IP 协议，数据网本地连接采用光纤，远程连接采用 MSTP 通道。数据网的网络示意图如图 6-5 所示。

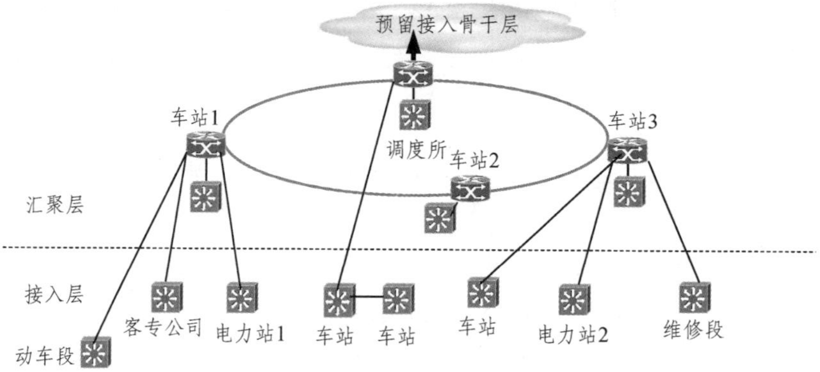

图 6-5 数据网的网络示意图

4. GSM-R 铁路综合数字移动通信系统

高速列车运行时的移动性使得对移动通信的要求十分迫切，高速铁路行车调度指挥系统需要高可靠度、高安全性、快速接入的总量和移动通信系统，以及透明、双向、大容量的车-地安全和调度指挥的信息传输通道。

高速铁路通过综合数字调度移动通信系统 GSM-R，实现铁路各种移动信息资源采集和传输，为现代化调度、指挥、控制提供通信平台，辅助提高运输效率，保障运输安全。

铁路综合数字移动通信系统 GSM-R 在 GSM 蜂窝系统上增加了调度通信所需功能，实现列车高速运行时语音和数据的可靠传输，解决了跨国运行时列车自动防护的互操作等问题，能满足国际铁路联盟提出的铁路专用调度通信的要求，是一个适合高速环境下使用要素的系统。

GSM-R 将现有的铁路通信应用融合到一个网络平台中，建立了数据综合业务的移动通信系统平台，形成现代化的调度通信、公务通信、信息传输、列车控制一体化的移动通信系统，满足以旅客为主体的移动信息服务系统的需要，为铁路运输提供高质量的服务。

GSM-R 平台上提供了大量铁路专网的业务，能满足区间公务移动、紧急救援作业、调车编组作业、站场无线等移动话音通信的需要，满足 DMIS 系统无线车次号传输、列车尾部风压、机车状态信息、车辆轴温检测、线桥隧道防护、铁路供电状态监视、道口防护等移动和固定无线数据传输的需求。同时还能满足以移动列车为主体的安全信息分法与预告警系统的需求，确保沿铁路线的施工轨道养护、平交道口与车辆、车站等人员及设备的安全，减少事故。

GSM-R 在高速铁路沿线采用无线覆盖，动车组列车上采用无线终端，而车站台和调度台都是有线终端。GSM-R 采用有线/无线组网方式，其构成及组网如图 6-6 所示。

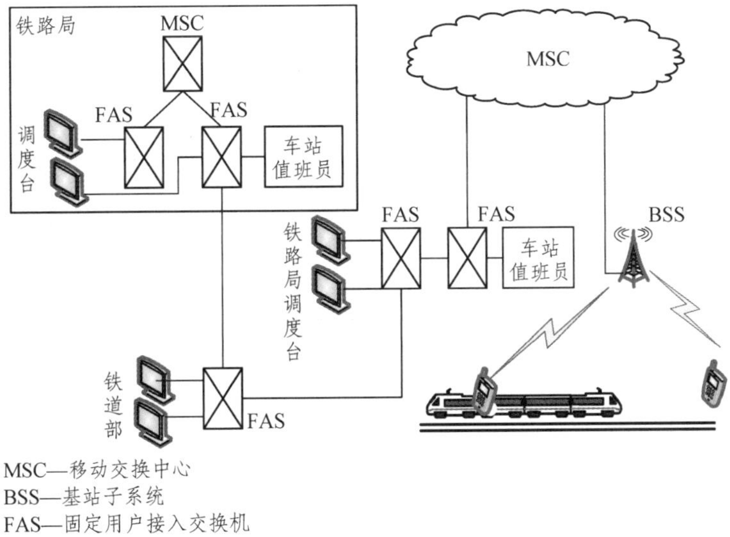

图 6-6　GSM-R 调度通信系统构成及组网方式示意图

GSM-R 移动通信系统在铁路总公司和各铁路局配置 FAS，就近与 MSC 连接；支线车站根据需要设置 FAS，接入局 FAS，既有线干调网、数字区段调度改造升级后接入 GSM-R 网络，其中车站台和调度台通过 FAS 连接到 GSM-R 的 MSC 上，从而实现有线和无线用户的通信。

5. 区段数字调度通信系统

铁路运输生产过程中，为了全面实现铁路各项专用通信业务以及一系列扩展业务，必须建立区段数字调度通信系统。

区段数字调度通信系统是以铁路局为指挥运输生产，在调度员与所管辖区段的铁路各中间站按专业、部门设置的调度通信系统，按业务性质可分为列车调度、货运调度、电力牵引调度以及无线列车调度等。

数字调度通信系统采用环行网络的组网技术，环行网络的任何一处断裂，都不会影响任何通信业务，系统具有集中维护管理和自动通道保护等功能，充分保证了数字调度通信系统的安全、可靠。

数字调度通信系统一般由数字调度主机、操作台、集中维护管理系统等组成。图 6-7 是区段数字调度通信系统的总体构成。

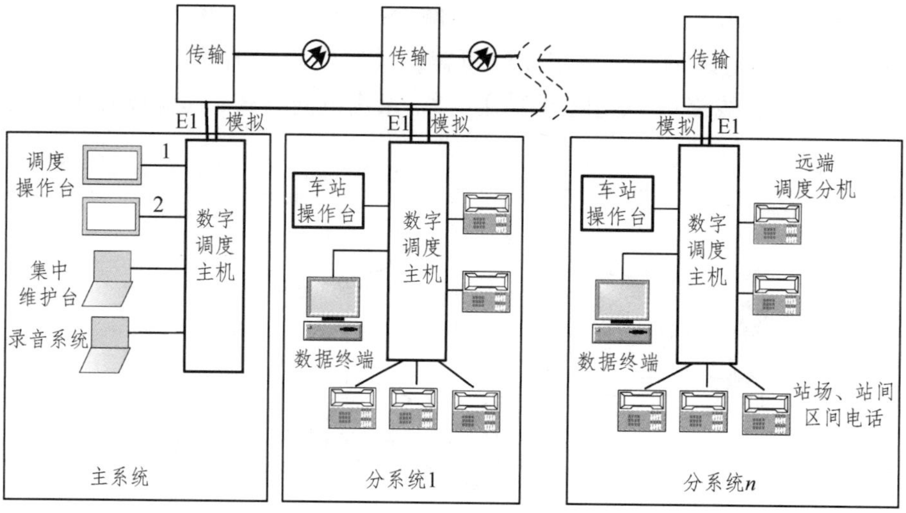

图 6-7　区段数字调度通信系统总体构成

6. 会议电视系统

在高速铁路中，需要对铁路运营提供高效的监控和管理，多媒体通信技术可以更好地为高速铁路运输安全生产服务，同时提供高效的管理。

高速铁路会议电视系统是基于多媒体通信技术的交互式视频会议系统，是一种新兴的图像通信业务，它将多媒体通信技术应用到高速铁路运输生产和管理中，将不同地理位置的图像信息和声音信息通过传输网互联互通，相隔万里的各方可以共事文件、照片、录像等资料，开展如同面对面的会议、技术讨论等活动，实现部、局、站段之间的点对点会议、点对多点会议、多组会议。

铁路会议电视网采用两级管理的方式，铁路总公司和铁路局设有会议电视专用的网管设备，铁路会议电视网能分别满足以铁路总公司、铁路局等为中心召开各种形式的电视会议的需要，并能为各级与会者实时地提供双向语音、彩色活动图像和静止图文业务。

铁路总公司-铁路局专线会议电视网满足国际 H.320 建议，铁路局-站段 IP 会议电视网满足国际 H.323 建议，专线会议电视网与 IP 会议电视网通过网关互联。

如图 6-8 所示，高速铁路会议电视系统采用 IP 数据网和新一代的 H.323 协议，是目前最新的视讯技术，画面传输质量高，并拥有光纤和卫星两套传输网络，可提供更加完善和有保障的服务。

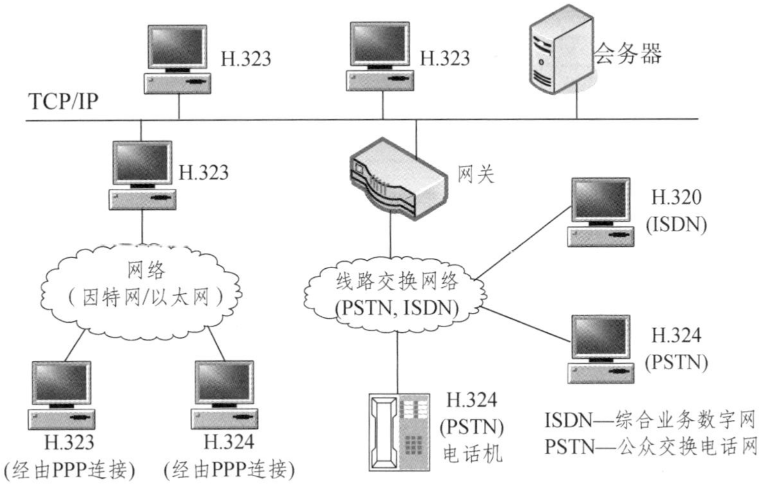

图 6-8　多媒体系统构成

6.2　铁路综合数字移动通信技术

6.2.1　欧洲铁路移动通信系统 GSM-R

欧洲铁路网络发展迅速，欧盟各国亟待解决在列车高速运行时语音数据的可靠传输以及跨国运行时自动列车防护（ATP）的互操作性（兼容）问题。国际铁路联盟为满足欧洲 21 世纪铁路网络一体化进程，向欧委会推荐了欧洲铁路移动通信系统 GSM-R（GSM for Railway）。

GSM-R 系统很多技术借鉴了公网的 GSM 技术，保留了 GSM 的大体结构，使得 GSM-R 系统从一开始就是一个成熟可靠的系统，它的绝大多数软硬件都已在现网中得到检验。不仅如此，由于二者都可以工作在 900 MHz 频段，因此在无线网络规划方面也是基本相同的，GSM-R 系统的规划设计借助已成熟的 GSM 系统工具，可以方便快捷地为用户提供网络设计安装。GSM-R 的基本特性已在欧洲铁路移动无线系统试验中得到测试和验证。

GSM-R 源于欧洲，它在欧洲的发展大致分为 3 个阶段，如图 6-9 所示。

出于众多的需要，GSM 新技术如 GPRS（通用分组无线业务）已经规范化并将安装使用，向 UMTS（通用移动通信系统）的演进将提供新的业务和更加强大的无线系统。GSM-R 据此可最大限度地引入新的业务。

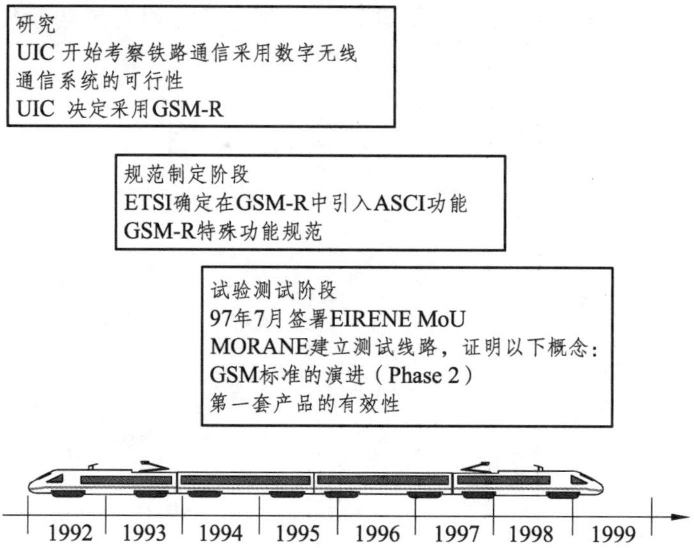

图 6-9 GSM-R 的 3 个发展阶段

如图 6-10 所示，GSM-R 基于 GSM 的基础设施及其提供的高级语音呼叫业务（ASCI），其中包含增强多优先级与强拆（eMLPP）、语音组呼（VGCS）和语音广播（VBS），并提供铁路特有的调度业务，包括：功能寻址、功能号表示、接入矩阵和基于位置的寻址，并以此作为信息化平台，使铁路部门用户可以在此信息平台上开发各种铁路应用。因此，GSM-R 的业务模型可以概括为：

GSM-R 业务 = GSM 业务 + 语音调度业务 + 铁路应用

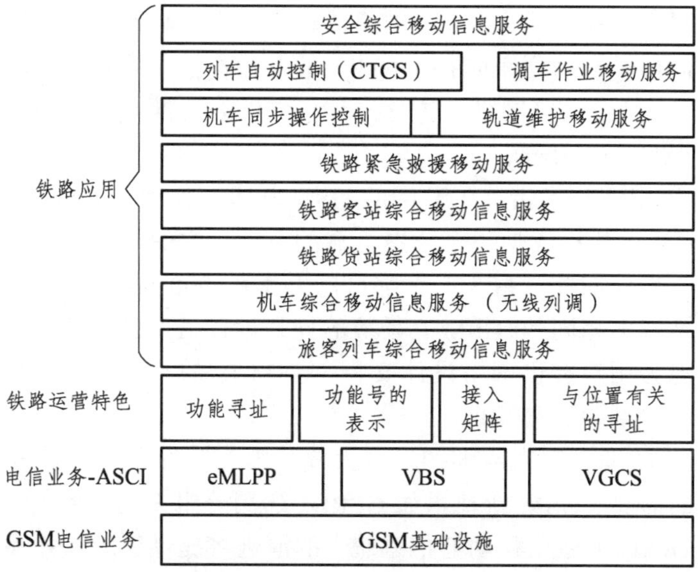

图 6-10 GSM-R 业务模型

从集群通信的角度来看，GSM-R是在公网GSM技术基础上融合了调度通信功能的专门用于铁路无线通信的数字集群通信系统。其突出的特点是将高速铁路列车自动控制信息的传输与以语音通信为主的调度通信统一纳入同一个无线通信平台，是一个功能完善、实现通信信号一体化的先进高效的通信系统。GSM-R 能提供包括列车调度通信、货运调度通信、牵引变电调度通信、其他调度及专用通信、站场通信、应急通信、施工养护通信和道口通信等功能。

6.2.2 中国铁路 GSM-R

欧洲GSM-R的成功运用，为中国铁路通信技术发展提供了良好的技术借鉴。中国从1994年就开始对专用移动通信技术跟踪研究，由于GSM-R具有适应铁路运输特点的功能优势、成熟的技术优势以及符合通信信号一体化技术发展的需要，重要的是GSM-R支持铁路移动通信的可持续发展，是适合中国铁路建设的数字移动通信系统。因此2000年底中国铁道部正式确定将GSM-R作为中国铁路移动通信的发展方向。

随着既有线提速、客运专线、青藏铁路和高速铁路的建设，中国铁路对通信技术提出了更高的要求。中国铁路第六次提速，在主要干线上把120 ~ 160 km/h的速度提升到了 200 ~ 250 km/h。在实现这个目标的过程中，除了采用最新动车组列车以及提升对列车的调度控制水平外，代表未来列车移动通信技术方向的铁路综合调度移动通信系统——GSM-R也开始在中国铁路大显身手。

中国铁路GSM-R网络的发展目标，是在全路建立一个语音、数据综合业务的移动通信系统平台，形成现代化的调度通信、公务移动、信息传输、列车控制一体化的通信系统，利用通信手段实现铁路移动设施和固定设施的无缝连接，确保列车平稳、高速、安全地运行，主要技术装备达到或接近国际先进水平，为GSM-R在中国的发展提供宽广的发展空间。

由于中国铁路与欧洲铁路运输指挥作业方式、移动通信业务需求均不同，因此必须制定适合中国国情的GSM-R标准与规范。中国铁路相关标准如表6-1所示。

表6-1 中国铁路GSM-R系列标准和相关标准

类别	序号	技术标准名称	编制情况
系统类	1	GSM-R 数字移动通信网络技术体制	
	2	GSM-R 数字移动通信智能网（IN）技术条件	
	3	GSM-R 数字移动通信通用分组无线业务（GPRS）系统技术条件	
	4	GSM-R 数字移动通信网络规划	
	5	GSM-R 数字移动通信网络编号计划	

续表

类别	序号	技术标准名称	编制情况
系统类	6	GSM-R 区段固定用户交换系统组网技术条件	
	7	GSM-R 数字移动通信网络工程设计暂行规定	
	8	GSM-R 数字移动通信网络工程施工暂行规定	
	9	GSM-R 数字移动通信工程验收暂行规定	
	10	GSM-R 数字移动通信设备通用技术条件	
	11	GSM-R 数字移动通信系统设备、终端设备测试规范	
设备类	12	GSM-R 固定用户交换（FAS）与固定用户终端设备间的接口信令规范（触摸屏式调度操作台技术条件）	
	13	SIM 卡技术条件	
	14	GSM-R 无线中继传输系统技术条件初稿	
业务类	15	GSM-R 数字移动通信应用技术条件	
	（1）	调度通信系统主要技术指标	
	（2）	机车综合通信设备主要技术指标	
	（3）	列车车次号校核信息传送主要技术指标	
	（4）	调度命令信息传送系统主要技术指标	
	（5）	列车尾部风压装置信息传送系统主要技术指标	
	（6）	无线机车信号和调车监控信息传送系统主要技术指标	
	（7）	机车同步操作信息传送系统主要技术指标	
	（8）	平面调车信息传送系统主要技术指标	
	（9）	进路预告信息传送系统主要技术指标	

标准与规范的制定，一方面为网络规划、建设和运维管理提供技术依据，确保网络完整、统一和安全可靠，提高服务质量，合理地利用频谱、码号等资源；另一方面，也为各厂家平等接入提供可循的技术依据，为网络设备质量认证和监督提供依据。

6.2.3 GSM-R 的中国特色

中国高速铁路运营系统，具有路网规模范围大、行车密度高、运量大、兼容性要求高、控制因素多等特点。客运专线运营调度系统必须基于全国路网进行优化，同时时速 300 ~ 350 km 铁路与时速 200 ~ 250 km 客货共线铁路必须兼容。高速铁路采用 GSM-R 体系后，存在跨线运行的问题。要将这种高密度客货混跑情况下的列车时速提高到 300 km，难度相当大！

虽然国外有很成功的运用 GSM-R 的经验，但是也不能完全照搬，因为欧洲铁路和中国铁路运输指挥作业方式、移动通信业务需求均不同，因此，中国铁路必须制定适合中国国情和路情的 GSM-R 标准与规范（见图 6-11）。

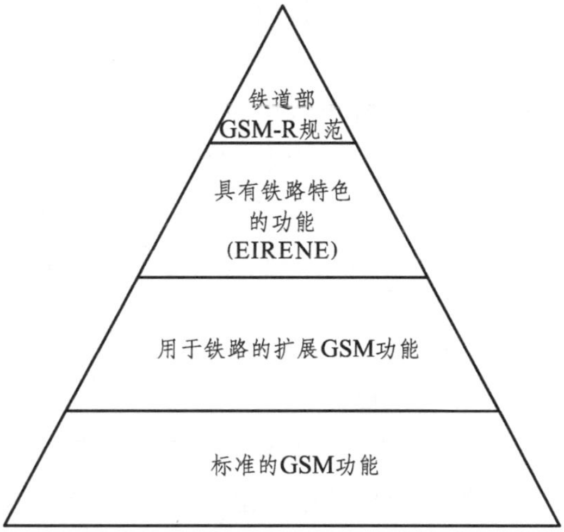

图 6-11 中国 GSM-R 规范的制定

在中国，以前的列车无线通信频率按地域划分，为京广线以西使用 150 MHz 频段，京广线以东使用 450 MHz 频段。后来由于 150 MHz 段干扰逐渐增加，而且电气化铁路中 450 MHz 频段使用性能好于 150 MHz 段，所以铁路总公司确定列车无线调度通信统一采用 450 MHz 频段，该频段在全国铁路沿线的场强覆盖已经超过 96%。现在中国高速铁路通信体系中又引进了 GSM-R 系统，欧洲 3 个 GSM-R 试验网在 900 MHz 频段下进行的长期试验和验证工作，证实了 900 MHz 频段能满足特别是在高速下能满足铁路的通信需求，而这种验证工作对于 450 MHz 频段还没有做过，所以认为 GSM-R 的最佳工作频段为 900 MHz。在两种频段共存的情况下，中国的铁路通信系统需要考虑频率切换的问题。

由中国自主研发的机车综合无线通信设备（简称 CIR），主要实现列车调度通信、调度命令传送、无线车次号传送等功能，综合了 GSM-R 机车综合设备、450 MHz 无线列调通用式机车电台设备的功能，预留 800 MHz 列尾和列车安全预警系统以及 2.4 GHz 高速数据传输功能的接口，符合铁路总公司机车综合无线通信设备统一制式、统一标准、综合利用无线资源的要求，可实现不同厂家设备的 MM 和主机之间的互联互通。设备能自动采集机车位置信息，人工或自动转换工作模式，适应不同区段不同无线通信网络应用；具有多个数据接口，为车、地间数据传输预留了条件。

CIR 的主要功能如下：

● 450 MHz 通用电台的所有功能。

● 450 MHz 机车电台承载的列车尾部风压、无线电车次号、调度命令等数据信息的传输功能。

● GSM-R 调度通信功能。

● GSM-R 通用数据传输功能，根据承载业务的需要，提供 GPRS 或电路方式数据传输链路。

● 800 MHz 列尾和列车安全预警车载电台的功能。

● GSM-R 工作模式与 450 MHz 工作模式自动切换和手动切换功能。

● 向用户提供 GPS 原始信息、公用位置信息的功能（周期 2 s）。

● 操作显示终端具有 GSM-R 调度通信、通用数据传输、应用操作、状态显示以及语音提示的功能。

● 具有主、副 MMI 之间通话功能。

● 主机具备信息存储和导出功能。

机车综合无线通信设备 CIR 圆满实现了在高密度客货混跑运输条件下的跨线运行，CIR 按双模工作方式配置，自动根据运行区段选择合适的工作模式，实现列车控制和通信。

CIR 在不同网络覆盖下的切换示意图如图 6-12 所示。

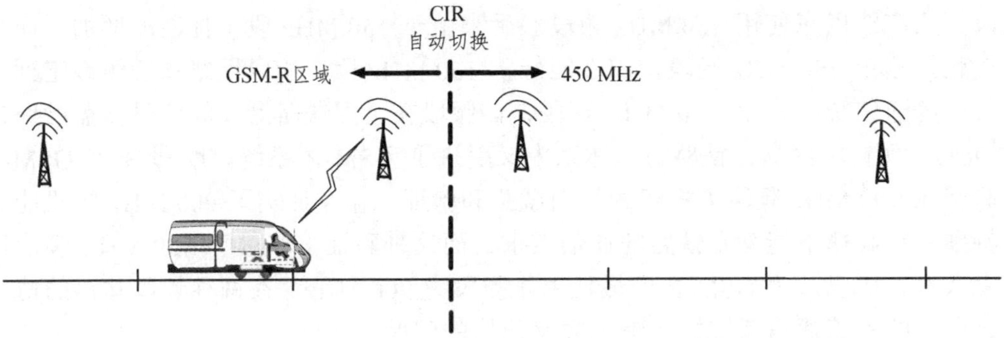

图 6-12　CIR 切换示意图

在高速客运专线上，移动通信采用 GSM-R 系统，完成在高速移动过程中列车与地面调度、车站的语音及数据通信；下线运行时，通过 CIR，移动通信采用 450 MHz 无线列调通用式机车电台设备的功能，解决了时速 300 km 列车在 450 MHz、GSM-R 不同网络覆盖区的信息传输，实现了跨线运行，具有中国特色。

高速列车分别处在 GSM-R、450 MHz 两种不同网络覆盖区域时，CIR 根据所处网络进行切换，其显示如图 6-13 所示。

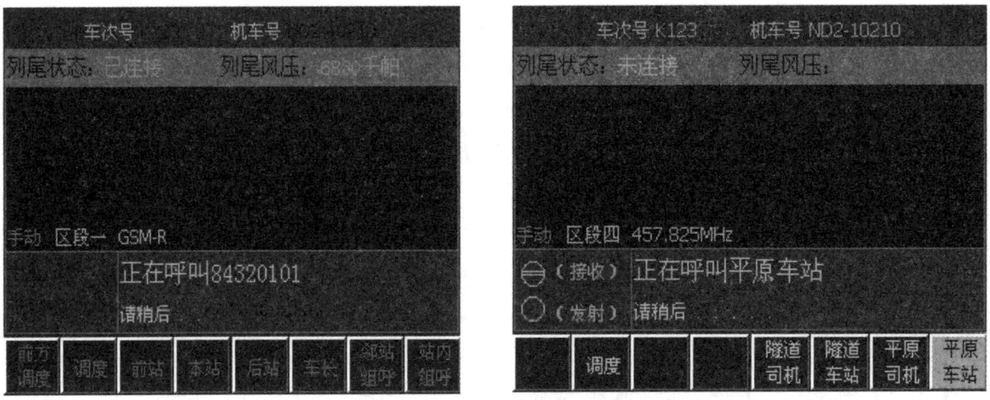

工作在 GSM-R 区段时的显示界面　　　工作在 450 MHz 时的显示界面

图 6-13　不同网络覆盖区域 CIR 的显示

6.3　GSM-R 实践

GSM-R 进入中国后，经过理论研究、技术决策、工程试验等，已进入网络运营阶段。GSM-R 在中国的发展建设主要分为三个阶段。第一阶段，“十一五”：2005 年至 2009 年，建设 15 个交换中心节点，形成 3 万公里 GSM-R 无线覆盖；第二阶段，“十二五”：2010 年至 2014 年，建设其余 5 个交换中心、新增 3 万千米，形成 6 万千米 GSM-R 无线覆盖；第三阶段，“十三五”：2015 年至 2019 年，新增 3 万千米，形成全路一张网、9 万千米 GSM-R 无线覆盖。

6.3.1　青藏铁路与 GSM-R

2006 年 7 月 1 日，随着青藏铁路的全线通车，“出国容易进藏难”的历史一去不复返。青藏高原素有“世界屋脊”“地球第三极”之称，是我国的“江河源”。在青藏高原这种原始、独特、脆弱、敏感的地理生态环境中修建的青藏铁路是世界上海拔最高、线路最长的高原铁路，翻越唐古拉山的铁路最高点海拔 5072 m，经过海拔 4000 m 以上地段 960 km、连续多年冻土区 550 km 以上，被称作通向“世界屋脊”的“天路”。

青藏铁路的运行环境如此复杂，列车穿过人烟稀少的青藏高原时将如何进行通讯？列车如何与地面传送控制信息？青藏铁路开通全国第一条铁路数字移动通信系统——GSM-R 系统之后，这些倍受人们关注的问题都迎刃而解。

此外，GSM-R 系统在设计时根据青藏铁路的特点，兼顾了高原多年冻土区特殊环境，满足了节约能源、安全耐用、免维修或少维修要求。采用这项技术后，可大大减少铁路沿线地面设备数量和人员配备，实现青藏铁路“少用人、免维护、高可靠”的目标。青藏线试验段 GSM-R 工程方案如图 6-14 所示。

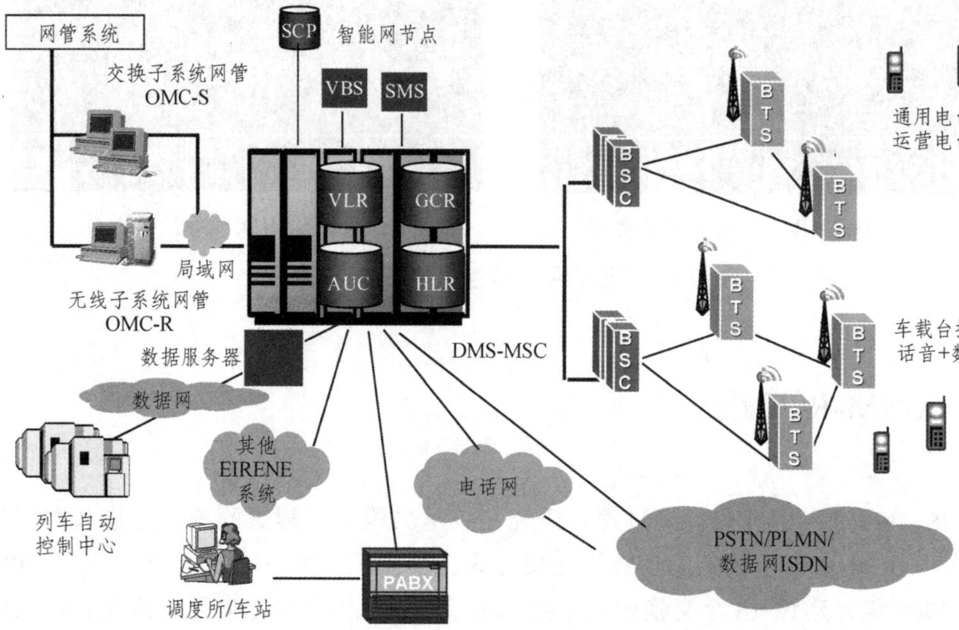

图 6-14　青藏线试验段 GSM-R 工程方案

青藏线 GSM-R 系统具有调度通信、列车控制系统（ITCS）数据传输、调度命令和车次号传输、区间公务通信等功能；另外它还预留发展条件，满足旅客列车服务信息、机车工况等铁路信息化应用的需求。

青藏铁路试验段 GSM-R 系统及网管示意图和青藏铁路全线 GSM-R 工程方案示意图分别如图 6-15 和图 6-16 所示。

青藏线试验段 GSM-R 系统采用了同站址双基站冗余覆盖结构（见图 6-17），某个基站故障时，相邻两个基站场强覆盖可以满足通信需要。同站址双机站冗余覆盖结构可以进一步提高通信系统的可靠性，单机站故障时，由备用层基站进行覆盖并提供服务。

同站址的两个基站同时工作，分为上层网和下层网，两层网采用话务分担的方式工作。正常情况下用户只在其开机注册的网内工作；在切换和重选时，机制设定用来避免两层之间的乒乓效应（所谓乒乓效应，指的是在一定区域里两个基站的信号强度剧烈变化时，接收设备就会在两个基站间来回切换）。上层网和下层网都正常时，其覆盖如图 6-18 所示；一旦一层网发生故障，用户将自动切换到另一层网内，如图 6-19 所示。

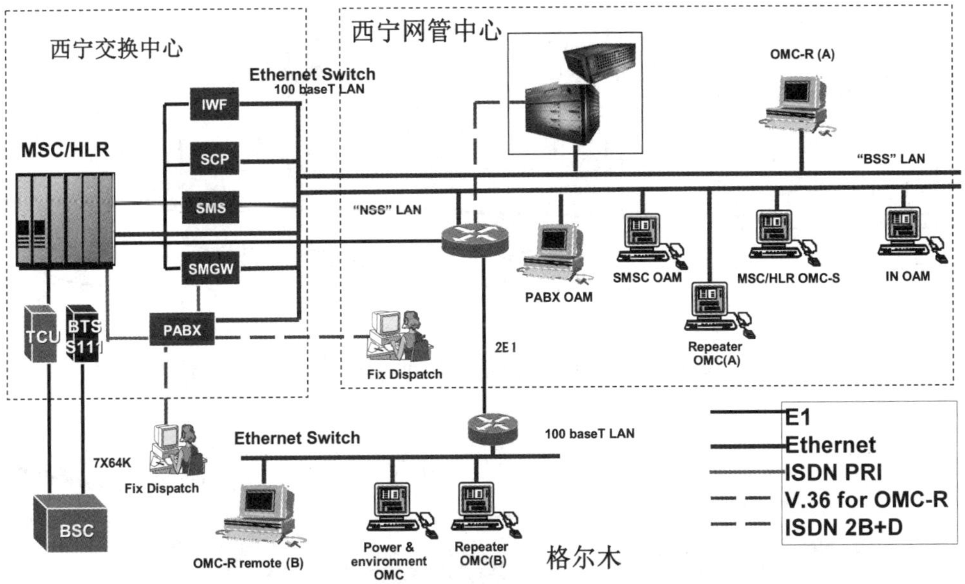

图 6-15　青藏线试验段 GSM-R 系统及网管示意图

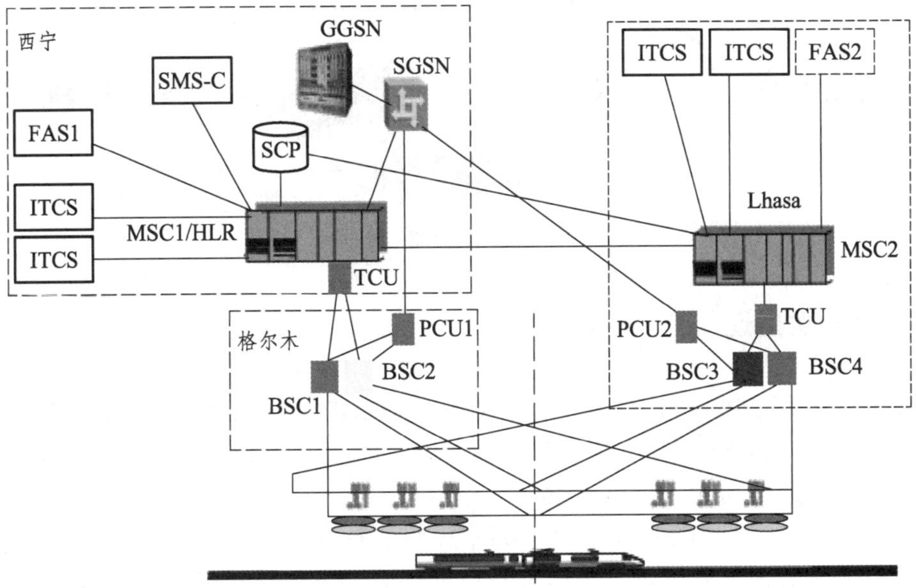

图 6-16　青藏线全线 GSM-R 工程方案示意图

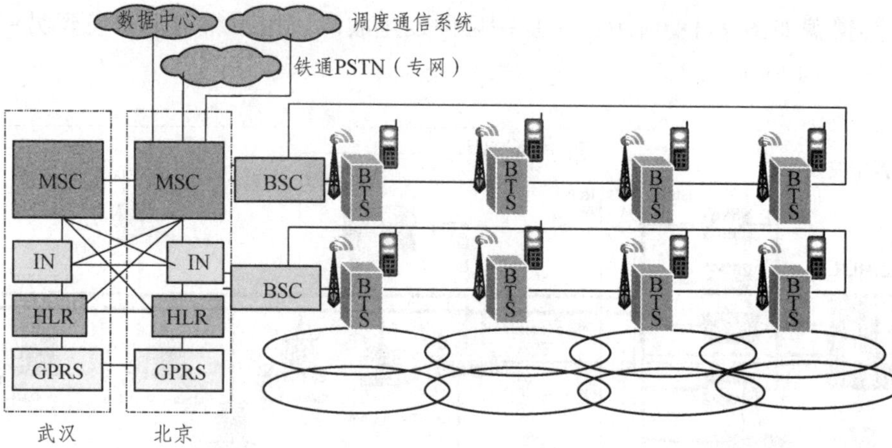

图 6-17　GSM-R 移动通信设备（同址双基站冗余覆盖）

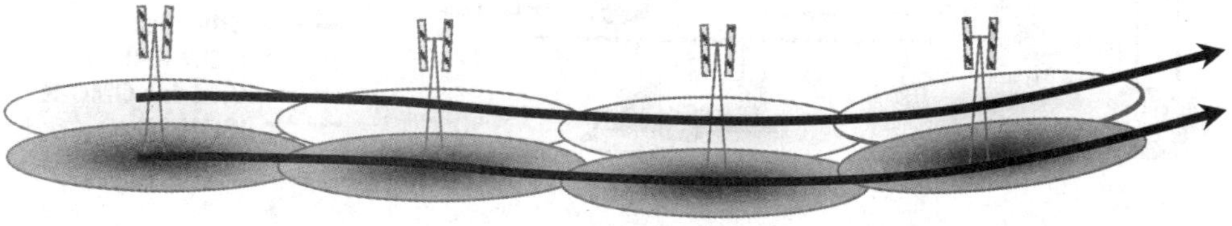

图 6-18　正常情况

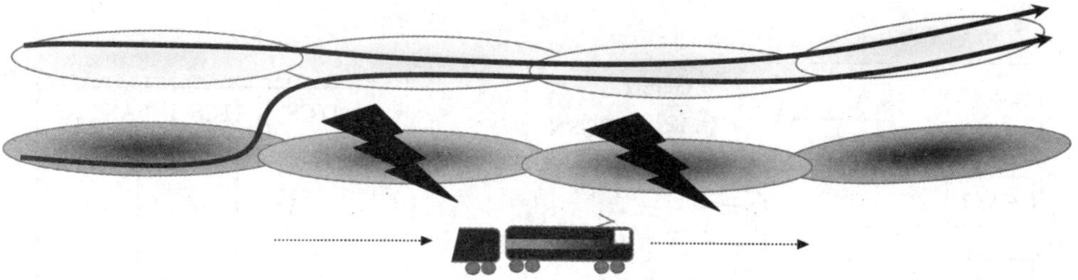

图 6-19　故障情况

6.3.2　第六次提速与 GSM-R

火车提速到 200 km/h 速度等级后对调度通信的可靠性要求更高，采用的无线系统应具备在时速 200 km 下司机与调度员通信的能力，完善既有 450 MHz 列调系统“大三角”通信功能（见图 6-20）。

移动通信系统为列车调度指挥、列车控制、安全保障、应急抢险、维修施工和列车运行工况监控等提供可靠的话音与数据传输，应充分利用既有 450 MHz 无线列调系统，并向 GSM-R 移动通信系统过渡。

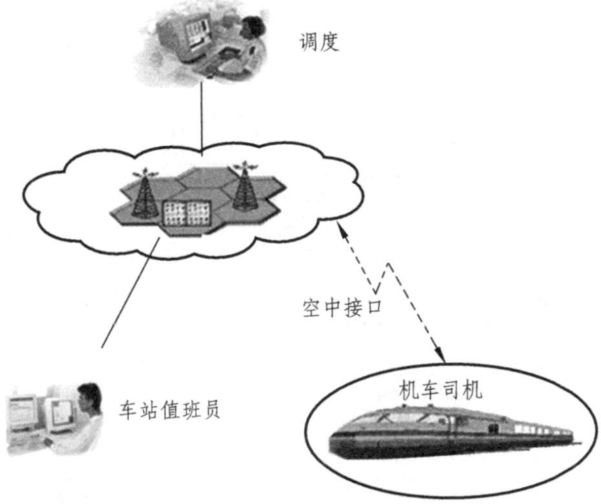

图 6-20 大三角通信示意图

提速改造后无线通信加入了调度命令和车次号传输等数据传输功能，对无线覆盖的质量要求也有所提高。在采用 GSM-R 的线路上，基站场强连续覆盖。在场强满足覆盖标准时，要特别注意电磁环境的干扰。GSM-R 核心节点按全路网络规划配置，某个基站故障时，由备用层基站进行覆盖并提供服务。提供调度通信、区间移动电话、通用数据传输、列控信息传输等功能。

GSM-R 移动通信设备采用单层交织覆盖结构，单机站故障时，相邻两个基站场强覆盖可以满足通信需要，其优点是节省建设投资。单层交织覆盖如图 6-21 所示。

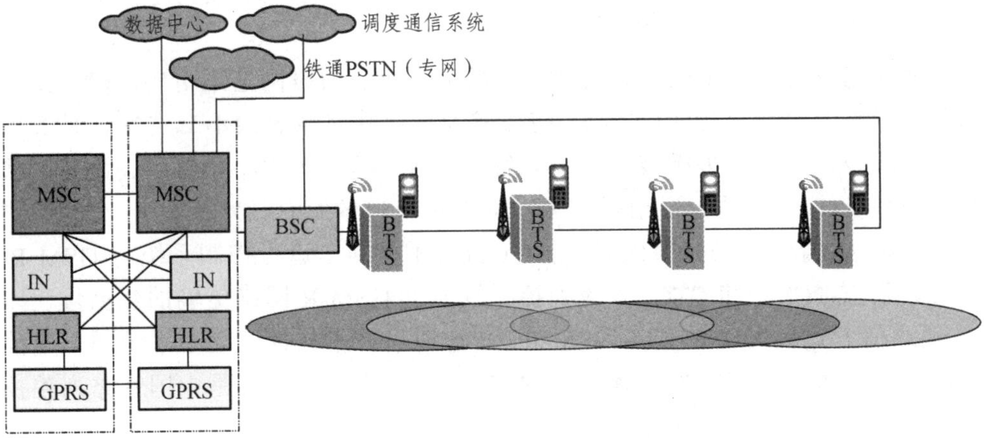

图 6-21 GSM-R 移动通信设备（单层交织覆盖）

在第六次大提速中，GSM-R 系统结构如图 6-22 所示。

在采用 450 MHz 无线列调系统的线路上，GSM-R 移动通信系统机车综合通信设备根据需要可兼容 450 MHz 列车无线调度通信系统功能。

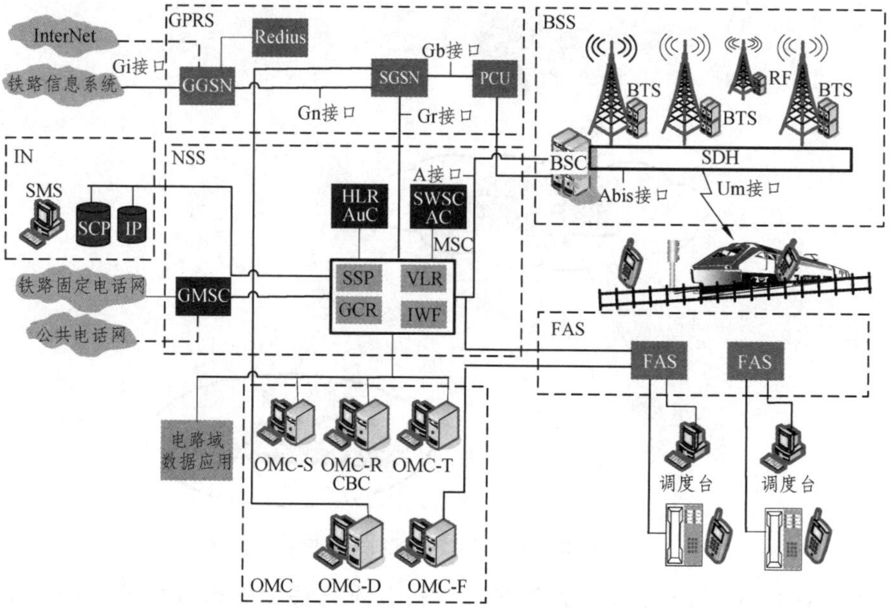

图 6-22 GSM-R 系统结构图

6.4 GSM-R 与中国高铁

随着当前客运专线和高速铁路的迅猛发展，高速客运专线通信信号技术也发生了重大变化，通信信号专业技术冲破了以往相互分离的状态，成为通信信号技术集成系统，实现了通信信号一体化的整合。

高速铁路系统是一个安全、高效运转的大系统，面对高速运行的复杂情况，各个部分必须高度协调运行，GSM-R 网络成为高速铁路系统的不二选择，是实现高速铁路系统协调运行的关键技术之一。针对高速列车移动体，GSM-R 为高速铁路各个应用系统的“车-地”通信提供了双向数据传输的综合技术平台。

中国高速铁路采用的 CTCS-3 级和 CTCS-4 级列车运行控制系统与 GSM-R 有着密切关联。CTCS-3 和 CTCS-4 级列控系统通过 GSM-R 网络传输的数据量比以往的车-地通信方式大大增加，以 GSM-R 车-地通信技术构建的列控系统属于当前国际高端水平的基于通信的列控系统（CBTC）的主流，它们将是中国铁路列控技术和车地通信技术今后发展的方向。

GSM-R 通信系统进行连续车-地双向数据传输过程中的作用如图 6-23 所示。

GSM-R 在高速铁路中的应用主要有：调度通信；列车控制系统的信息传输；无线车次号信息/CTC 调度命令的传送；机车综合监测信息传送（弓况、工况、轴温等）；客车运行安全监测系统（TCDS）信息传送；旅客移动信息服务系统的信息传送；车站综合移动信息服务系统的信息传送；区间移动通信与公务移动通信。GSM-R 的业务应用示意图如图 6-24 所示。

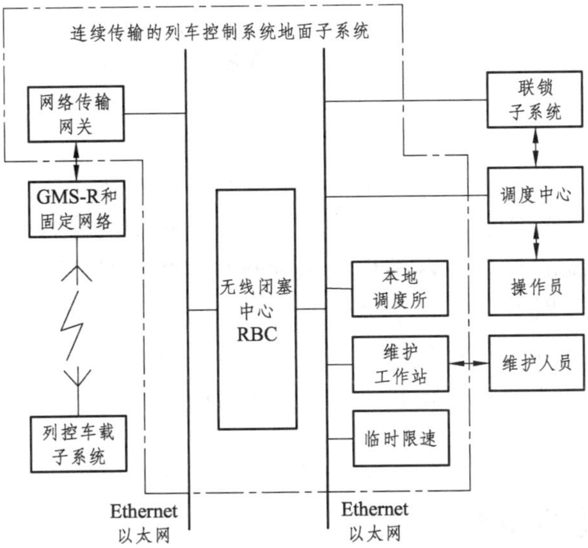

图 6-23 GSM-R 车地数据传输示意图

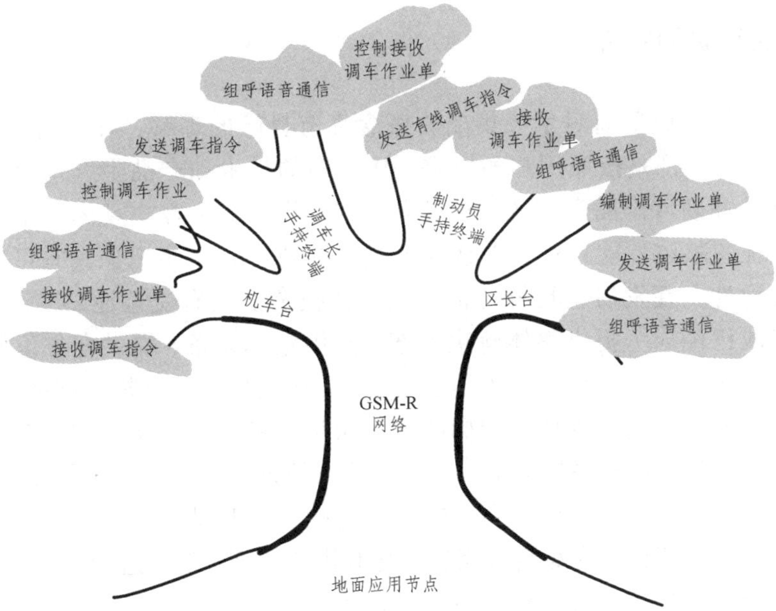

图 6-24 GSM-R 终端应用示意图

从青藏铁路到第六次提速，再到 GSM-R 系统在高速铁路上的成功运用，中国铁路在 GSM-R 的应用研发与工程建设方面已经走过了十几年的时间，积累了丰富的经验，在应用平台上已实践了调度通信以及数据传输等功能，谱写了中国铁路通信发展史上辉煌的篇章！

第 7 章　系统集成

系统集成作为一种新兴的服务方式，是近年来国际信息服务业中发展势头最猛的一个行业。系统集成理论研究的是在人的参与下系统内容各元素的调控与改造方法，强调对组成系统的核心元素进行重组和重构，提升核心子系统的性能，实现整个系统性能的突变、跃升，是一个又快又好的“寻优”过程。系统集成的本质就是最优化的综合统筹设计，即所有部件和成分合在一起后不但能工作，而且全系统是低成本、高效率、性能匀称、可扩充和可维护的系统。

7.1　系统集成的概念

7.1.1　系统集成的定义

每一个系统集成厂商对系统集成的概念都有自己的理解，虽然侧重点不同，但本质上是相同的，都是按照用户的要求，从众多的技术和产品中合理地选择最佳配置的各种软件和硬件产品和资源，形成完整的、能够解决客户具体应用需求的集成方案，使系统的整体性能最优，在技术上具有先进性，在实现上具有可行性，在使用上具有灵活性，在发展上具有可扩展性，在投资上具有受益性。

系统集成已经成为提供整体解决方案、提供整套设备、提供全方位服务的代名词。系统集成既不是一套系统，也不是一套计算机硬件（计算机、网络等），更不是一套软件，也不仅仅是开放系统和标准化，而是一种思想、观念和理念。它是一种指导系统规则、实施的方法和策略，不仅仅是一种方法和技术，更含有艺术的成分。

系统集成就是在纵向持续深化、横向不断整合的基础上，为客户在产品品级上提供一个技术标准匹配、技术接口完整、技术装备合理、工程造价经济的解决方案，所形成的系统是先进的、开放的、资源共享的。

广义上讲，系统集成包括人员的集成、组织机构的集成、设备的集成、系统软件的集成、应用软件集成和管理方法集成等多方面的工作。狭义上讲，系统集成就是系统平台的集成，如图 7-1 所示。系统集成应采用功能集成、网络集成、软件界面集成等多种集成技术。系统集成实现的关键在于解决系统之间的互联和互操作性问题，它是一个多厂商、多协议和面向各种应用的体系结构。这需要解决各类设备、子系统间的接口、协议、系统平台、应用软件等与子系统、建筑环境、施工配合、组织管理及人员配备相关的一切面向集成的问题。

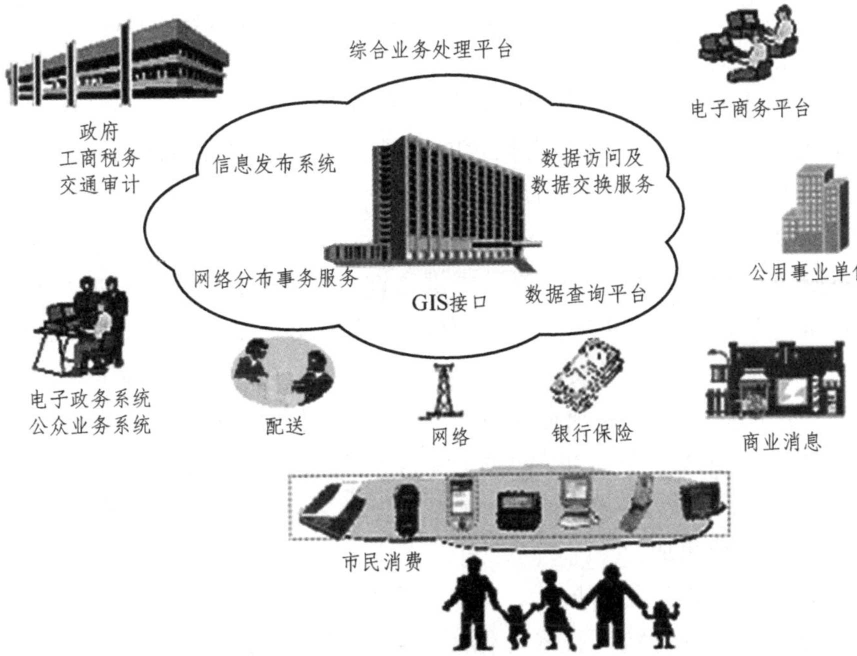

图 7-1 系统集成平台

7.1.2 系统集成的要素

系统集成共包括 5 要素。

（1）客户行业知识：要求对客户所在行业的业务、组织结构、现状、发展等，有较好的理解和掌握。

（2）技术集成能力：以系统的高度为客户需求提供应用的系统模式，以及实现该系统模式的具体技术解决方案和运作方案，即为用户提供一个全面的系统解决方案。

（3）产品改进能力：对供货商提供产品的技术指标应有全面的掌握，并能够对其性能进行适应性改进。

（4）系统评价技术：应对所提出的系统方案的性能及可靠性、可用性、可维护性和安全性，以及与其他系统的匹配性、兼容性和对环境的影响进行量化的评估。这些评估将贯穿于整个项目的生命周期。

（5）系统调试技术：为单系统调试和系统间的互联、互通调试提供标准、内容、程序及技术手段。系统集成商将为用户提供从方案设计开始，经过产品选优、施工、软硬件平台配置、应用软件开发，到售后培训、咨询和技术支持等一揽子服务，使用户能得到一体化的解决方案。

7.1.3 系统集成商的责任和发展

系统集成商的责任主要有两方面：一方面是连接厂商与客户的桥梁，作为资源门户向客户提供经过筛选、评价、验证了的产品或方案；另一方面是整合产品，围绕客户的业务需求来整合各厂商的产品并组织实施。

随着系统集成市场的规范化、专用化的发展，系统集成商将向以下三个方向发展：

（1）产品技术服务型：以原始厂商的产品为中心，对项目具体技术实现方案的某一功能部分提供技术实现方案和服务，即产品系统集成。

（2）系统咨询型：对客户系统项目提供咨询（项目可行性评估、项目投资评估、应用系统模式、具体技术解决方案）。如有可能承接该项目，则负责对产品技术服务型和应用产品开发型的系统集成商进行项目实现招标并负责项目管理（承包和分包）。

（3）应用产品开发型：表现在与用户合作共同规划设计应用系统模型，与用户共同完成应用软件系统的设计开发，对行业知识和关键技术具有大量的积累，具有一批既懂行业知识又懂计算机系统的两栖专业人员。为用户提供全面系统解决方案，完成最终的系统集成。

以当前系统集成市场的结果看，用户均看中应用产品开发型的系统集成商。能够提供组织合理、管理有效、技术有保障的系统集成是成功的关键。

7.1.4 系统集成的核心思想

系统集成思想的重要特征就是通过优化各类技术、工程和管理资源，对系统内众多元素特别是核心元素进行有效重组、重构，实现整个系统性能的提升，强调系统寻优、系统创新和功效倍增等过程。

系统集成的核心思想为：系统寻优、系统创新和功效倍增。

系统集成不是集成单元之间的简单叠加，而是按照一定的集成方式和模式进行的构造和组合，其目的在于更大限度地提高集成体的整体功能，以实现其整体功能的倍增或涌现的集成目标。从本质上讲，系统集成强调集成体形成的整体功能倍增性。

高速铁路四电系统涉及专业多、技术难度大，相互之间以及土建工程之间接口繁杂，是复杂巨系统工程，所以需要通过系统集成，达到优化资源、优化功能、优化接口和优化管理的目的。

7.2 客运专线四电系统集成

四电系统集成是指系统集成商为四电系统的建设提供的完整、系统的解决方案和全方位的服务，这种系统集成包括人员的集成、组织机构的集成、设备的集成、安装的集成、系统软件的集成、应用软件集成和管理方法集成等多方面的工作，也就是为四电系统提供的完整的系统集成平台。从而将各个分离的资源、功能和信息等集成到相互关联的、统一和协调的系统之中，使资源达到充分共享，实现集中、高效、便利的管理。

四电系统集成是一个全方位的服务过程，包括从设计策划→总体设计→采购、供货→检验→安装→交付→试验→调试→单体试验→集成试验→技术服务的流程。系统采用多层次的集成工作界面：第一层为各子系统集成，如牵引供电系统；第二层为牵引供电、电力供电、通信、信号四电集成；第三层为本线系统集成；第四层为围绕本线建设的系统集成。

7.2.1 四电系统集成的范围

四电系统集成的范围包括通信系统、信号系统、牵引供电系统和电力供电系统四大部分，如图 7-2 所示。

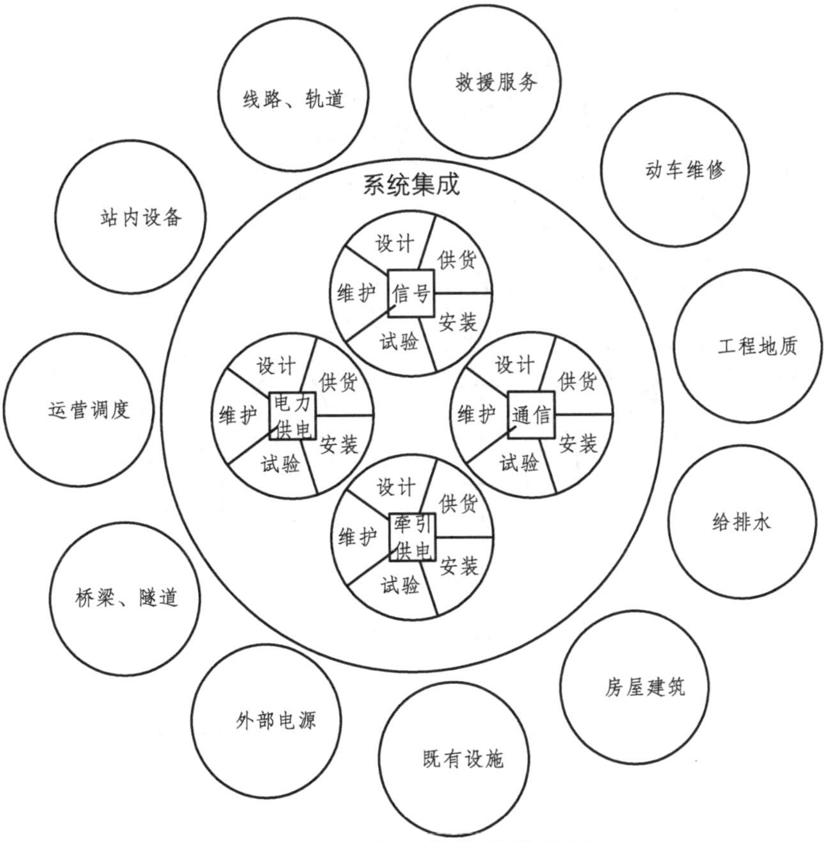

图 7-2 四电系统集成的范围

7.2.2 四电系统集成的内容

四电系统集成的工作内容包括：系统总体设计，接口技术，项目管理技术，安全性、可靠性、可用性 RAMS 评估技术，电磁兼容 EMC 评估技术，综合试验技术，维护培训技术，环境条件技术，用户/建设经验等 9 个方面。如图 7-3 所示。整个系统集成技术和方法将运用于客运专线建设从设计、供货、安装、试验、培训、技术服务到运营维护的全过程。对上述内容的解释如表 7-1 所示。

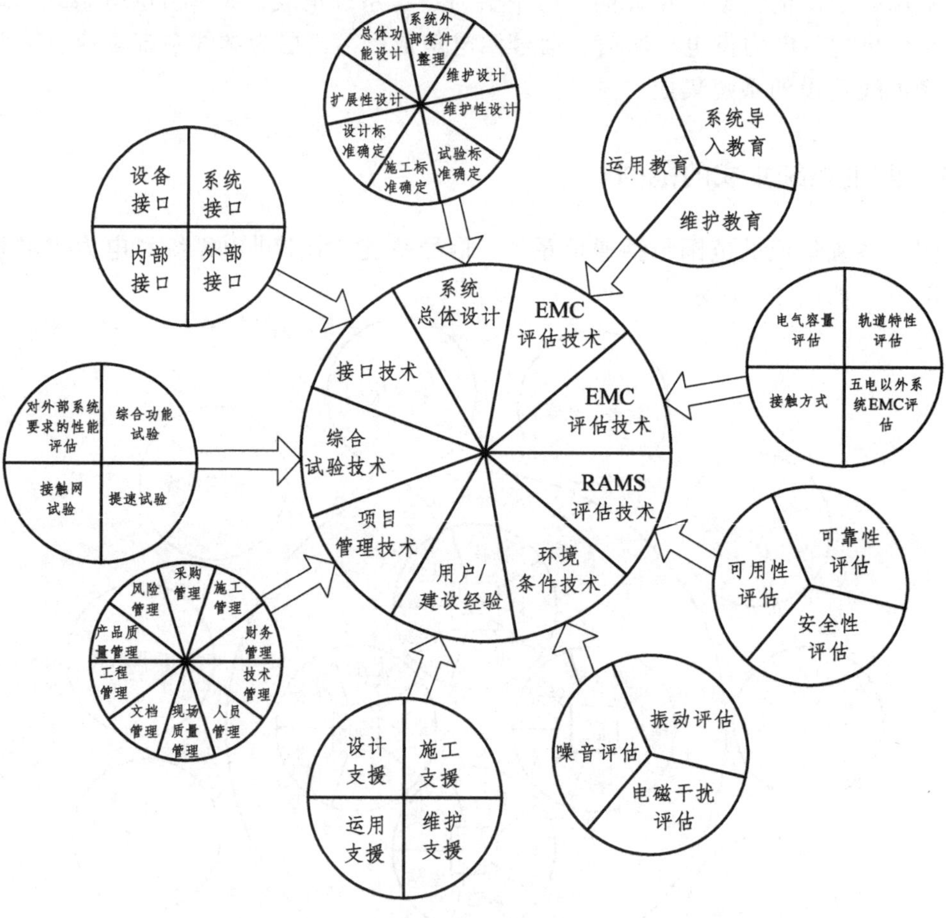

图 7-3 四电系统集成的内容

表 7-1 四电系统集成的内容及具体含义

工作内容	具体含义
系统总体设计	承包人将完成通信、信号、牵引供电、电力供电的总体设计，以达到系统集成和系统优化的目的

续表

工作内容	具体含义
接口技术	承包人将从制度、人员、组织机构方面对已经实施的各种土建设施的接口和各种系统间以及系统内外部接口进行统一管理
EMC 评估技术	承包人将采用中国标准和 EN 标准对承保范围内的电磁兼容进行系统评估
RAMS 评估技术	承包人将采用 EN 或 ISO 标准对承包的系统进行 RAMS 评估，以提高系统的可靠性、可用性和安全性
环境条件技术	承包人将对承包系统的环境影响进行综合评估，若必要，则采取环境治理措施
项目管理技术	承包人将对承包的系统按项目管理的方式进行管理，以确保项目系统集成和质量、工期、成本等综合目标的实现
维护培训技术	承包人将对承包的系统的实施和运营维护提供完全的技术支持，确保系统的正常运营
综合试验技术	承包人将在承包系统实施综合联调，确保系统性能、系统功能、系统目标的完全实施和最优
用户 / 建设经验	承包人在实施承包项目中，将充分利用已建成的 200 km/h 客货共线胶济、遂渝铁路的系统集成经验并借鉴国外高速铁路的建设经验，避免失误；而且系统实施中，充分协调与业主、与其他系统的关系，充分听取业主意见

7.2.3　四电系统集成的具体工作

1. 通信系统集成

通信系统包括传输及接入系统、数据网、GSM-R 专用移动通信系统、调度通信系统、电视电话会议系统、应急通信系统、同步及时钟分配系统、电源系统、综合视频监控系统、动力及环境监控系统、通信线路、车站/段所综合布线等 12 个子系统，如图 7-4 所示。

通信系统集成要求的设备供货如图 7-5 所示。

从工作流程上划分，要用系统集成的思想和技术完成工程设计、设备供货、施工安装、调试、集成试验、运行试验、验收、技术服务、维护支持等九方面的工作。如图 7-6 所示。

通信系统集成的主要内容是对通信系统内部的各个子系统进行集成，明确各个子系统之间的接口，提供满足合同规定的先进、成熟的通信系统设备、备品备件、专用工具、仪器仪表、技术支持和维护、图纸和技术资料，以及设计、施工、竣工和修补缺陷所需的所有临时性或永久性的人员、货物、消耗品及其他物品和服务，确保通信系统的先进性、成熟性和完整性。

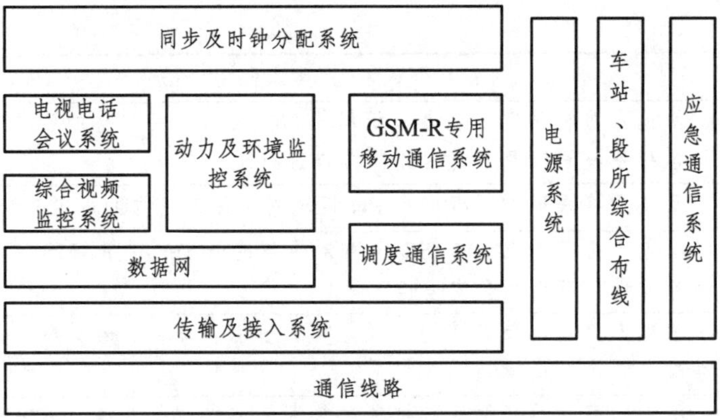

图 7-4　通信系统组成

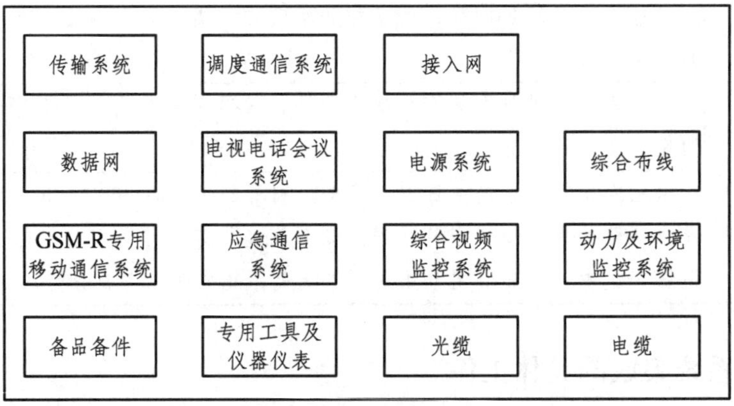

图 7-5　通信系统集成要求的设备供货

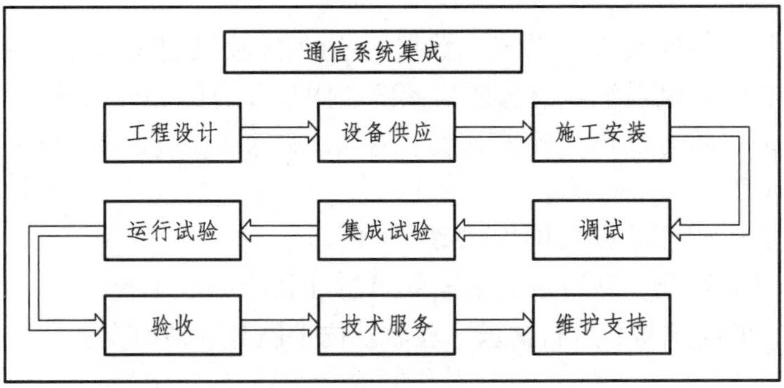

图 7-6　通信系统集成的工作流程

作为保障安全、舒适、稳定、高效运营的重要基础设施，通信系统集成也涵盖通信系统与牵引供电系统、信号系统、地线系统、运营维护调度系统、旅客服务系统、防灾安全监控系统、动车组之间的接口方案；并且考虑与既有铁路通信网、相邻线路（含联络线）通信系统之间的接口方案；同时从系统集成的角度，通信系统集成充分考虑了与土建工程等相关专业的接口配合，以满足正常运行和维护的要求。

通信系统承担车站、变电所、车辆等各设备及中央网络间的通信。通信系统的网络大致可分为两种：一种为直接与列车运行相关的 CTC 专用数据网络，另一种为作为运营支援功能活用的综合网络。而总体系统主要是以直接与列车运行相关的通信线路的集成为中心来实施的。

CTC 网络主要用于传输列车在线信息、运行图信息等运行管理信息。综合网络主要传输沿线设备、信号系统的监视信息以及传递发往列车的调度命令信息。

地面与列车之间的双方向通信采用 GSM-R 方式。将 GSM-R 基局连接在综合网络上，在列车上搭载 GSM-R 通信设备来进行声频及调度命令的通信。

系统集成商将完成本系统的集成、工程设计、设备供货、施工安装、调试、集成试验、运行试验、验收、技术服务、维护维修等工作。

2. 信号系统集成

信号系统由 CTC 系统、联锁系统、列控系统、信号集中监控系统 4 个子系统构成，如图 7-7 所示。

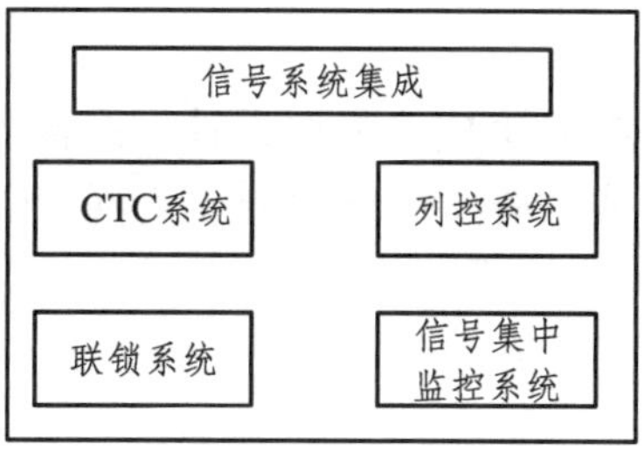

图 7-7 信号系统的构成

信号系统集成要求的供货包括但不限于如图 7-8 所示的内容。

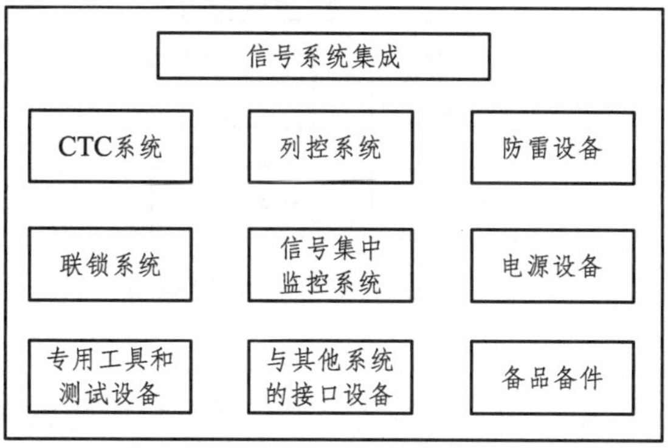

图 7-8 信号系统集成要求的供货

从工作流程上划分，要用系统集成的思想和技术完成工程设计、设备供货、施工安装、调试、集成试验、运行试验、验收、技术服务、维护支持等 9 方面的工作，如图 7-9 所示。

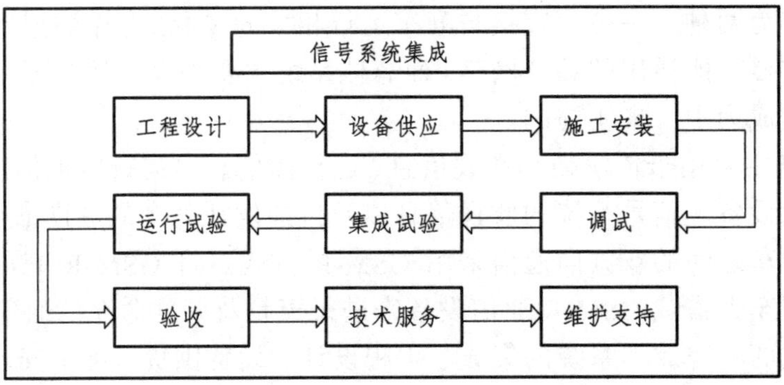

图 7-9 信号系统集成的工作流程

信号系统是为确保列车运行安全而设立的。联锁装置用来确保列车的线路安全；ATP 系统则可以通过对列车速度的控制来避免列车的碰撞事件。CTC 系统可以根据运行图来对每个列车的正确进路进行设定，依据运行图来进行运行的管理。CTC 系统中利用 CTC 网络使之与调度中心指令和各站的车站控制装置相连接。全车站共享图表数据。

系统集成商将完成本系统的集成、工程设计、设备供货（除业主供货外的其他设备）、施工安装、调试、集成试验、运行试验、验收、技术服务、维护维修等工作。

3. 牵引供电系统集成

牵引供电系统包括牵引供电子系统、牵引变电子系统、接触网子系统、SCADA 子系统，如图 7-10 所示。

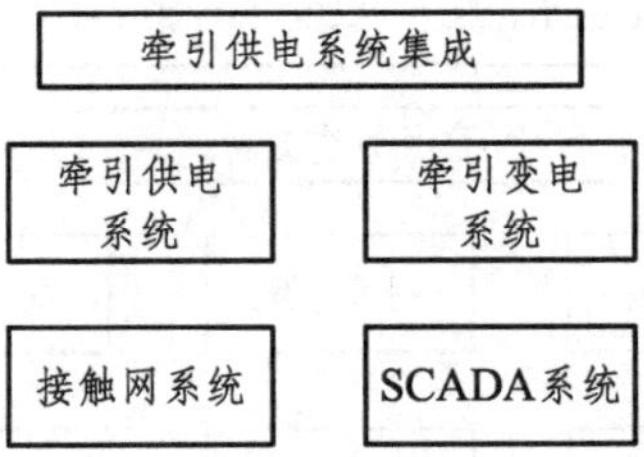

图 7-10 牵引供电系统的组成

牵引供电系统集成要求的供货包括但不限于如图 7-11 所示的内容。

从工作流程上划分，牵引供电系统集成要用系统集成的思想和技术完成工程设计、设备供货、施工安装、调试、集成试验、运行试验、验收、技术服务、维护支持等九方面的工作，如图 7-12 所示。

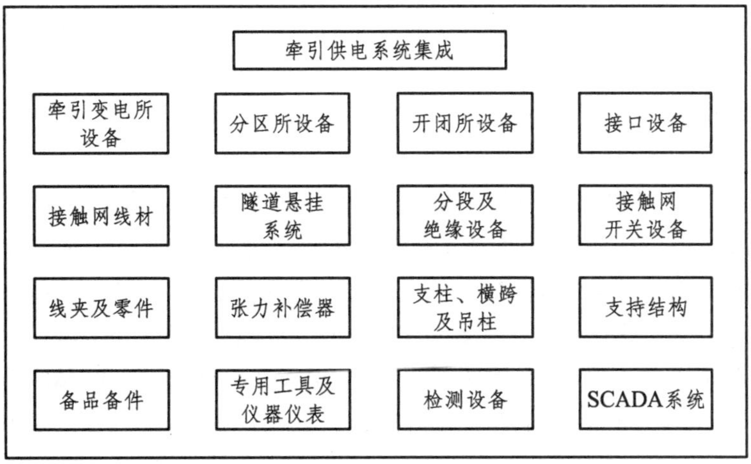

图 7-11　牵引供电系统集成要求的供货

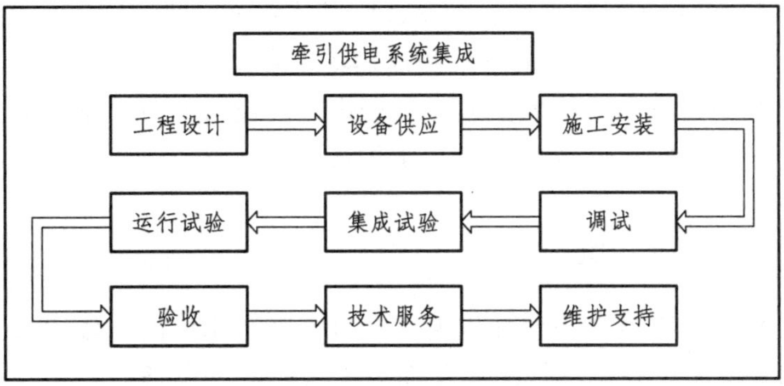

图 7-12　牵引供电系统集成的工作流程

牵引供电系统包括牵引供电、牵引变电、接触网、SCADA 等四个子系统。牵引供电系统的系统集成包含四个子系统内部和子系统之间的系统集成，以及牵引供电系统和相关专业之间的系统集成。

牵引供电子系统的作用就是保证电力牵引车辆不间断地、可靠地和安全地运行。牵引供电根据线路输送能力和行车组织方式确定牵引供电方案和牵引供电设施的布局，合理利用公共电网的电能，确保客运专线牵引供电能力的完全匹配，保证客运专线的正常运输需要。

牵引变电子系统的作用是将来自公共电网的电能电压转变成与所使用的牵引电能相符的标称电压并将之输送到接触网。

接触网系统通过与受电弓的直接接触将电能供给动车组。对客运专线的接触网应有更高要求：（1）应能保证在最高行车速度和更大的速度变化范围内正常供电；（2）应有更高的耐磨性和抗腐蚀（包括抗电蚀）能力；（3）对接触网的结构和布置应有更高的要求;（4）悬挂方式不再是单一的简单链形悬挂，会有多种形式的悬挂方式应用。

客运专线接触网的关键问题必须得到较好解决，如弓、网之间的配合；接触线波动和噪声。

系统监视、控制和数据采集（SCADA）系统是控制、自动化和信息处理和转换的中枢系统，SCADA 系统通过远程通信通道与被控站连接，主要完成牵引供电系统和铁路电力系统运行状态的遥控、遥信、遥测及调度管理等功能。该系统应具有与运营调度系统以及其他相关系统接口及交换信息的能力，或纳入综合调度系统。

牵引供电子系统负责供电能力计算、牵引供电方案设计和外部电源协调等工作；牵引变电子系统负责牵引供电方案设计、外部电源协调、牵引变电所设计、施工、试验和调试以及与通信、土建等各专业的接口设计与实现工作；接触网子系统负责接触网的设计、施工、试验和调试以及与土建（路基、桥梁、隧道、站场等）各专业间的接口设计和实现工作；SCADA 子系统负责牵引电力调度系统和沿线 RTU 的设计、施工、试验和调试以及和通信等专业的接口设计。

系统集成商将完成本系统的集成、工程设计、设备供货、施工安装、调试、集成试验、运行试验、验收、技术服务、维护维修等工作。

4. 电力供电系统集成

电力供电系统主要由沿线变配电所、电力线路及相应的供配电设施组成。其中包括电力线路、电源设备、室外照明及动力配线、电气设备的防雷及接地、桥梁及隧道供电等工程。如图 7-13 所示。

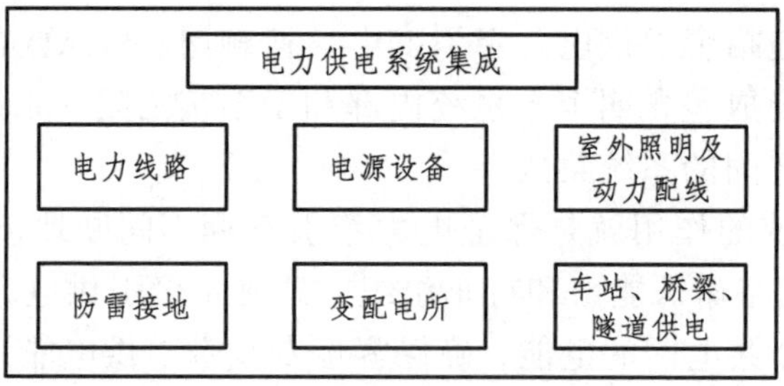

图 7-13 电力供电系统组成

电力供电系统集成要求的供货范围如图 7-14 所示。

从工作流程上划分，要用系统集成的思想和技术完成工程设计、设备供货、施工安装、调试、集成试验、运行试验、验收、技术服务、维护支持等九方面的工作，如图 7-15 所示。

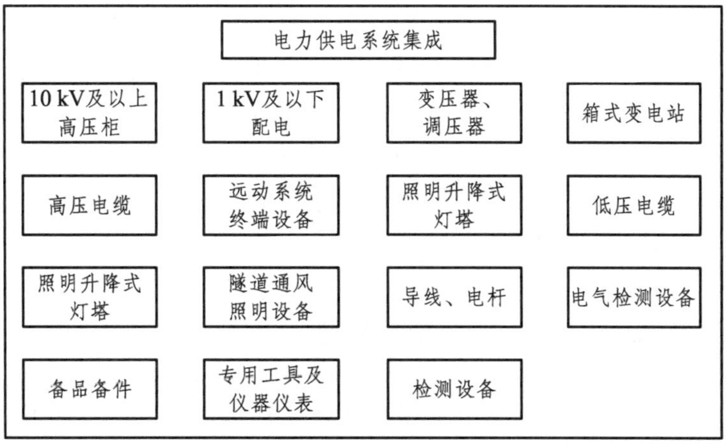

图 7-14 电力供电系统集成要求的设备供货

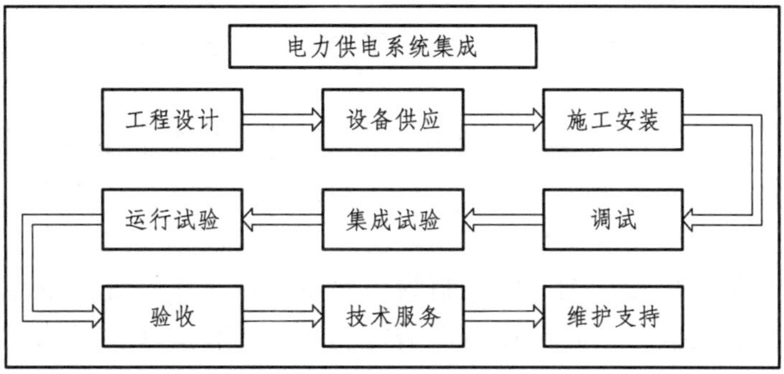

图 7-15 电力供电系统集成的工作流程

电力供电系统从地方电网接引电源，通过变配电系统向沿线的路内动力照明设施供电，电力供电系统应确保与行车有关的重要负荷的供电可靠性。电力供电系统集成范围：负责铁路沿线高低压电力线路、变配电设施、电气设备防雷接地的设计、施工、试验和调试、验收、技术服务、维护维修等工作。其中应着重处理好设计、施工、调试过程中的内外接口工作。

系统集成商将完成本系统的集成、工程设计、设备供货（除业主供货外的其他设备）、施工安装、调试、集成试验、运行试验、验收、技术服务、维护维修等工作。

7.3 四电系统接口管理

高速铁路工程投资规模大，影响范围广，所涉及的专业涵盖土建工程、强弱电系统、动车组三大领域，所涉及的学科包括土木、结构、机械、材料、电力、电子、通信、信息、计算机及网络等，是一个庞大的巨系统。高速铁路是一个相互协调、互相匹配的有机整体，各专业间存在着相互关联、相互约束的关系。高速铁路的建设，实质上是在实现专业自身功能的同时，不断地协调、优化、实施、验证专业间的相互关系，即实现专业间的接口功能。通过设计，将高速铁路各个接口的技术要求体现在施工图和设备选型的技术条件与安装说明中；通过施工，将各部分的单个实体有机地联系成整体；通过联调联试来检验各部分的功能是否正常，并验证是否形成了完善、协调的整体功能。

7.3.1 铁路工程接口的定义、特征及要素

接口的概念较早出现在计算机行业，常指计算机硬件之间为了相互传输数据而建立的传送标准、连接设备及通信协议，或指计算机软件系统之间进行数据交换的程序或数据格式。一般来说，两个相交或相互联系的实体，存在着某些约定，这些约定的明确就形成了所谓的接口。这些约定明确的过程也是解决冲突、协调存在问题的过程。

铁路工程与外部环境（包括自然条件、邻接线路、维护体制、外部条件等）之间；铁路工程固定设施（土建及系统工程）与移动设备（动车组）之间；在铁路工程固定设施中，土建工程内及相互之间、设备系统内及相互之间以及土建工程与设备系统之间，均存在相互影响、相互制约的关系。除这些系统内及相互间的横向关系外，还存在着系统纵向相互衔接与影响的关系，所有这些关系均可视作铁路工程的接口。

铁路工程的接口存在于铁路工程的整个生命周期，且不同的阶段有着不同的内容与要求，因此，对铁路工程接口的识别与管理是一个持续的、不断深化的过程。本节主要研究在设计阶段如何对高速铁路的接口进行识别与管理。

1. 接口特征

1）层次性

在铁路工程设计中，接口一般可分为系统层和专业层。系统层接口是对各系统间的总体协调与约束关系的描述；专业层接口是专业内部及与其他专业之间的具体接口。

2）阶段性

在铁路工程设计的各个阶段都存在技术接口问题，需要按照一定的顺序在不同的阶段给予落实或解决，对于项目的总体技术条件与要求和各系统内外间的系统接口问题，应在铁路前期研究（预可行性研究、可行性研究阶段）中给予落实；专业

接口应随设计阶段（从预可行性研究、可行性研究、初步设计到施工图设计）和设计深度而逐步深化，是一个从定性到定量的过程，最终将落实到各系统（或专业）的具体设计和施工技术要求中。

3）一致性

同一项接口技术要求与接口方向要在与之相关联的系统（或专业）接口中提出，并要求内容一致。

4）相似性

铁路工程由许多相似的工点（如车站、桥梁、隧道等）组成，技术接口在相类似工点上要求内容相似，但具体的接口参数可以不同。

2. 接口要素

接口要素主要指完整表达一个接口所需要说明的事项、图表等，包括描述接口的双方或多方所涉及子系统的接口要求、接口界面和接口责任主体等。

1）接口要求描述

接口要求描述用来说明和描述接口关联方提出的协调与匹配要求以及需要传递的信息，并明确接口主体方和从属方，这是接口的核心。接口要求可用文字、图表、图片等多种形式表达，以满足设计过程中的需要，避免出现因接口的不协调和不匹配造成系统功能缺陷而导致返工或留下安全隐患。

2）接口界面描述

接口界面是指关联方的专业系统之间或部件之间的分界点，通常是专业设计的分界点、工程组织实施的分界点或工程验收的检测点等。

3）接口责任主体

承担综合与协调并满足接口各方所提要求的关联方为责任主体，接口的其他关联方为从属方。明确接口的责任主体，便于在工程设计与实施过程中明确责任，同时避免设计遗漏和重复。

3. 接口主要内容

设计接口的优劣，直接影响铁路工程设计的总体性、完整性和系统功能，关系到铁路工程的设计质量和整体水平。随着高速铁路的建设，接口的管理显得越来越重要。因此，在设计过程中应高度关注各专业接口的研究，实现设计的总体性和各子系统的相互协调性。通过全面、完整、清晰地表述各专业子系统间的相互制约关系，特别是应明确系统设备在土建工程中安装、布局、预留的标准和原则，并形成相应的接口实施设计文件。

设计接口主要内容包括总体性接口和专业性接口两个层次。

1）总体性接口

在明确项目功能定位和运输需求的基础上，统筹考虑项目功能定位、运输需求、沿线自然特征、工程条件、环境保护等广义环境边界条件，进行综合选线设计和建设方案综合比选，包括处理好与相邻、相关线路与枢纽和地区的设计接口衔接，诸如铁路技术标准的协调、运输能力的匹配，同时还要处理好不同设计年度之间的设计接口，做到近、远结合等，从而合理确定铁路主要技术标准、线路走向、站点布局、工程设置及其他建设方案。

在项目铁路主要技术标准和建设方案确定的基础上，根据项目功能定位，明确需求关系、

轮轨关系、车控关系、弓网关系、互通关系等，对构成铁路工程的各系统给出总体性的技术条件和规定，按照系统优化的原则进行铁路主要技术设备的选择和开展系统设计，最终实现铁路工程的设计总体目标。

2）专业性接口

专业性接口，包括项目在设计、建设、运营过程中所涉及的、需要在设计阶段明确的所有系统、工程或设备内外之间的接口。

完整正确的接口设计，是指导、检查和验证各系统设计的完整性、安全性、合理性和经济性的重要前提，是合理确定各系统建设方案、设备功能和规模的重要依据和保障，是确保铁路工程系统完整性、协调性和一致性，充分发挥铁路工程的系统功能、降低造价、提高效益的重要保证。

对于四电系统而言，无论是总体性还是专业性接口均应采用系统集成技术，用全面、完整、清晰的文字、图表描述所涉及的各专业系统间的关联关系和实施技术要求，并具体体现到相关专业的具体设计中，实现合理利用各种资源和资源的优化配置。

4. 接口管理

铁路工程接口就是固定设施间及与移动设备、外部环境间的相互关系，铁路工程接口管理就是识别、界定、规范这些接口关系。

铁路工程接口的识别，要根据系统划分、功能定义、所采用技术体系与标准、

方案构成以及设备选型等，从建筑工程、设备安装、外部条件、相互衔接、互联互通等方面系统地梳理各系统、子系统、工点、设备等内部及与外界的接口关系。应本着穷尽所有关系的原则，识别所有的接口。

接口界面的界定是接口管理的重点也是难点，因为其往往与责任、利益相关联。原则上应以谁更有利于接口目的的实现来确定接口的界面。

接口内容与要求的表述形式可以是多样的，但均应清晰、准确、完整地表达出接口的责任主体、参与方以及各自的工作内容，确保接口功能、指标等的实现。因此有必要对接口的内容与要求进行规范。

在接口管理过程中应关注以下基本原则：

① 接口管理应按程序办理，所涉及方面均是参与方，任何约定均不能单方面决定；

② 接口所涉及的所有方面均不能以自己的惯例、内部特殊性拒绝接口事项的落实；

③ 接口管理所约定的每一个事项，从约定的建立、论证、实施均应得到有效管理，并要反馈形成闭环管理；

④ 接口管理要形成书面记录，要可控、可追溯。

7.3.2 四电系统内、外部接口的主要内容

1. 牵引供电系统

（1）牵引供电系统与四电系统内部接口内容如图 7-16 所示，牵引供电系统与四电系统外部接口内容如图 7-17 所示。

（2）牵引变电系统与四电系统内部接口内容如图 7-18 所示，牵引变电系统与四电系统外部接口内容如图 7-19 所示。

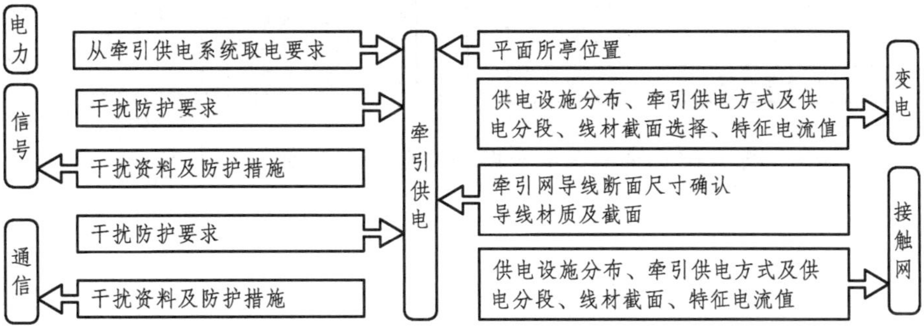

图 7-16 牵引供电系统与四电系统内部接口内容

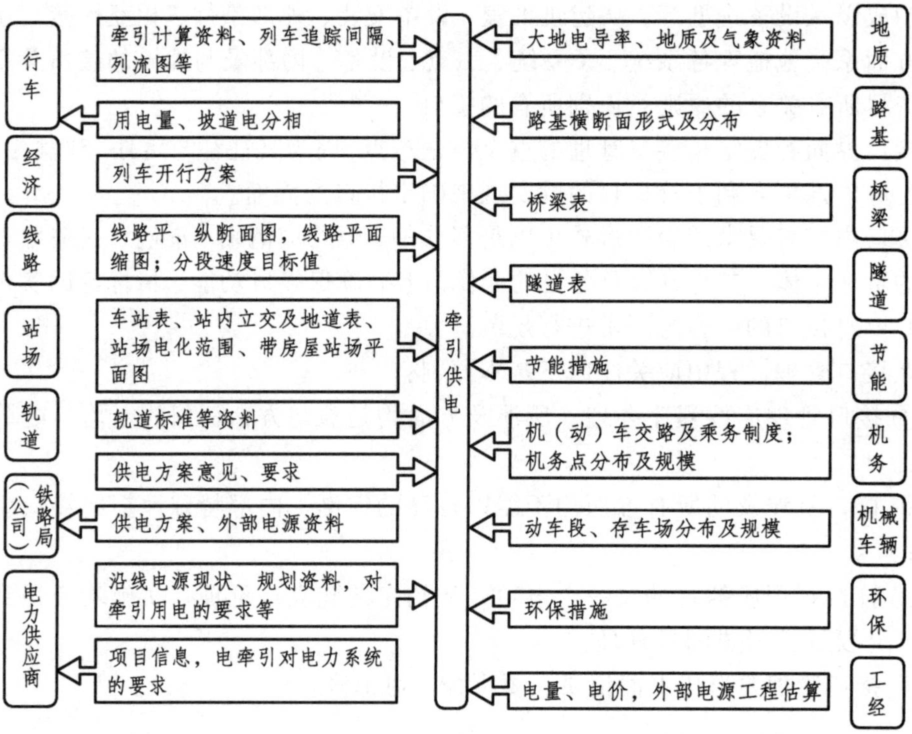

图 7-17　牵引供电系统与四电系统外部接口内容

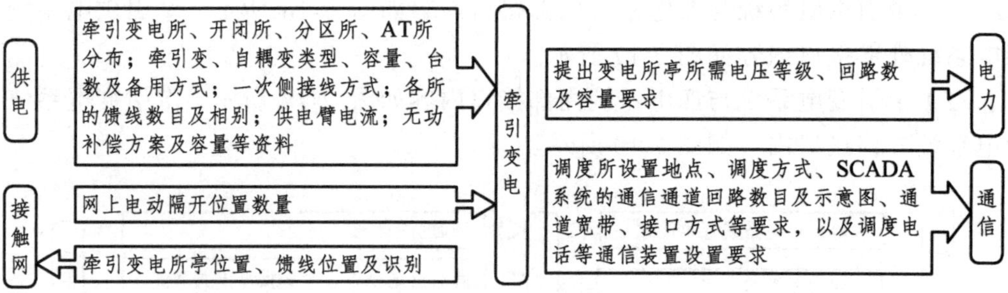

图 7-18　牵引变电系统与四电系统内部接口内容

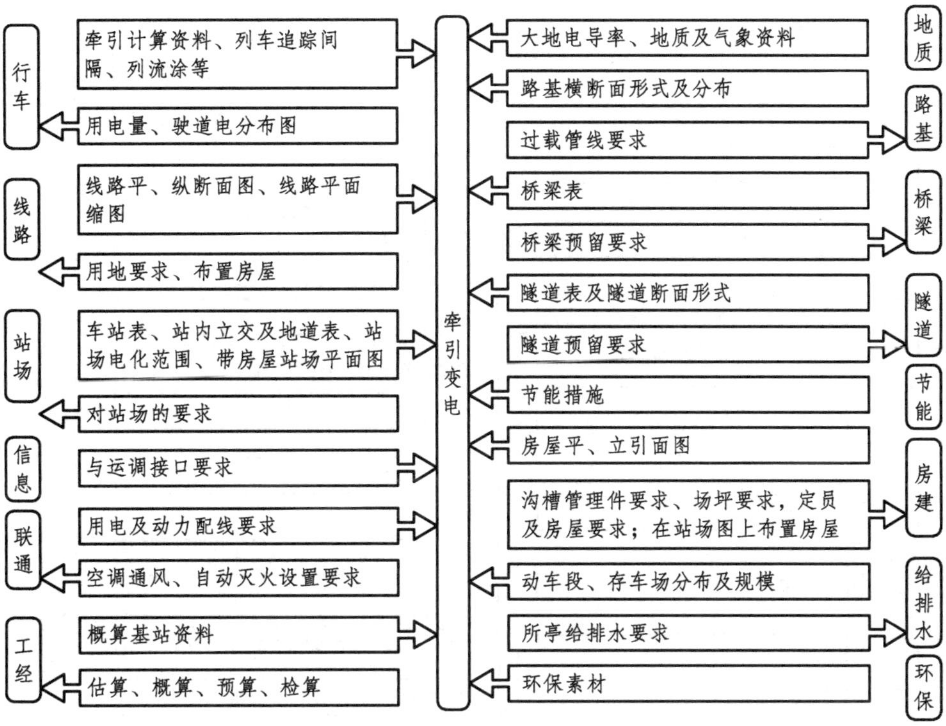

图 7-19 牵引变电系统与四电系统外部接口内容

（3）接触网与四电系统内部接口内容如图 7-20 所示，接触网与四电系统外部接口内容如图 7-21 所示。

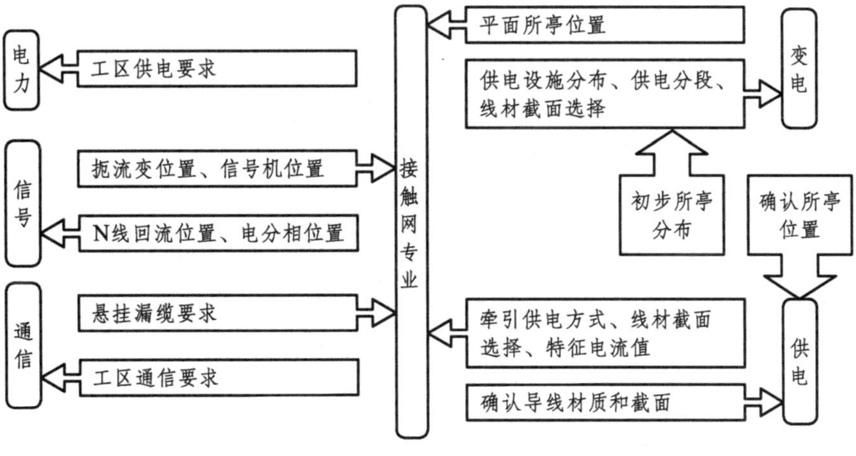

图 7-20 接触网与四电系统内部接口内容

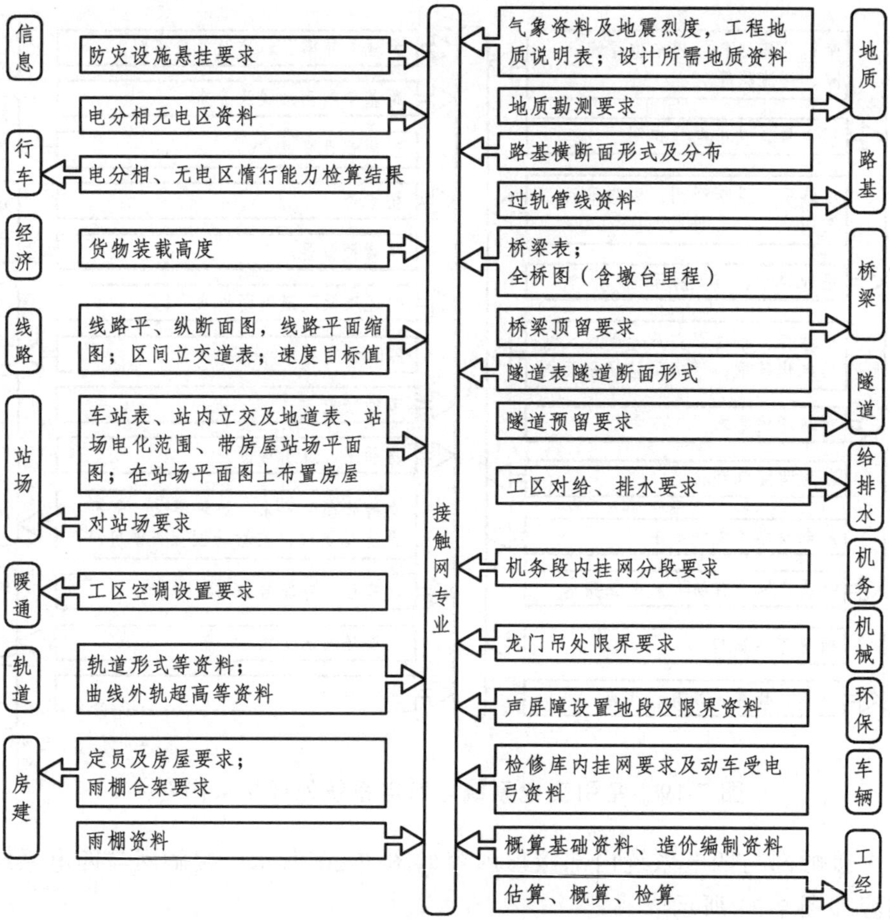

图 7-21 接触网与四电系统外部接口内容

2. 电力供电系统

电力供电系统接口内容如图 7-22 所示。

3. 通信系统

通信系统与四电系统内部接口内容如图 7-23 所示，通信系统与四电系统外部接口内容如图 7-24 所示。

4. 信号系统

信号系统与四电系统内部接口内容如图 7-25 所示，信号系统与四电系统外部接口内容如图 7-26 所示。

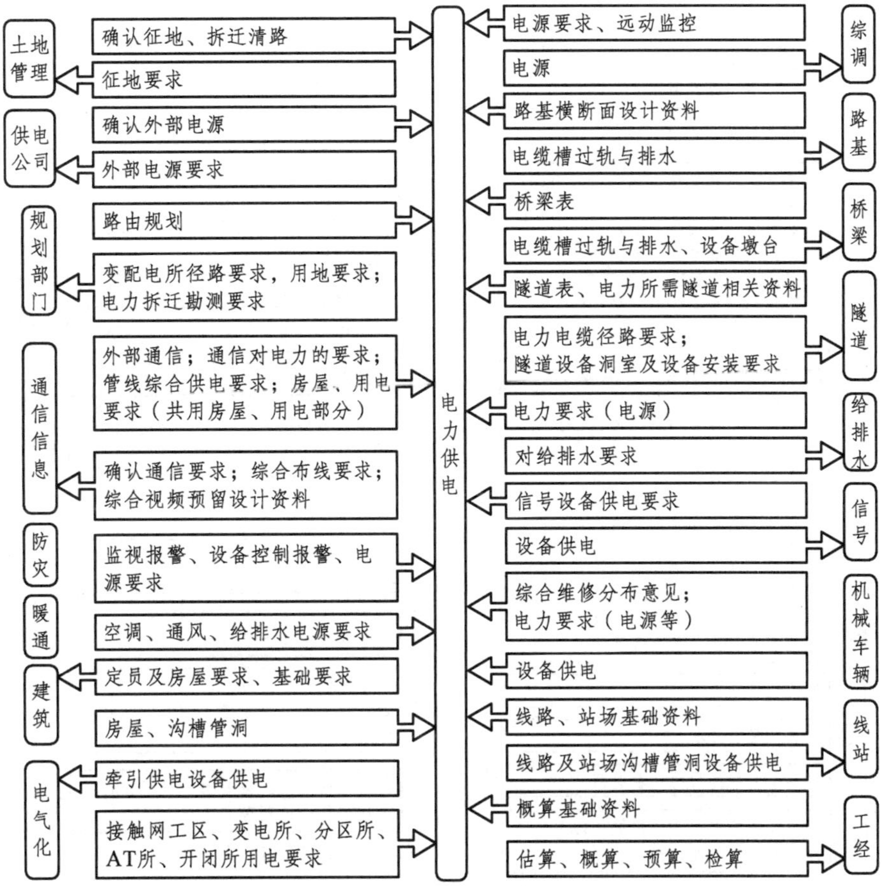

图 7-22 电力供电系统接口内容

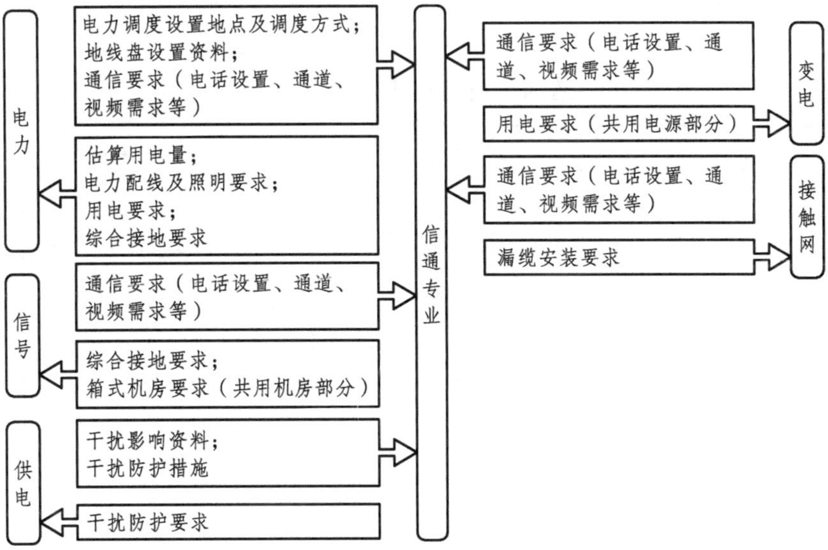

图 7-23 通信系统与四电系统内部接口内容

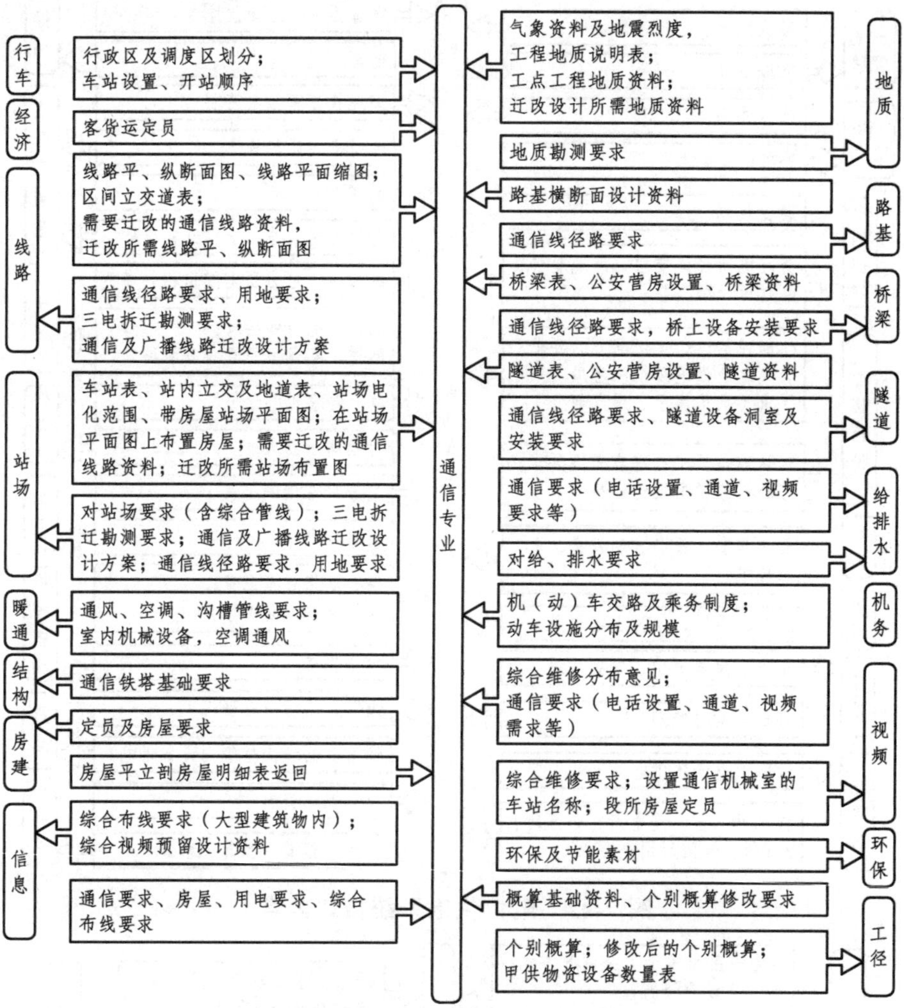

图 7-24 通信系统与四电系统外部接口内容

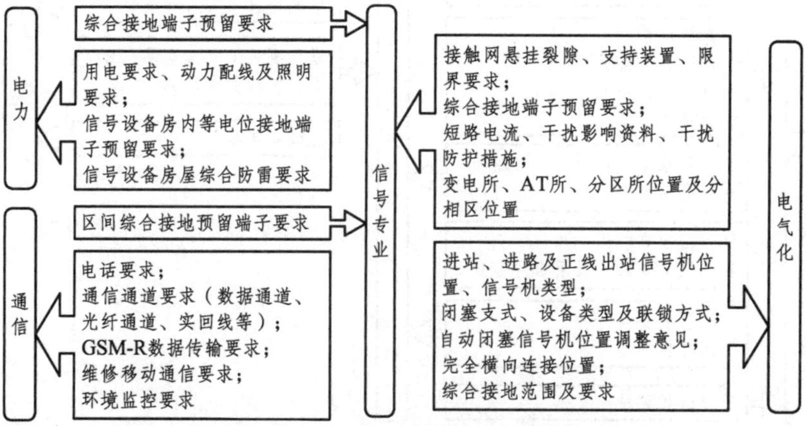

图 7-25 信号系统与四电系统内部接口内容

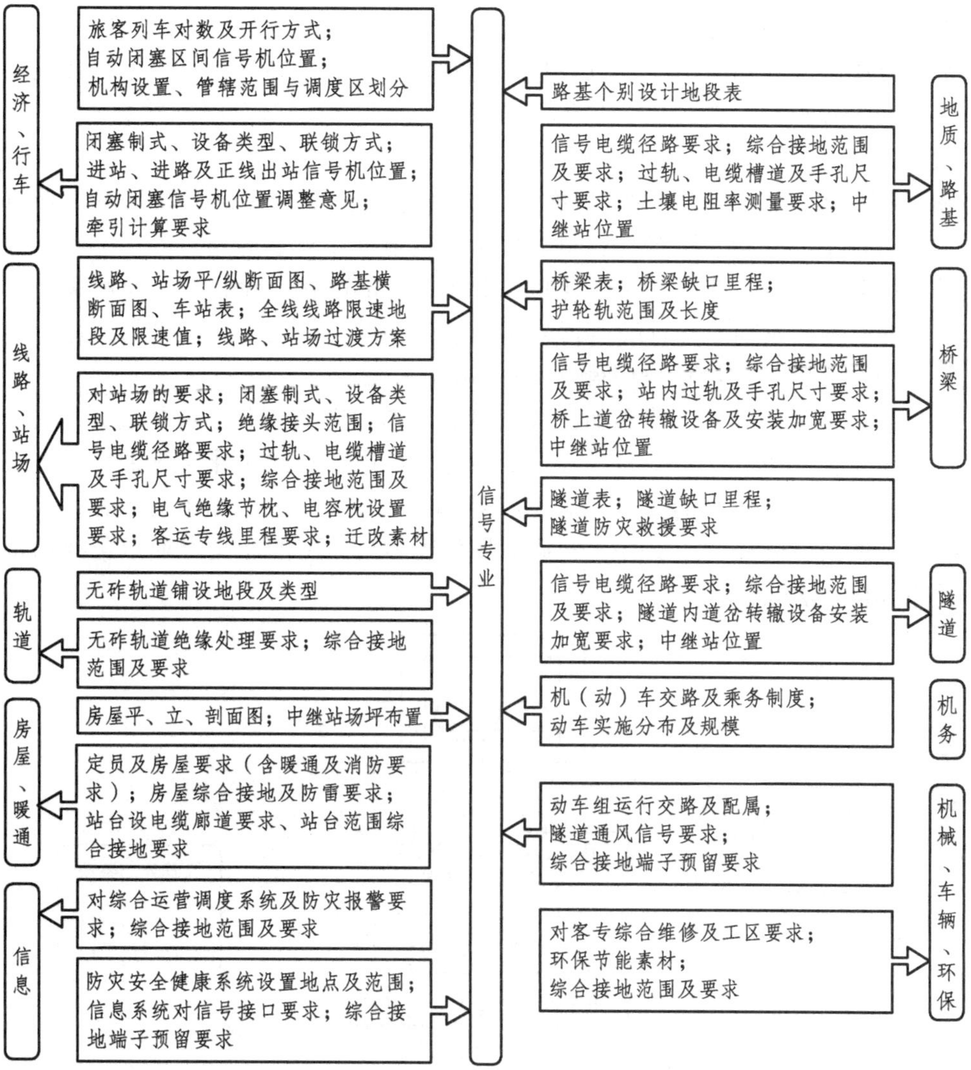

图 7-26 信号系统与四电系统外部接口内容

7.3.3 牵引供电接口管理

1. 牵引供电系统接口体系管理

四电系统集成是一项多单位、多专业参与的联合协同的工作体，各部门、各专业相互依从、制约、联系，形成一个十分繁杂的接口体系。

在实施接口技术管理时，必须处理好系统间的功能接口和技术接口问题，协调好在设计、施工、安装、调试、测试等不同阶段的接口体系，包括：牵引供电系统内部接口体系、四电集成系统内部接口体系、铁路工程内部系统接口体系、铁路工程外部系统接口体系。必须对接口体系进行详细、缜密的策划，提出和确定接口系统的组成机构、内容和实施要求以及接口的管理模式，以确保设计、施工及调试工作的质量和工程控制，避免因接口不当或疏漏而产生的经济和时间损失。

系统集成商提供相应接口管理计划及详细接口文档，保证接口管理符合系统集成的相关接口界面的定义。系统集成商将与其他工程及相关机构联络解决接口问题，包括与行车、线路、路基、轨道、桥梁、隧道、站场、房建、暖通、给水、环境保护、机务、车辆、动车、综合维修等专业结合部的接口设计；以及解决与其他工程、外部电网运营商、既有线运营公司的接口问题，保证各系统之间接口边界清晰、接口关系完整、接口任务明确。

通过接口体系的管理，使参加工程建设的各单位明确责任、清楚边界，在总的工期目标策划要求下，了解各自的任务、目标、期限，形成优化合理的、系统性的网络规划。协调各工作方的要求，避免产生纠纷、冲突、危机和重复工程，控制投资，使浪费减到最低程度。牵引供电系统与全线参与施工的相关专业承包商的接口配合关系如图 7-27 所示。

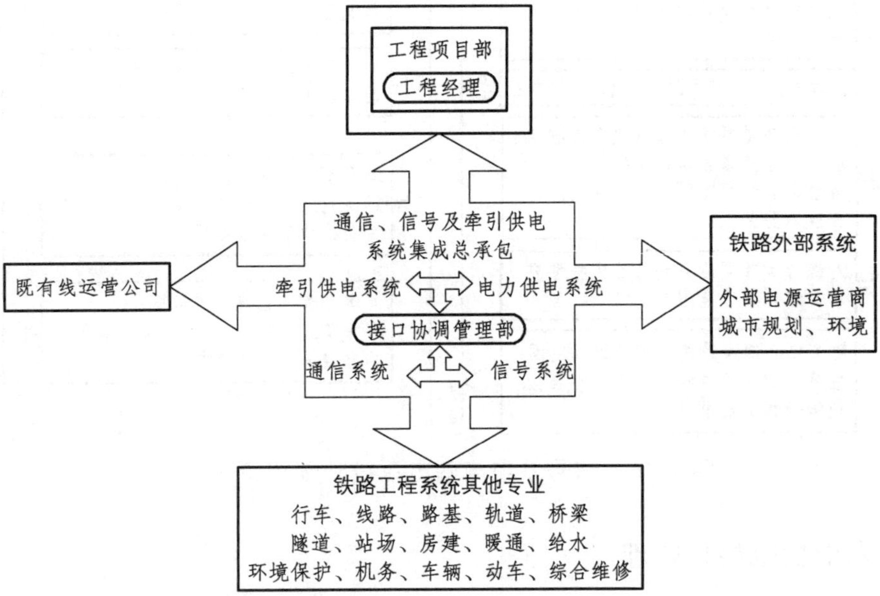

图 7-27　牵引供电系统与相关专业承包商的接口配合关系

2. 牵引供电系统与其他系统的系统集成商及机构的关键接口

系统集成商将承担包括通信、信号、牵引供电、电力供电、动车组（含电力机车）和土建工程等系统在内的整体系统接口管理工作，特别针对供货范围内的系统与动车组（含电力机车）和土建工程等关键接口管理负责。

1）土建预留

合同签订前、签订后，土建工程设计及施工正在进行，先期的土建预留设计已在站前施工图设计中配合完成。系统集成商将根据土建要求完成相应的设计联络，进行详细设计，并同时满足招标人技术要求。

系统集成商将主动与土建工程系统集成商进行联系，以满足工程中发生的任何变更和新增要求。变更方案需经业主人员及土建系统集成商接受。

系统集成商将仔细研究各设备安装空间要求，确保系统设备在有限的环境空间内，满足所有相关安全限界要求，保证所有安装满足允许安装空间的要求，如路基断面、桥梁断面、隧道断面、车站结构等的安全空间。

2）综合接地

线路道床结构标准的改变，使对地泄漏电阻大大提高，因此应对作为主要电气回路之一的钢轨做特殊处理，以保证钢轨电位低于对人体造成危害的电压极限值。

为了形成满足本线大电流要求的综合接地系统，相关的接口专业包括：无碴轨道、整体道床、桥梁、隧道、跨线建筑物、车站结构、信号设施。

3）动车系统（包括电力机车）

牵引供电系统与动车系统的接口包括：动车受电弓动态包络线，接触网、受电弓动态几何范围，取流受电弓个数及间距，动车组取流、负荷曲线。

系统集成商负责提出牵引供电系统对电力机车及动车组的接口要求，成体系提供相关标准、规范、规程和技术资料。

系统集成商将进行弓网受流性能仿真研究，并预见性地提出要求和建议。对动车系统（包括电力机车）进行试验，以证明整个系统可投入运行。

4）其他关键接口管理

除以上关键接口外，系统集成商将处理所有相关系统集成商的接口界面要求，尤其是确保工程分步实施中的特殊系统集成商的关键接口。严格按照里程碑计划完成系统的施工图设计。采用高标准的设计冗余措施配合，保证系统设计的合理性和可适应性、高质量的产品和严格的施工标准，达到最终的系统安全可靠性目标。保证既有线施工改造工程的实施满足既有线安全管理规定的要求，并在规定的有限的施工天窗内进行施工。

3. 接口管理的组织结构

设计接口、工程接口的管理组织应当是高效的、强力的组织结构，它保证接口管理的权威性。其组织结构包括业主（含业主委托的接口管理单位或部门）、总体设计单位、设计咨询单位、施工监理单位的相关人员。工程接口管理组织结构的工作人员关系如图 7-28 所示。

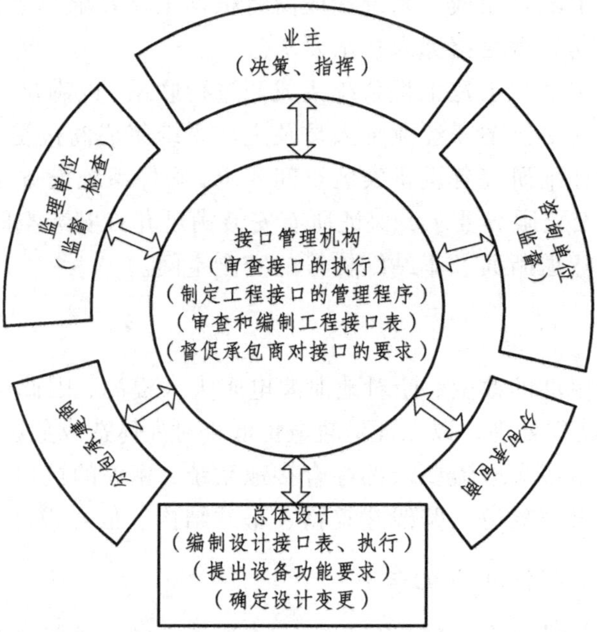

图 7-28　工程接口管理组织结构的工作人员关系

接口管理机构在业主指挥下制定接口管理程序，组织工程参与方编制工程接口代码、接口矩阵表（总表）、工程接口手册。

接口管理机构实施日常协调、管理，负责督促、监控工程接口实施，负责审查涉及工程接口实施的设计变更，指导监理单位监督、检查各承包/承建商工程接口任务的实施。

总体设计单位参与编制工程接口手册，解决设计方面工程接口的技术问题，负责工程接口的设计变更。监理单位对承包、承建商的工程接口实施过程展开监督、检查，并组织必要的试验、测试和调试。承包/承建商在合同的约定下执行系统或工程接口任务，以及监理传达接口方面的指令。

4. 牵引供电系统内部专业的接口管理

牵引供电系统包括牵引供电子系统、牵引变电子系统、接触网子系统、SCADA 子系统。

牵引供电子系统负责供电能力计算、牵引供电方案设计和外部电源协调等工作。

牵引变电子系统负责牵引供电方案设计、外部电源协调、牵引变电所设计、施工、试验和调试以及与通信、土建等各专业的接口设计与实现工作。

接触网子系统负责接触网的设计、施工、试验和调试以及与土建（路基、桥梁、隧道、站场等）各专业间的接口设计和实现工作。

SCADA 子系统负责牵引电力调度系统和沿线 RTU 的设计、施工、试验和调试以及和通信等专业的接口设计。

牵引供电系统内部接口矩阵如表 7-2 所示。

表 7-2 牵引供电系统内部接口矩阵

编号	系统	项目	供电系统	变电系统	接触网系统	SCADA 系统
1	供电系统	牵引供电设施分布方案		x	x	x
		牵引变电所主变压器选型及近、远期安装容量		x		
		牵引变电所供电臂及母线二十分钟电流		x	x	
		牵引变电所并联电容补偿装置近、远期安装容量		x		
		牵引变电所馈线数目		x	x	
		牵引变电所供电臂及母线最大负荷电流		x	x	
		分区所、开闭所瞬时最大电流		x	x	
		牵引变电所供电臂及母线短路电流		x		
		接触网网上补偿措施		x	x	
2	牵引变电系统	牵引变电所总平面布置图			x	
3	接触网系统	电动隔离开关纳入远动	x			x
4	SCADA 系统	牵引变电所、分区所、开闭所、分区所兼开闭所纳入远动		x	x	

注：表中 x 为横纵两项相交接口，应识别并处理这些接口问题。

牵引供电系统通过内部接口管理，保证系统工程中设计、供货、施工和安装采用高标准的设计冗余措施配合，保证系统设计的合理性和可适应性、高质量的产品和严格的施工标准，达到最终的系统安全可靠性目标。

牵引供电系统内部接口关系如图 7-29 所示。

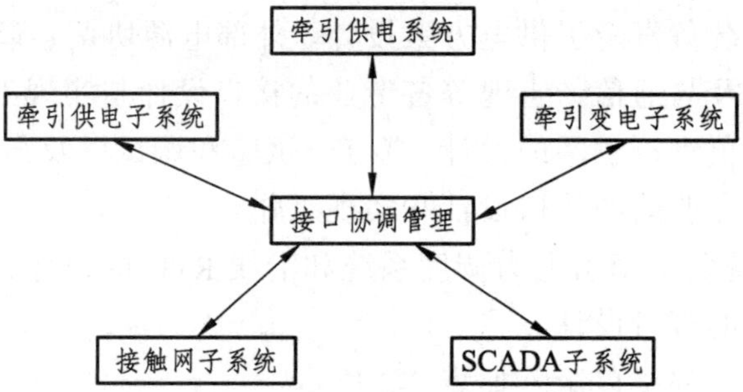

图 7-29　牵引供电系统内部接口关系

5. 牵引供电系统与通信系统、信号系统、电力供电系统的接口管理

1）与通信系统的接口管理

牵引供电系统与通信专业的接口主要在 SCADA 子系统。

由通信专业为牵引供电系统的 SCADA 子系统提供通道，并保证通道的及时性、安全性及稳定性。

牵引供电系统负责变电所、分区所及辅助分区所等内综合自动化系统至通信前置机的连接，通信专业负责从通信前置机到电力调度所的通道连接。

2）与信号系统的接口管理

牵引供电系统在制订轨道占用计划时，将考虑给信号工程敷设电缆、设备安装等，留下作业空间和时间。

在电缆安装时与信号系统施工专业联系，确保其路径符合信号系统的要求。

信号系统应向接触网子系统提供综合接地系统设计图。信号系统应向接触网子系统提供信号机位置。牵引变电子系统应向信号系统提供牵引变电所轨回流资料。

3）与电力供电系统的接口管理

主要体现在电力供电系统对 SCADA 子系统及牵引变电子系统低压供电。

6. 与土建专业的接口管理

系统集成商将主动与土建工程系统集成商进行联系，检验确认土建工程已经完成的站前详细设计。根据土建工程明确的要求及牵引供电系统技术条件的相关要求，对土建预埋件进行相应的确认，给出相应的建议及修订或增加其他预埋要求，完成系统工程。负责联络土建工程对随后发生的变更和新增要求进行接口协调确认。根据里程碑计划，验收确认土建预埋件的详细设计和精确布置。

土建承包商为接触网预留支柱基础、拉线锚环及设备安装螺栓等，系统集成商将派遣专业工程师协助土建承包商对上述预埋件测量定位时予以配合，确保准确预埋。

接触网子系统将向土建承包商提供区间、车站挡土墙及石质路堑地段预留支柱位置的要求；提供接触网支柱侧面限界及基础荷载要求；提供接地、接地极、过轨、综合管线的要求。

土建承包商应向接触网子系统提供标准路基断面设计图、详细路基断面设计图；提供线路平面图、纵断面图；提供曲线表、线间距、各种曲线半径的外轨超高值表；提供既有线平交道口调查表、既有线机械养路作业平台调查表。

7. 牵引变电子系统与土建承包商的接口

牵引变电子系统将向土建承包商提供牵引变电所、开闭所、分区所对路基、通所公路的要求；提供牵引变电所、开闭所、分区所、场坪用地、房屋面积、平面布置对土建承包商的要求；提供牵引变电所、开闭所、分区所、预留沟、槽、管、洞对土建承包商的要求。

土建承包商应向牵引变电子系统提供牵引变电所、开闭所、分区所、土壤电阻率、场坪地质说明及地质填图；提供沿线工程地质说明及地震烈度划分表。

8. 接触网子系统与桥梁专业的接口

系统集成商将根据接触网基础预埋平面图纸，以永久性标志建筑为起点，根据设计里程，对接触网支柱基础螺栓进行纵向测量复核。先测出线路中心，再根据施工设计图纸提供的限界尺寸，复核接触网基础螺栓的横向位置。检查在基础螺栓螺纹部分是否先涂有一层黄油、是否包扎，对螺纹进行保护，并检查外露是否控制在误差范围以内。基础标高检查，基础标高应略高于高架桥基础表面，以防止积水。预埋完毕，与土建承包商桥梁专业配合，做好基础螺栓螺帽、垫片的交接。

接触网子系统将向桥梁专业提供接触网悬挂方式、净空要求及对跨线建筑物的要求；提供在桥上预留支柱位置、锚段关节、中心锚结的要求；提供接触网对综合管线的要求；提供挡土墙表、大中桥表、跨线建筑物表。

桥梁专业应向接触网子系统提供梁上接触网支柱、拉线基础预留标准设计图、桥梁详细设计图、跨线建筑物详细设计图；提供桥梁道岔与接触网标准定位的要求；提供气象条件资料。

9. 接触网子系统与隧道专业的接口

系统集成商将根据接触网基础预埋平面图纸及设计里程，对接触网支柱在隧道内的预埋进行纵向测量复核。先测出线路中心，再根据施工设计图纸提供限界尺寸，复核预埋件的横向位置。复核隧道内下锚的位置及下锚装配。

接触网子系统向隧道专业提供隧道内接触网锚段关节、预埋和梯子间预留位置和要求；提供隧道内接地要求、综合管线要求；提供隧道内接触网悬挂方式及净空要求。

隧道专业应向接触网子系统提供隧道表、隧道净空丈量尺寸表、隧道标准断面、隧道施工图；提供隧道内接触网预留设施施工图。

10. 施工中与隧道段环控设备承包商的接口与配合建议

系统集成商与隧道段环控设备承包商的配合，主要是施工工序先后的配合。在安装前，确认风管以及推力风机已经吊装完毕，然后才安装接触网设备。否则，接触网安装完毕，将会影响风管以及推力风机吊装。

承包方负责内容：编制接触网设备安装计划，供隧道段环控设备承包商参考；确认隧道段环控设备承包商安装完推力风机及需从接触网悬挂上方吊装的设备后再进行接触网安装。

环控工程承包商负责内容：根据系统集成商提供的设备安装计划，安排需要从接触网悬挂上方吊装的设备的吊装作业；环控工程承包商在进行其他作业时，需对已经安装好的接触网系统进行必要的保护，严禁在接触网上踩踏、攀爬。

11. 与轨道专业的接口管理

轨道工程是系统接触网工程施工及调试的基础，其施工的进度和质量直接影响到工程的施工进度和调试质量。系统集成商应服从业主对轨道占用计划的管理，铺轨优先，主动协调，首先满足轨道承包商的施工时间。

系统集成商进行施工测量时，提前以书面形式通知轨道承包商派员参加，以确定测量的基准参数。

接触悬挂调整前，提前以书面形式通知轨道承包商派员到现场确定轨道标高和线路中心，为接触网悬挂调整提供基准参数。

及时编制占轨计划，在保证轨道施工的前提下多开展施工作业面和多种施工方法进行接触网、电力工程等的施工。

12. 与铁路工程内部相关的接口管理

与车站装修承包商的接口管理：系统集成商将对已经装完的电缆支架、地线支架及地线、腕臂装置等进行保护，并书面通知车站装修承包商注意对接触网等的零部件及设施，尤其是接触网架空地线、承力索、接触线及电缆支架等进行保护，防止装修涂料污染。

与机务专业的接口管理：机务专业应向系统集成商提供机务设施的分布、机车（动车）类型及技术参数。系统集成商将向机务专业的相关机务设施提供安全、可靠的供电。特别对弓网关系、动车（电动机车）受流性能、负荷曲线进行仿真研究、动态试验，并提出意见建议，以保证整个系统投入运营。

13. 与铁路工程外部相关的接口管理

系统集成商与铁路工程外部相关的接口管理如图 7-30 所示。

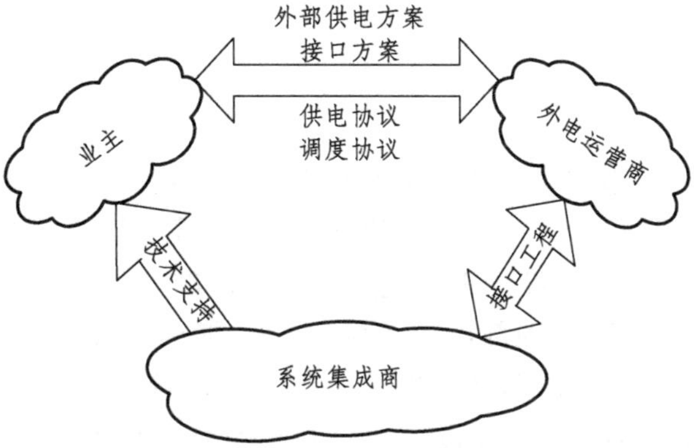

图 7-30　系统集成商与铁路工程外部相关的接口管理

（1）与外部电源运营商的接口管理：系统集成商将在施工、试验、调试、验收、运行等各阶段与外部电源运营商提供报告或技术支持。系统集成商将协调与外部电网运营商的接口工作，研究落实合理的变电所外部电源方案。将独立完成系统仿真和研究，确保系统及设备的设计满足合同要求，确保满足外部电网运营商对高次谐波含量、负序电流及功率因数的要求。

（2）与城市规划、环境保护的接口管理：系统集成商将满足城市规划、环境保护的相关要求，特别注意两端枢纽、沿线城市规划、沿线自然保护区情况，保证牵引供电设施的分布满足城市规划与环境保护要求。

7.3.4　接口管理系统

1. 概述

系统集成商作为总体设计单位，针对工程具体情况，在设计、施工、安装及调试等各阶段界定系统界面，确定接口管理方法，对接口体系进行了详细、缜密的策划。如遂渝铁路试验段，存在中国、德国、日本三类不同的接触网子系统、弓网系统及相关接口，系统集成商通过接口体系的管理，使参加工程建设的各单位、各国专家明确责任、清楚边界，并协调各工作方的要求，使中国、德国、日本三套系统在遂渝铁路设计、施工、安装及调试各阶段均保证了系统设计的合理性和可适应性，最终达到了系统安全可靠性目标。

2. 简化接口

系统集成商必须注意通过接口管理系统解决或减少接口问题，应避免设计中出现不必要或不合理部分，降低施工接口的难度。

这样，某个设计单元与其他单元相互脱离的要求就很实际合理，也确保了各设计单元既相互独立又互不影响。

3. 协调图纸（机电接口整合图/进场路径图/接口分界图）

为了设计协调，承包方可以通过以下所述接口图达到全局协调的设计效果：机电接口整合图纸，进场路径图纸，接口分工图以及据合同规定完成接口必要的设计图纸。

机电接口整合图纸：当设计工作进展时，必须准备机电接口整合图纸，此图纸必须清楚描述各专业意图与细部需求。例如：a. 横向穿过此工程；b. 在 2 m 的距离内绕过此工程；c. 连接，捆绑或螺栓连接。机电接口整合图纸无须重复所有细部施工图，但必须包括必要的平面及立面，以清楚标示各专业的接口配套。特别地，机电接口整合图纸应标示每个专业的细部工作范围（例如供电、信号、通信等）。

机电接口整合图纸会标示工点、路径及空间的相对关系，四电系统、土建及轨道必须互相协调。机电接口整合图纸必须清楚标示所有电缆已有效协调，包括缆线位置和路径及与轨道的关系。

机电接口整合图纸主要功能在于协调各接口单位，所以必须持续更新以反映接口现状。提供给业主的设计文件必须包括机电接口整合图纸，在业主的要求下必须提供反映现状的机电接口整合图纸。

进场路径图纸：系统集成商将协调各接口单位，说明主要材料及部件运输需求及计划（包括工点的变化），绘制进场路径图纸。承包商准备图纸（包括手稿及文件），演示主要材料及部件进场路径及储运计划。图纸及附属资料必须演示及描述所引申的必要工作。引申的必要工作、分工及时间安排必须详述。

接口划分图：系统集成商准备接口分界图纸，以图形方式描述各接口工作承包商与各接口单位的分工及职责。

4. 接口协调报告和接口协调程序

1）概述

系统集成商按照合同中规定的时间准备接口协调报告和接口协调程序，提交给业主审查并由业主给出意见。接口协调报告和接口协调程序应当依照合同规定的格式，这些文件应当详细地定义对接口工作的协调计划的调整。然后每季度更新资料提交给业主审查，主要问题的结论要纳入月报。设计者应当注意所提交的这些文件应当获得业主的批准。

2）接口协调程序

接口协调程序是依时间顺序叙述各接口单位工作内容，清楚描述承包商在接口工作上对各接口单位的相互影响，并完成接口协调报告。此计划必须细化到设计阶段对各主要区域重要单元对各接口单位需要提供的接口信息。接口协调计划必须与承包商的主计划相对应，并显示各接口单位同意的顺序及时间，及对接口工作进行必要的清楚的描述。

这些接口工作的现状、信息交换同意的日期、现场查验、移交等记录必须保留及确认，成为主接口记录表的一部分。

3）接口协调报告

接口协调报告是设计者的接口管理，根据所提供的每个接口的详细描述，从技术上和顺序上，给出设计者如何实现协调工作。这个报告要求论证协调的设计和施工详图能否完全满足其他部分的需要，并且接受这些部分的详细资料，接口连接人员必须经过业主的批准。（接口协调报告是在技术上有顺序地叙述承包商如何协调处理接口问题。此文件展示在设计及施工阶段如何满足各专业接口需求，各接口单位细部验收细则是获得业主同意的先决条件。）

5. 接口协调报告和接口协调程序的要求

接口协调报告和接口协调程序应当满足以下要求：遵循大纲的结构，编号系统和由业主提供的相关程序应采用在授予合同时所要求的格式。（遵循业主代表在合约中要求的格式，包括结构大纲、编码系统和相关流程）。接口连接人员的协调要保证接口的分界和定义的兼容性。

接口连接人员应当同时提交业主，保证业主所批准的施工计划。

给接口的每个部分标明地址，例如正线、道岔、站场、站房等，涉及每一个设计过程和设计阶段。

给出所有相关接口的详细清单以及它们的情况和相应的信息来源，包括接口信息传输的数据。这个应当获得接口连接人员的同意。

合适地加入业主的要求，包括如何管理接口的说明。明确最新的信息，并与接口连接人员传递的信息一致。明确与接口协调连接人员相关的问题。

6. 接口优先的原则

接口优先的原则就是强调要优先把双方的依赖项明确下来，并尽可能使之稳定。有了接口，双方遵从接口即可并行工作。

接口优先要求：尽早确定接口；谨慎确定接口，提供方和使用方共同确定接口，并要求接口评审；接口变更要受控。

从实际项目看来，接口确定太晚将会导致返工。一个典型的场景就是等到项目集成了才发现接口并不符合需要，而这个时候修改接口往往伤筋动骨，重构的代价很大。

确定接口需要很丰富的经验，要充分考虑接口将来存在的变更可能。实际项目中应避免的一个现象是：接口的使用方一开始并不关心接口的具体细节，由提供方自行确定接口；而到了集成阶段，接口的使用方才提出接口无法满足自己的需要，并要求接口提供方进行变更。

根据系统集成商在大量工程接口管理方面的丰富经验，建议推行“接口评审”制度，评审会上必须要求接口的制定方和使用方共同派代表参与，明确接口的需求和形式。这样做的好处有：

第一，接口的使用方参与了接口的评审，有助于他仔细考虑自己的需求是否能够满足。

第二，接口的形式是经过使用方评审的，使用方要为日后接口的变更负责任。这样可以促使接口的使用方提前充分理清自己的需求。

第三，双方见面进行沟通，明确相关人员，便于日后工作中的协调处理。

7. 关键工程的接口优先

关键工程是实现本线工程项目建设的控制性工程，具有技术复杂、施工难度大、质量要求高的特点，关键工程中任何活动的推迟都将使整个项目推迟。

关键工程要求：系统集成商应清楚项目的哪些工作是关键工程；系统集成商应制定可行的计划保证这些关键工程的完成。

8. 工程接口风险管理

工程建设接口中可能存在的风险控制示意样表如表 7-3 所示。

针对以上各工作时段的风险和危害，业主和各参与建设单位均须认识到接口工作对工程设计、施工和调试的重要性和影响。

业主应尽早成立接口管理机构，由业主直接领导管理，制定并批准设计工程接口的管理程序及办法，把接口管理制度化、规范化和科学化。

表 7-3 工程风险控制示意表

	风险原因	发生后果	防范措施
风险 1	土建工程交底是否明确预留预埋是否交代清楚	影响土建施工进度、增加投资、延误调试期	加强质量管理严格交底制度
风险 2	设备技术规格书是否适用、全面、具体	影响施工招投标。影响施工图设计	加强系统集成接口管理
风险 3	牵引变电所外部电源方案是否落实	延误系统调试、交付	加强系统接口管理，协助业主与外部电源运营商在各阶段保持接口畅通

接口管理机构应在合同中明确各承包商、承建商的接口任务；批准接口管理程序和工程接口管理手册；决策指挥重大接口问题；审批涉及接口问题的重要设计变更；处理工作接口的重大问题。

7.4 四电系统集成 RAMS 评估

7.4.1 RAMS 概述

可靠性是贯穿于高速铁路的设计、装备制造、施工、调试、运营等整个寿命周期各阶段的重要问题。目前可靠性评估已扩展为对系统的可靠性（Reliability）、可用性（Availability）、可维护性（Maintainability）和安全性（Safety）的全面评估，即 RAMS 评估。有关铁路 RAMS 的最早标准是欧洲标准 EN50126：1999《铁路应用可靠性、可用性、可维护性和安全性的规范和验证》，该标准也是目前铁路行业实施 RAMS 的基础，已成为欧洲各国轨道运营商和供货商广为采用的 RAMS 标准。亚洲的新加坡及我国香港、台湾地区也已采用该标准。我国在 RAMS 方面还处于起步阶段，在 2008 年 11 月 1 日实施了 GB/T 21526－2008《轨道交通 可靠性、可用性、可维修性和安全性规范及示例》指导性文件。这个文件虽然等同采用 IEC62278-2002，但同时也说明我国轨道交通领域已开始重视研究 RAMS 相关工作。

1. 可靠性定义

可靠性问题萌芽于 20 世纪 20 年代，其作为一门工程学孕育于 20 世纪 40 年代——第二次世界大战中。1957 年，AGREE（美国国防部电子设备可靠性咨询小组）发表了可靠性测量方法和标准规范，宣告了可靠性科学的诞生。

可靠性（Reliability）的定义由于要用概率来表征，争议较多，自诞生之日起几经修改，仍然难以完全统一。我国在1982年发布了GB 3187《可靠性基本名词术语和定义》，其中对可靠性的定义是：产品在规定条件下和规定时间内，完成规定功能的能力。

定义中所指的“产品”，范围可大可小，完全视研究的问题范围而定。因此，产品被定义为，作为单独研究和分别试验对象的任何元件、器件、设备或系统，并且随着可靠性工程学应用范围的扩大，“产品”这一概念正在不断扩大之中。

产品的可靠性由固有可靠性和使用可靠性两部分组成。固有可靠性是产品本身早在设计阶段就确定了的可靠性指标，并在生产的各个阶段得以确立。固有可靠性是产品本身具有的，由生产方在模拟实际工作条件的标准环境下进行检测并予以保证的可靠性。

但是，产品生产出来后要经过包装、运输、储存、安装、使用、维护保养、修理等环节，在这个过程中产品的可靠性会受到种种条件如环境、技术条件、维修方式等的影响，即使一个本来不会失效的产品也可能由于这些环节中的不利因素造成失效。所以经过这些环节后，用户实际使用时的可靠性称为使用可靠性。

可靠性之所以越来越受到重视，是因为系统和软、硬设备所承担的工作在质的方面更加高级化，在量的方面更加复杂化，彼此相关的任意一部分失效而导致整个系统发生故障的机会大大增加。为了很好地解决这些问题，可靠性工程学被建立并迅速发展，它是以概率统计为基础，集系统工程、运筹学、质量控制和电子计算机技术在内的一门综合性工程技术。

2. 可用性定义

可用性（Availability）指在要求的外部资源得到保证的前提下，产品在规定的条件下和规定的时刻或时间区间内处于可执行规定功能状态的能力。表示为系统在规定条件下随时使用时正常工作的概率。换句话说，系统可用性是系统在给定条件下使用时，能根据任务需要投入运行的可能性，它与整个系统的初始可能状态有关。

可用性，用百分比可以表示为实际的服务时间与要求的服务时间的比值。它是衡量系统装备效能的重要因素之一。它是系统可靠性和维修性的综合表征，是反映系统效能的主要特性之一。

3. 可维修性定义

可维修性（Maintainability）指在规定的条件下，由具有规定的技术水准的人员使用规定的程序和资源进行维修时，对于给定使用条件下的产品在规定的时间区间内能完成指定的实际维修工作的能力。也就是说，维护是在限定条件和使用限定步骤和资源的情况下执行。可以看出，维修性除了与系统的设计特点有关外，还受到维修人员的技术水准、维修程序、维修设施的情况以及进行维修时所处的环境等因素的影响。

维修性与可靠性的重要区别在于对人的因素的依赖程度不同。系统的固有可靠性主要取决于系统各构成成分的物理特性；而系统的固有维修性不可能脱离开人的因素的影响。相同的系统，由于采用不同的维修概念和不同的后勤保障方式，还由于从事维修工作的人员在技术水准上的差异，会表现出不同的维修性特征。

4. 安全性定义

工业生产中传统的安全技术工作已有150多年的历史，其间，预防事故的理论与实践也有不少的进展。但现代大型复杂工程系统是多学科发展的成果，单项的安全防护或单一学科的安全研究难以解决整个系统的安全问题。特别是在大型复杂系统发展中多次严重的灾难性事故的经验与教训，使人们认识到安全工作必须走系统分析研究的道路，从而推动系统安全性得到了应有的发展。

安全性（Safety）是指不发生事故的能力，一般是指将伤害或损坏的风险限制在可接受水平的状态。系统或产品的安全性，表示在给定的条件下系统或产品无事故地完成任务的一种特性。系统安全性包括设计技术安全性、施工安全性、安全操作及维护等，尤其是人身安全，以及已安装设备的安全功能。其中事故指的是使一项正常进行的活动中断，并造成人员伤亡、职业病、财产损失或损害环境的意外事件。事故可以认为是由于未能鉴别危险或是由于控制危险的措施不合理所造成的。

5. RAMS 各元素之间的关系

RAMS 是系统长期运行的特性，它是在系统的生命周期内，通过对工程概念、方法、工具和技术的应用来实现的。系统的 RAMS 可用质量和数量来表示系统、子系统以及组成系统部件的性能程度。RAMS 各元素有着密不可分的关系。通常系统安全性和实用性是一对矛盾体，如果处理不好两者的关系，会影响到系统的可靠性。再者，可用性和安全性的目标实现又依赖于对可靠性和可维修性的实现。可靠性是从延长其正常工作时间来提高产品的可用

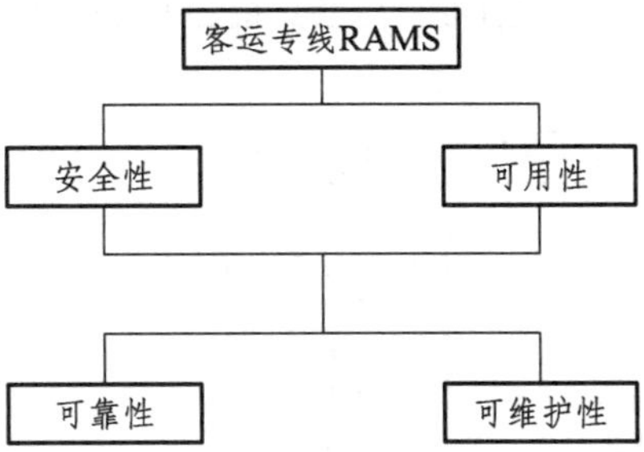

图 7-31　RAMS 各组成元素之间的关系

性，而可维修性是从缩短其停机时间来提高可用性。可用性综合考虑了可靠性和维修性。一个可靠性高、可维护性好的系统或产品可用性就好，如果产品的系统的可靠性低，运用时频发故障，那可用性自然就不会高。这四者之间的关系如图 7-31 所示。

6. RAMS 的影响因素

四电系统集成 RAMS 的影响因素主要分为三个方面：第一是四电系统集成生命周期的任一阶段，由于内部原因引起的故障，即系统自身条件因素（系统条件）；第二是四电系统在运营过程中产生的故障，即运营条件因素（运行条件）；第三是四电系统在维护活动中产生的故障，即维护条件因素（维护条件）。这些影响因素相互关联、相互作用。

要实现可靠的系统，需要对可能影响系统 RAMS 的因素进行识别，对其效应进行评估，并在整个系统生命周期内应用适当的控制来对其产出效应的原因进行管理，优化系统性能。图 7-32 为影响四电系统 RAMS 的各种因素及其相互间的关系。

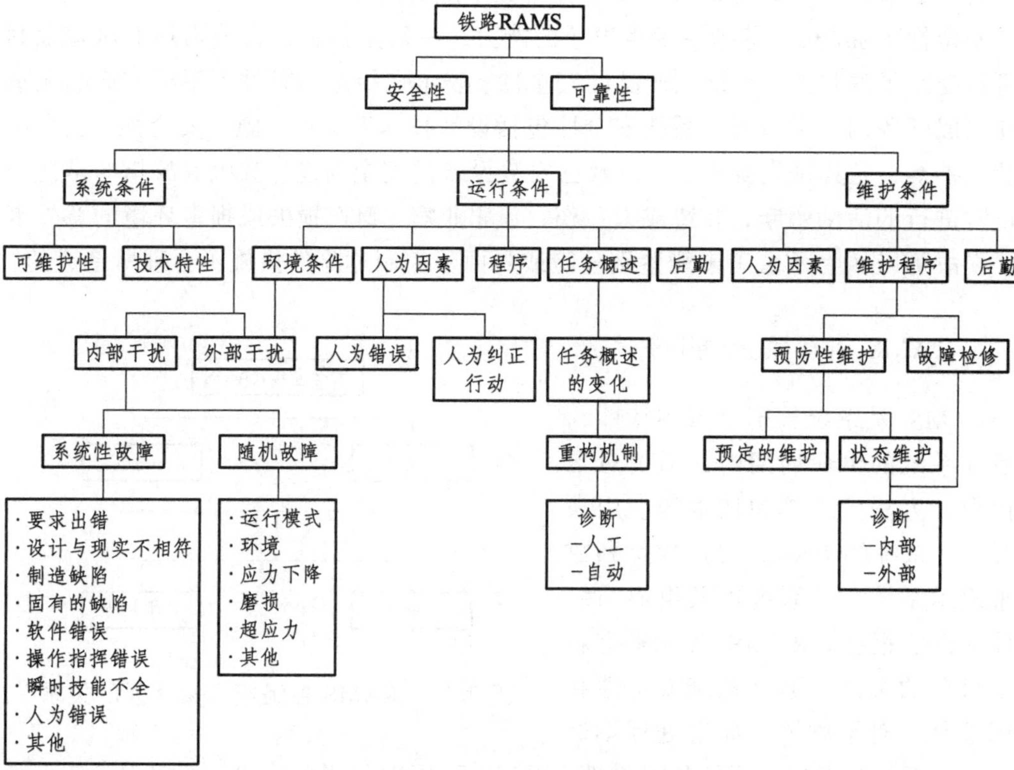

图 7-32 影响四电系统 RAMS 的各种因素

7. 达到客运专线 RAMS 要求的方法

达到铁路 RAMS 要求的方法跟控制系统整个生命周期内 RAMS 的影响因素息息相关。而有效的控制则要求在系统实现和维持期间建立防止故障源头的机制和规程。这些防护措施，需要综合考虑随机故障和系统故障。

所采用的达到 RAMS 要求的方法是基于这样的概念，即在生命周期阶段采取预先防范措施，以最大程地降低缺陷的可能性，最终避免故障的发生。

预先防范措施包含以下两个方面：预防，即降低缺陷的可能性；保护，即降低缺陷后果的严重程度。

应证明为达到系统 RAMS 要求所采取的包括预防和/或防护方法在内的策略是有效的。

RAMS 要求的详细说明是一个复杂过程。具体分析工具的选择应取决于所考虑的系统以及系统的关键程度、新颖性、复杂度等。

RAMS 故障分类如表 7-4 所示。

表 7-4　RAMS 故障分类

故障分类	定义
重大故障（固定故障）	使得列车停运或使其耽误超过规定的时间，和/或导致的损失超过了规定标准的故障
严重故障（运行故障）	必须进行系统整改以达到其规定性能而且不会引起超过规定的重大故障最低列车延误或损失限值的故障
轻微故障	不会影响系统规定性能而且未达到重大或严重故障标准的故障

对 RAMS 系统综合采用事件顺序图、事件树分析、故障树分析等方法，对风险、系统安全性进行定量分析和评估。通过定性与定量相结合、以定量为主的方法分析系统各部分的功能偏差风险及其潜在后果，帮助设计师掌握系统的风险等级及其风险诱因，改进设计。

维修性预计分析的目的是预先估计产品或设备的维修性参数值，以便了解其是否满足规定的维修性要求。维修性分析应完成全集成的环境、对系统进行维修性分析和预测。通过可用性仿真分析建库，分析在指定时间系统处于指定状态的概率，预测故障检测和隔离分析。

8. 风险

风险接受应基于通用的接受原则。这里提供了一些可能用到的原则。

表 7-5 定性地定义了风险分类及各类风险应采取的应对措施。铁路当局应负责规定所实行的原则以及风险的承受限度、不同类别风险的判别标准。

* 危险性事件出现的概率的数值刻度将取决于所针对的具体应用。

表 7-5 风险分类及应对措施

风险分类	应对措施
风险评估	降低/控制风险
过度风险	应消除
不良风险	仅应在无法降低风险的情况下接受，并应根据具体情况得到铁路当局或国家管理当局的同意
容许风险	在进行适当控制的情况下接受，并得到铁路当局的同意
轻微风险	可无须同意自行接受

9. 安全完整性

在具体应用的安全等级已经设定而且已根据风险评估结果做出了必要的风险降低预测的情况下，就可以推导出系统和各个部件的安全完整性要求。可以将安全完整性视为可量化要素（一般跟硬件有关，如随机故障）和非量化要素（一般跟软件、规范、文件、程序等系统故障有关）的综合体。外部风险降低措施和系统风险降低措施应与系统必要的风险降低要求相匹配，以满足其既定的安全等级。

可通过结合并有效应用具体结构、方法、工具和技术，来获得达到系统内功能安全完整性的把握度。使安全完整性与故障概率相关联，以达到所要求的安全功能性。完整性要求越高的功能可能实现起来花费越高。

安全功能对安全完整性作了基本规定。应将安全功能分配给安全系统和/或外部风险降低设备。为了优化整个系统的设计和花费，分配程序是反复的。

有效执行安全计划和 RAM 计划时，安全计划和 RAM 计划信任最终系统有能力符合 RAMS 的要求。

应注意以下涉及产品安全完整性的几个要点：① 系统所要求的安全功能性及其相应的安全完整性受系统运行所处环境的影响。② 当采用适于具体安全完整性的方法、工具和技术来研制产品时，可要求产品的整体安全等级为“X”。该要求意味着产品将在所规定环境中展示某种完整性方面具体的功能性。③ 产品的安全完整性在不同的应用情况下是不同的。因此，在任何系统中应用产品前，都应对功能性及规定的产品环境所设的限制和约束进行评估，以确保限制和约束与系统的整体要求一致。

10. 故障-安全概念

铁路自从出现以来，就已经采用了故障-安全概念。依靠一套假设，该概念以使用组成成分为基础，很好地建立了故障模式，在一个零件出现故障的情况下，也存在安全条件。排列组成成分时，系统不允许条件比没有故障时更随意。

通常，概念的有效性是以经验为基础的，但对于用商用微机研制和使用大型且复杂的系统，该概念在应用性方面有一定的局限性。使用这些组成成分时要考虑的故障组合数量的潜在增长通常是不现实的。有如此复杂的系统，可有效使用概率方法。

像其他确定性方法那样，故障-安全方法对系统零件可能有效。

7.4.2 客运专线 RAMS 的管理

1. 概述

以系统生命周期为基础，对管理过程做出详细说明，这样，对 RAMS 因素的控制就能具体针对铁路应用。

过程支持：RAMS 要求的定义；评估和控制对 RAMS 的隐患；计划并执行 RAMS 任务；达到满足 RAMS 要求的目标；在生命周期中继续监控符合性。

任何铁路当局铁路系统的容许安全风险都取决于国家安全管理部门，或与安全管理部门一致的铁路当局所指定的安全标准。评估、控制和最小化风险的主要责任由铁路当局承担。某些情况下，法制要求正式出示证据，表明系统安全的充分性。

2. 系统生命周期

系统生命周期是一个阶段，每个阶段包含任务，系统的整个生命包括从最初的概念到退役和处理。由于系统是按阶段前进的，为了在规定的时间范围内按正确的价格销售正确的产品，生命周期为计划、管理、控制和监控系统的各方面（包括 RAMS）提供了结构。

适于铁路使用背景的系统生命周期如图 7-33 所示。

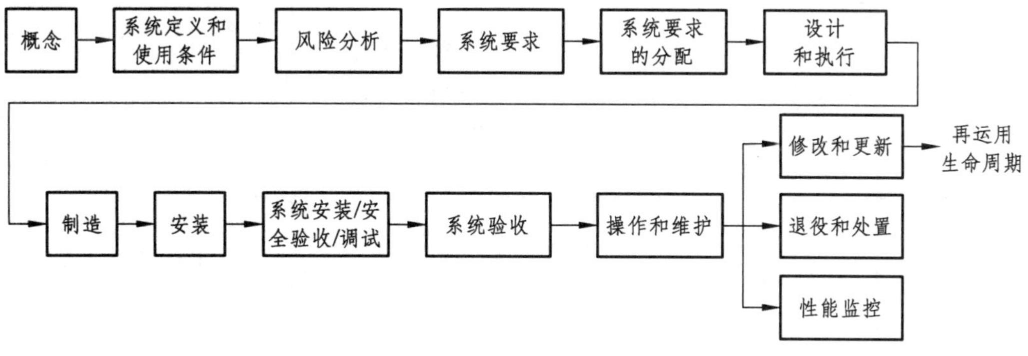

图 7-33 铁路系统生命周期的结构

系统生命周期各阶段的任务如表 7-6 所示。

表 7-6　系统生命周期表

生命周期阶段	阶段相关的一般任务	阶段相关的 RAM 任务	阶段相关的安全任务
1.概念	1.指定铁路项目范围和目的； 2.给铁路项目下定义； 3.财务分析和可行性研究； 4.发布管理	1.评审之前所达到的RAM 性能； 2.考虑项目的 RAM 含义	1.评审之前所达到的安全性能； 2.考虑项目的安全含义； 3.评审安全政策和目标
2.系统定义和使用条件	1.制定系统任务概述； 2.编制系统描述； 3.确定操作和维护策略； 4.确定操作条件； 5.确定维护条件； 6.确定现有下部结构限制因素的影响	1.评估过去的 RAM 经验数据； 2.进行初步的 RAM 分析； 3.指定 RAM 政策； 4.确定长期操作和维护条件； 5.查明现有下部结构限制因素 RAM 的影响	1.评估过去的安全经验数据； 2.进行初步的危险分析； 3.指定(整体)安全计划； 4.确定风险标准的可容许性； 5.查明现有下部结构因素对安全的影响
3.风险分析	进行项目相关风险分析		1.进行系统危险和安全风险分析； 2.建立危险日志； 3.进行风险评估
4.系统要求	1.进行要求分析； 2.指定系统(整体要求)； 3.指定环境； 4.确定系统显示和验收标准； 5.制定验证计划； 6.设立管理、质量和组织要求； 7.执行变化控制程序	1.指定（全面的）系统RAM 要求； 2.确定（全面的）RAM验收标准； 3.确定系统功能结构； 4.制定 RAM 计划； 5.建立 RAM 管理	1.指定（全面的）系统安全要求； 2.确定安全验收标准； 3.确定安全相关的功能性要求； 4.建立安全管理
5.系统要求的分配	分配系统要求： ①确定说明子系统和组成成分要求； ②详细说明子系统和组成成分标准	分配系统 RAM 要求： ①确定子系统和组成成分的 RAM 要求； ②详细说明子系统和组成成分的 RAM 验收标准	1.分配系统安全目标和要求：①确定子系统和组成成分的安全要求；②说明子系统和组成成分的安全验收标准 2.更新系统安全计划

续表

生命周期阶段	阶段相关的一般任务	阶段相关的 RAM 任务	阶段相关的安全任务
6.设计和执行	1.执行计划； 2.进行设计和研制； 3.进行设计分析和试验； 4.进行设计验证； 5.执行并确认； 6.设计后勤配套资源	1.通过评审、分析、试验和数据评估来执行 RAM 计划，包括： ①可靠性和实用性； ②维护和可维护性； ③优化维护政策； ④后勤支持。 2.进行计划控制，包括： ①RAM 计划管理； ②控制分包商和供应商	1.通过评审、分析、试验和数据评估来执行安全计划，陈述：危险日志；危险分析和风险评估；验证安全相关的设计决策；进行项目控制，包括安全管理和控制分包商及供应商； 2.编制一般安全案例； 3.编制一般应用安全案例
7.制造	1.执行生产计划； 2.制造； 3.制造和试验元件的分组件； 4.编制文件； 5.进行培训	1.执行环境应力筛分； 2.执行 RAM 改善试验； 3.故障报告分析与纠正措施系统（FRACAS）	1.通过评审、分析、试验和数据评估来执行安全计划； 2.使用危险日志
8.安装	1 装配系统； 2 安装系统	1.开始维护人员培训； 2.建立备件和工具规定	1.制定安装计划； 2.执行安装计划
9.系统验证（安全验收和调试）	1.调试； 2.执行操作试用期； 3.进行培训	进行 RAM 演示	1.制定调试计划； 2.执行调试计划； 3.编制专用安全案例
10.系统验收	1.在验收标准的基础上执行验收程序； 2.编制验收证明； 3.进入服务； 4.继续操作试用期	评估 RAM 的表现	评估专用安全案例
11.操作和维护	1.长期的系统运行； 2.进行维护； 3.进行培训	1.获得备件和工具； 2.进行以可靠性为中心的维护，后勤支持	1.进行以安全性为中心的维护； 2.进行安全性能监控及危险日志维护
12.性能监控	1.收集操作性能统计情况； 2.获得数据，并进行分析和评估	收集、分析、评估和使用性能及 RAM 统计资料	收集、分析、评估和使用性能及安全统计资料
13.修改和更新	执行变更请求程序 执行修改和更新程序	考虑 RAM 在修改和更新中的含义	考虑安全性在修改和更新中的含义
14.退役和处置	1.计划退役和处置； 2.执行退役； 3.执行处置	无针对 RAM 的活动	1.制定安全计划； 2.执行危险分析和风险评估； 3.执行安全计划

系统的 RAMS 性能与系统的研制和所有权费用之间的差额，即全寿命费用。要求考虑与系统的 RAMS 相关的全寿命费用。

过程支持通过在生命周期阶段提供任务的综合程序来进行采购。这为在综合管理过程中，告知后承包单个 RAMS 任务或任务组合提供了基础。执行任务的责任将由在考虑中的系统以及适用的承包条件来决定。

生命周期陈述在行业内流传甚广，包括“V”模型，如图 7-34 所示。由上至下的部分（左侧）通常称作研制，是一个细化过程，结束于系统元件的制造；由下至上的部分（右侧）涉及装配、安装、接收和整个系统的运行。

“V”周期解读如下。

左侧：以运营要求定义为出发点，梯次、分阶段深化项目的推进，产品的成功定义标志着正向开发的结束。

右侧：以上阶段的成果为出发点，以测试为手段，通过与上阶段一一对应的测试，验证各阶段的成果。

持续改进贯穿于整个项目开发周期。

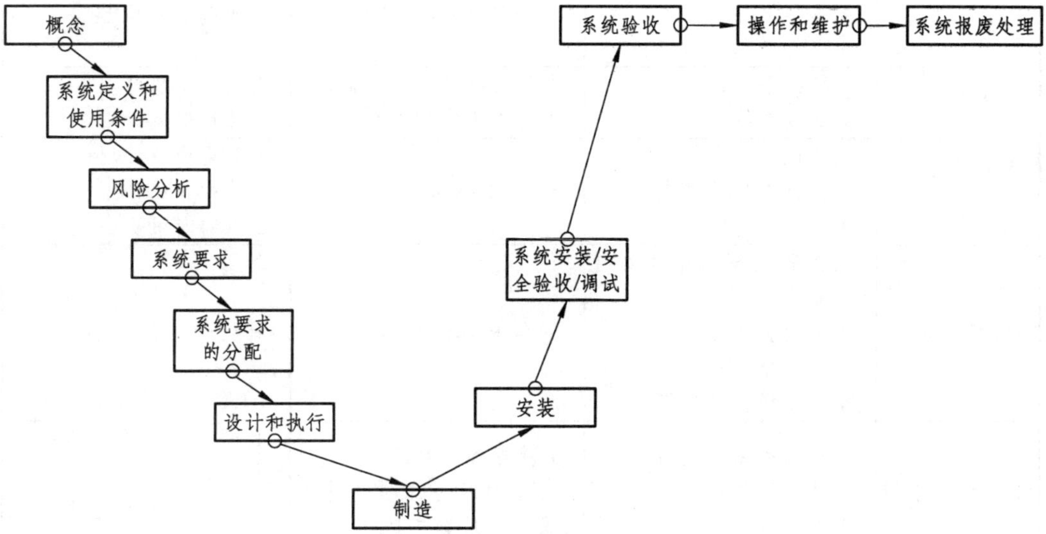

图 7-34　生命周期的“V”模型

铁路当局和该系统铁路配套产业应同意并实施审计计划，设计计划应据系统作适应性更改。

3. 总目标

牵引供电系统的设计、项目实施、试运营、运营和维护阶段满足系统性能目标和可靠性、可用性、安全性和可维修性要求。

在每个阶段工程进展中，根据不同的工作内容均有详细实施计划。

系统集成商在合同签订后，按下列程序实施：详细设计、组织供货、施工准备、施工测量、确定质量控制要点、开箱与验货、部件试验、安装工艺流程、就位安装、电气交接试验、试运行。系统集成商在上述各阶段完成后提供该系统符合运转要求和性能要求的证据。

7.4.3 四电系统集成可靠性分析

牵引供电系统的可靠性很大程度上取决于牵引设备的可靠性及各设备之间的匹配连接，从设计标准、冗余措施、运营管理方式、调度分层控制管理方式及自动化水平相互关联的系统工程角度去考虑，有一个总体的设备配备方案和严格的施工标准来共同确保电力牵引供电系统在任何情况下都应保证不间断铁路运输。

1. 供电系统的可靠性目标

（1）供电系统的整体可靠性目标（与列车运营服务有直接影响的系统的 RAM 目标）：由于供电系统发生故障导致列车不能运行而造成 2 min 或以上的初始延误。

（2）供电主要部件设备的可靠性目标：承包商需确保各主要部件设备至少能达到平均无故障间隔时间（MTBF）的目标。

（3）设备的 MTBF 和 MTTR 计算公式如下：

① 平均无故障时间（MTBF）：系统两次相邻故障间的工作时间的平均值。

② 平均修复时间（MTTR）：包括诊断时间、组件修理及替换时间以及在现场的调整及测试时间。运营及/或维护员到达现场前的反应时间不包括在内。

③ 固有可用性$=\dfrac{\text{MTBF}}{\text{MTTR+MTBF}}$。

（4）高压供电设备的 MTBF 和 MTTR 如表 7-7 所示。

表 7-7 高压供电设备的 MTBF 和 MTTR

序号	内 容	平均无故障时间（MTBF）	平均修复时间（MTTR）
1	高压变压器	15 年	96 h
2	25 kV 单元	免维护，30 年可不补气，开关开断额定电流操作 10000 次不需要检修	90 min
3	SCADA 装置	≥50 000 h	30 min 可通过互联网进行分析指导
4	接触网的供电网	≥250 万弓架次	15 h/km

要达到上述目标，在详细设计阶段需规划系统维修体制和作为对外部电源方案

的可靠性。

2. 接触网系统可靠性分析

（1）接触网系统是由许多单元组成的，需对接触网系统建立可靠性模型，通过建模，分析系统的单元（分系统、零部件）的可靠度。

接触网系统级可靠性模型如图 7-35 所示。

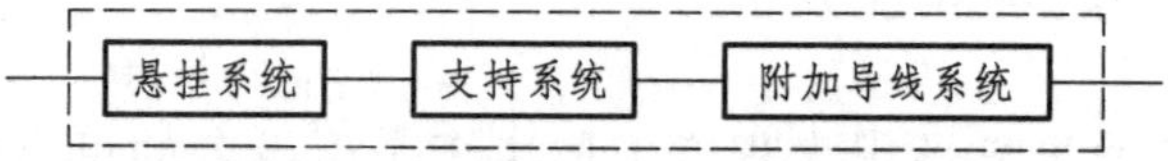

图 7-35　接触网系统级可靠性模型

接触网悬挂分系统可靠性模型如图 7-36 所示。

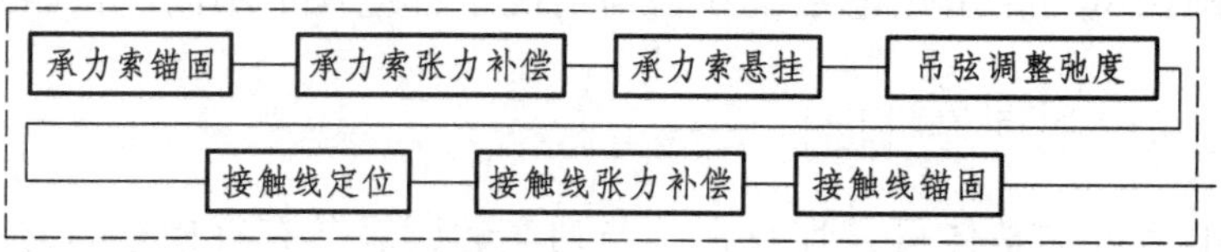

图 7-36　接触网悬挂分系统可靠性模型

接触网支持子系统可靠性模型如图 7-37 所示。

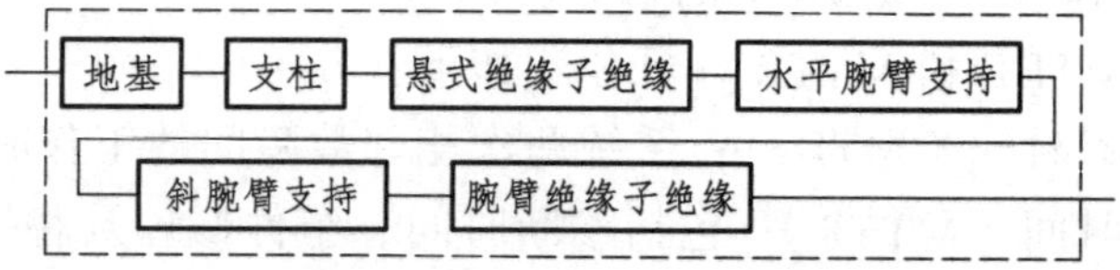

图 7-37　接触网支持分系统可靠性模型

接触网附加导线分系统可靠性模型如图 7-38 所示。

图 7-38　接触网附加导线分系统可靠性模型

（2）零部件是接触网系统的基本组成单元，接触网设计中最关键的一步就是选择、规定和控制用于该系统的零部件，为了达到和保持接触网系统的固有可靠性，减少零部件品种、降低维修保障费用和系统周期费用，必须控制标准零部件和非标准零部件的使用。另外，由于接触网系统的工作条件极其恶劣，沿线露天布置，且无备用设备，经常受到大风及覆冰的作用，同时由于腐蚀造成接触网系统的可靠性降低也十分严重。因此，在进行可靠性设计的时候要调查环境条件对产品可靠性的影响。

（3）通过上述工作，采用相关的计算方法，进行接触网系统典型零部件的可靠性设计，挖掘和确定隐患（和薄弱环节），并采取设计预防和设计改进措施有效地消除隐患（和薄弱环节）。

作为可靠性的确认，应实施下述试验内容。对于变电所，实施外观检查、设备单体试验、保护继电器试验、电气联动试验、综合组合试验、绝缘耐力试验、实际加压试验、噪声测定试验等。对于电力配电所，实施外观检查、设备单体试验、绝缘耐力试验、配电线路绝缘电阻测定，配线线路绝缘耐力试验，实际加压试验等。对于接触网线路，实施外观检查、接地测试、电气隔离测试、支撑物净跨距测试、建筑限界测试、接触线高度及偏移量测试等。作为系统整体，实施测试接触网线路绝缘电阻测试、接触网耐压试验、供电常数试验、实际加压试验、实际加压联动试验等各项试验，确认系统的可靠性。

R1—2 ~ 5 min 延迟：对于接触网设备由于风和鸟兽造成的灾害之外的危害是难以想象的。因此此分类的事故率无限接近于 0。

R2—5 ~ 20 min 延迟：偶然发现架线零件故障（比如吊弦脱落与连接器芯线断裂）的时候，视列车合理间隔，可考虑紧急停电并进行修理。根据日本的经验，500 km 的新干线中，达到 5 年大约有一次的程度。因此，5 年×365 日×100 车×2 往返 = 365，000 列车，则每 1 km 的故障率为：故障率 $=\frac{1}{365\ 000}\times 500=5\times 10^{-9}$。

R3—20 min ~ 2 h 的延迟：例如，绝缘子的绝缘破坏与供电线的压缩不良等原因而引起断线的情况，应预想这个程度的停工期。以 10 年发生一次的程度计算，则该故障率为 3×10^{-9}。

R4—1 天中 1 h 以上：接触线与承力索断线的情况下，应该要预想到有 3 ~ 5 h 的停工期。以此种事故 10 ~ 15 年发生一次的程度计算，则该故障率为 2×10^{-9}。

同时作为刚刚开通后的状况，应先设想到其状况的不稳定性，则上述数值都会相应有所增大。

3. 变电系统可靠性分析

变电站高压电器设备选择应满足正常工作条件下的额定电压、额定电流要求。断路器应满足额定断流容量要求。变电站高压电器设备应进行短路电流动稳定和热稳定校验。

（1）按短路条件校验电气设备、母线的电动力和热稳定性时，必须计算可能通过电气设备和母线的最大短路电流值。最大短路电流出现的条件，既要考虑电力系统远期规划增加系统容量的可能性，又要考虑系统运行方式的改变使系统参数改变，导致短路电流增大。因此，必须按系统最大运行方式进行电气设备和母线的短路校验。此外，正确选择电气设备可能处于最严重短路电流状态的短路计算点，以确定在系统最大运行方式下，通过电气设备和母线的最大短路电流也是非常重要的。通常，变电站高压电气设备进行校验时，只需将电气设备运行条件、短路计算的各相关参数与电气设备的已知技术参数进行比较即可。当已知技术参数大于或等于相关短路计算参数时，则认为选择的电气设备满足要求。

表 7-8　变电站主要高压电气设备需校验项目汇总

序号	项　目	电压	电流	断流容量	短路电流校验	
					动稳定	热稳定
1	断路器	●	●	●	●	●
2	负荷开关	●	●	●	●	●
3	隔离开关	●	●		●	●
4	电流互感器	●	●		●	●
5	电压互感器	●				
6	避雷器	●				
7	母　线		●		●	●
8	支柱绝缘子	●			●	

变电站高压电气设备选择还应满足当地使用环境要求。

（2）高压变电站户外变压器高、低压支持绝缘子除应满足使用电压、环境等正常工作条件外，还需校验支持绝缘子在三相短路冲击电动力作用下的机械稳定性。因此，根据已知绝缘子的抗弯破坏负荷进行计算后，合理确定支持绝缘子相间距即可。

所有设备支架、架构、基础的设计计算都采用概率论为基础的极限状态设计法，满足构件在使用和安装检修时的可靠性要求。

（3）系统方案按冗余配置，如表 7-9 所示。

表 7-9　变电系统冗余配置方案

项目名称	子系统	特　点
设备配置	选用性能优良、维护工作量小的设备，设备有较大储备量，部分按 1∶1 冗余配置	设备运行操作或故障操作可通过自动化系统进行，减少人为失误
通用性	选用自动化程度高、通用性强的标准化设备，可评定标准设备的通用率	目前标准设备与日本和法国标准设备相比，通用率较低
可维护性	在线诊断与预测，可实现状态修	维修性预计分析
设计方案	设计方案采用冗余系统配置，更具有适应供电系统特点功能的接线，简单、更可靠	为完成同一任务而采用了多重配置系统，即冗余系统
自动化程度	采用技术先进的综合自动化，双总线网络	各模块相互独立

续表

项目名称	子系统	特点
管理方式	综合调度对供电设施进行“三遥”和视频监视	采用分层、分级控制
SCADA 系统	调度主站采用双网，双机热备用	数据与系统分设主服务器

4）故障报告与修正措施系统

（1）承包商须在规定的工程阶段建立故障报告与修正措施系统，以便提供系统/设备的数据，包括问题和故障及其相关修正措施，还包括问题或故障发生的原因和方式。

（2）故障报告与修正措施系统应用于监控设备的安全性和 RAM 表现，包括测试及启动和投入运营期。该系统用于监控设备/组件的性能，确定故障模式，以便采取修正措施改进系统的表现。

（3）主要修正措施在可靠性、可用性和可维护性证明报告内表述。

（4）牵引供电和接触网系统的故障分析。

编制牵引供电和接触网系统的故障分析表，目的是为了区分系统故障模式和由此带来的后果影响等级的量化评估，以保证安全性管理要求。

7.4.4 四电系统集成可用性分析

1. 牵引供电系统可用性目标

（1）牵引供电系统的集成技术可以确保外界故障或内部人员疏忽所引起的故障不至于导致整个系统的失效。

（2）冗余：靠冗余来使设备故障不影响系统的可用性，系统的整体可用性将大大提高。

（3）牵引供电系统的所有单元都应是在维修时间内可维护的。根据本项目的特点，提供维修管理综合的详细的信息，包括工作计划、进度表、成本、工作、材料、设备、故障分析、安全以及相关的文件。

（4）通过 SCADA 系统实现牵引供电系统的在线监测，当得到功能不正常或故障的信息时，维修管理系统将根据预先定义的数据生成和安排工作指令，以便维护、维修或检查，保证系统的正常工作。

（5）关于变电所设备及配电所设备，为了确保可靠性，设置了双重系统设备和联锁功能。

另外，电车线设备的可用性目标（寿命）的思路：① 根据受电弓因素的接触线的磨耗寿命；② 金属材料因腐蚀的寿命；③ 因振动疲劳的零件类的寿命。

考虑到这些状况，预计接触线 30 年，镀锌钢材 40 年，长时间受到大幅振动的架线零件类一般 20 年。

接触线的重新架线有必要以卷盘为单位进行。停电时作业间隔有必要达到 4 个小时的程度。

2. 可用性系统要求

（1）电气设备的保护按设备种类、故障类型、分级配合进行配置；采用微机保护综合自动化装置实现故障在线诊断功能。

（2）通过 SCADA 子系统，实现就地、远程实时监控，通过采集的数据进行事故的预测分析，避免故障。

（3）所/亭内的设备尽可能按冗余配置，任意一点故障不至于影响整个牵引供电系统。设置备用电源自动投切装置，一路外电源故障不影响由其他回路外电源供电的牵引供电。

（4）枢纽内通过合理设置电分束、分段，使得接触网局部故障尽量不影响邻线供电或缩小故障范围。

（5）设计和维修检验程序用以保证供电系统有足够的可用性，对于关键性设备，各阶段（设计、安装、运行、检修等）必须有保证其可用性的措施，应采取措施防止设备或零件故障引起接触网结构性的破坏或开关失灵。

（6）上下行的接触网应尽量在机械结构上分开独立悬挂，当不能够分开独立悬挂时，设计上的结构强度要足够并保证本线故障不影响邻线运行。

（7）张力补偿装置安装后应保证足够润滑和避免机械故障。

（8）牵引供电系统在一座牵引变电所完全解列后，牵引供电能力能够满足由相邻牵引变电所越区供电。

7.4.5 四电系统集成的可维修性分析

开展四电系统维护性方面的工作，改善四电设备的维修性，在提高四电设备的效能以及降低维修费用方面有着重要意义。一方面，四电系统的维修性与四电设备的可用性密切相关，而可用性就是四电设备效能优劣的最好表现，显然，维修性可以影响设备效能的发挥；另一方面，对于结构复杂的四电设备，实施最优的维修策略，制定合理的维修计划，选择合适的维修等级，可以大幅度降低维修费用，从而节约成本，增进运营效益。

1. 坚持“预防性维修”的四电系统维修思想

所谓预防性维修，是指部件发生故障以前进行定期检查、检测、修理或更换，以防患于未然。特别是对那些一旦发生故障就会造成很大损失的设备，如主变测控保护设备、接触网关键线材及零部件，预防性维修尤其不可缺少。由于四电系统直接涉及高速铁路运营的安全可靠，所以，“预防性维修”思想非常适合四电系统的日常维护。预防性维修进一步可分成三种基本方式：

（1）定期计划维修。这种维修方式是根据经验及统计数据，规定每隔一定时间对系统进行一次维修。对规定时间以前发生故障的部件，则进行事后更换或修复；当四电系统中的设备不可更换时，则采用冗余技术等容错措施提高设备可靠性。

（2）定期检测维修。这种维修方式是对系统进行定期检测，若发现故障，立即予以更换或修复，若未发现故障则继续使用。这种维修方式多用于部件发生故障后并不能立即被发现的场合。

（3）视情维修。这是通过监控监测装置对系统状态进行连续监控，直到发现某种故障征兆，才进行更换或修复。这种维修方式多用于较缓慢的耗损性故障的场合。这种维修方式能够充分利用系统信息，比定期计划维修方式优越。

2. 四电系统维修等级的选择

按照维修性质、维修范围和维修深度而划分得到四电系统的维修等级。其目的在于：合理区别维修任务，科学组织维修活动；合理配置维修资源，提高其使用效率；合理设置维修机构，提高维修水平。

（1）大修。大修是对四电设施进行全面检查修理，恢复系统的主要基本性能。大修属于全面修复性修理，即全面解体、更换或修复所有不符合技术标准和要求的设备与零部件，使四电系统达到或接近规定的技术性能指标。

（2）中修。中修是对四电关键设施进行检查修理，恢复四电系统主要性能。中修属于系统的平衡性修理，即修复系统某些部分，使其与其他未修理部分能配套继续使用。

（3）小修。小修是对四电关键设施检查修理，有针对地恢复系统运行可靠性。有诊断技术条件的，可按其状态进行修理。

（4）辅修。辅修是对四电系统全面检查，做故障诊断、状态修理。辅修属于系统的临时性维修和养护。

四电系统的维修要结合故障情况，按照以上分级，合理选择维修等级，做到维修成本和经济性的结合。

3. 电力牵引供电系统的维修性分析

目前，我国电气化铁路牵引供电系统维修计划中普遍采用的是周期预防性维修策略，也就是周期性“天窗”。这种策略适合于复杂系统的维修工作实施，对于繁忙的铁路运输组织，事先确定好维修“天窗”时间，对于运输组织和维修工作的开展均有益处。固定周期的维修间隔，便于事先准备好维修工具、维修人员，提高维修工作的效率。但是随着现代工业水平的发展和提高，一方面，设备的可靠性不断提升，牵引供电系统维修间隔得到延长；另一方面，先进维修设备的引入与工务、电务、供电等部门维修活动的综合化也要求维修活动的时间增加。因此，有必要研究更为灵活的维修策略。牵引供电系统是结构相关、可靠性相关和经济相关的复杂系统，同时它又是一个连续运行的系统，因此，系统的维修策略在以可靠性、经济性为目标的基础上，还需要兼顾系统不中断运行的特点。牵引供电系统主要由牵引变电所和接触网两部分组成。牵引变电所内设备较多，结构也比较复杂，但是其相对独立于列车运行，并且主要设备在设计上考虑了冗余或者备用，所以维修活动安排相对较为灵活，其受列车运行的约束程度没有接触网所受约束程度大。相比之下，接触网的维修则受到列车运行的影响，维修人员只能在规定的时间内对其进行维护，维护活动应考虑群维修和机会维修策略。由于接触网零部件种类繁多、数量巨大，因此，增加接触网可维修性的一条重要途径，就是做好接触网的标准化工作，尽可能减少接触网零部件的种类并增强其互换性，以缩短维修时间和降低维修成本。

维修缺陷是指电气设备在使用功能和安全性等方面存在缺陷时应能维修，可操作性是指维修缺陷的方式，如表 7-10 所示。

表 7-10 维修缺陷类型及可操作性

序号	维修缺陷类型	操作方式
1	牵引变压器油检测	定期检测，补充缺失变压器油，适当倒换主、备变压器运行
2	绝缘子脏污	定期进行擦拭，消除闪络
3	防凝加热器故障	更换加热部件，保证防凝加热功能
4	蓄电池老化	更换蓄电池

4. 通信系统可维修性分析

系统故障的平均修复时间（MTTR）是衡量系统维修性的一个重要指标。为缩短系统的 MTTR，提高系统可维护性，应从系统结构、故障监测、故障隔离、维护操作、维护组织结构等多方面综合分析。

（1）系统结构采用模块化设计，方便维修、替换；硬件设置参数化、软件数据安全化。

① 模块化设计，方便维修、替换。

所有相似零部件都具有充分的可互换性，在定位故障模块后可以用备件直接替换，不需修整或调整，缩短维修时间。系统内相同功能的元件在电器上和机械上都是可互换的，且外观一致。

② 硬件设置参数化。

智能化的监测及网管技术，使用户在控制中心即可对远端设备进行监测、监控、更改参数，并配置设备模块、接口。同时，通信系统的集中故障维护报警也可让用户根据实际报警情况对设备进行检查、维护，大大减少了维护工作量，为用户提供了迅速地系统配置服务，尤其在设备设计或出现特殊情况需要重新配置远端设备时，硬件设置参数化更具必要性。

③ 软件数据安全化。

注重对设备软件部分的合理性、规范性、灵活性、健壮性、编码冗余程度、测试流程、人机界面易操作性与美观性的考察，保证最终用户对于系统设备软件的易维护性。同时合理设置数据存取算法，增加缓存数量，设置双机热备份、磁盘阵列、磁盘镜像、数据库软件自动复制等可靠性手段，以保证在软件系统安全可靠的前提下快速存取数据。建立完整的数据存储管理系统，使用先进的管理算法，使用户数据存储管理更加方便、安全、可靠。

（2）在故障检测方面，具备测试方便、声光告警、集中监控等特点。

各子系统具备自诊断功能，能在开机与重新配置甚至运行时进行自检，以方便维护人员了解设备状态；在板卡和设备盘面上有指示灯等装置，可警示重要的故障、告警（如电源告警等），发出声光告警，同时这些告警也将发送到相应的网管，可实现在控制中心的集中控制，控制中心的网管设备也可以对子系统集中维护管理。两级网管，便于在本地进行维护操作。

（3）通过故障隔离减少故障对系统运行的影响。

通信系统可以热拔插，结合系统的冗余机制，拆除某个板卡单元不会影响其他模块和系统的运行，由此实现故障隔离和在线维修，以减少停机和修复时间。

（4）在维护操作方面，具备易操作、易放置、易清洁、资料齐、材料齐等特点。

设备具有足够的操作空间，便于子系统中的设备检查、维修、修改和替换；控制设备的质量，例如，需要一个人移动的设备可尽量控制在 25 kg 以内，需要两个人移动的可尽量控制在 50 kg 以内，需要运输的物体应安装提手和固定支架；所有设备都需考虑易清洗等特点，对于公共设施，更要考虑减少清洁以及维修操作的便利性，完善设备说明书与维护手册，针对不同的故障预兆、故障发生机理、故障危害及故障简易排除方法进行详细说明，方便设备故障定位及故障排除的维护；配置足够的备品备件，尤其是系统或设备的核心部件或易损坏部件的备品备件，满足设备维护的需要。

5. 信号系统可维修性分析

信号系统设备及其主要元器件设计应考虑最少的调整和维护。系统设备应有适当的测试点、故障隔离及诊断措施，以减少设备修复时间和维护成本。

系统设备均应具有完善的自检和自诊断功能，并具备远程测试和诊断功能，设备故障诊断应定位到极致。

1）关键设备采取冗余结构

关键的安全计算机系统采用“3 取 2”冗余结构，其中一系统故障不影响系统正常使用。CTC 系统、电源系统也采用了双机热备的架构，主要设备故障可自动切换到备用设备，不影响系统运用。CTC 传输通道、列控/联锁安全传输通道等均采用了主备结构，单通道故障不影响系统的运用。

2）室外设备减少调整次数

UM2000 轨道电路室外设备可以实现一次调整到位，不会因恶劣天气等情况而进行电气调整；轨道电路的接引线和钢轨连接线的固定已考虑了大机养护等因素，在大机养护时不需要拆装，减少了相应的维护工作量，也减少了设备器材性能发生变化的可能性。

3）通过完善的监测系统做到预防修

SEI 系统建立了自身的监测体系——SILAM/SICAM 监测系统，可以在监测中心 24 h 监测 SEI 系统各设备的状态，通过监测系统参数变化情况预知设备器材的性能变化趋势，以便采取相应的维护措施。对于国内设备，各站/中继站配置了计算机监测系统，实现联网集中监测，同时可以通过设备器材参数的变化预测其变化趋势来采取相应的维护措施。无人值守的中继站设置了环境监控系统，室内温度等变化情况在中心可以集中监测，空调可以远程启停，从而保证室内信号设备有一个稳定可靠的外部工作环境。

4）提供强有力的供电保障

既有线信号系统的一部分故障与供电不可靠有很大关系。在高速铁路上，信号系统配置了在线式双套 UPS，在两路以及负荷外电中断后，电池可以持续供电分别为车站 30 min、中继站 2 h，以满足维修人员到达现场处置的需要。

7.4.6 四电系统集成的安全性分析

四电系统集成是人—机—环境三个方面相互作用的包含多种专业设备（设施）的结构非常复杂的系统，它在规划、设计和建造时采用了许多安全措施来保障其安全运营，并且在运营管理过程中也在不断地研究、改进和提高。但由于该系统的复杂性，在实际运营时涉及安全方面的问题仍然非常多。对这些问题的解决，目前无论是理论研究层面还是具体实践层面，均未形成一个完整的体系，仍处于零散状态。

因此，必须从系统的角度整体研究其安全性，不断地研究和提高整个系统的安全性，建立一套安全评价体系。

1. 四电系统集成安全性相关概念

1）四电系统安全性定义

四电系统是一个复杂联动系统的统一运作，自动化程度高，运营安全可靠度高，要想实现安全可靠运营，提供稳定、高效、持续服务，安全是基础、更是保证。

所谓安全/安全性，一般是指将伤害或损失的风险限制在可接受水平的状态。对于四电系统，安全性指在系统运营过程中，保障“人员不受伤害以及设备（设施）不遭破坏”的能力；它又包含了两个方面，即不发生意外的安全（safe）和免遭破坏的安全（security）；对应的事故也有两种，即意外发生的事故（Accident）和故意造成的事件（Incident）。

2）四电系统安全评估

四电系统的安全评估是以实现系统安全为目的，应用安全系统工程原理和方法，对四电系统中存在的危险、有害因素进行识别与分析，判断系统发生事故和急性职业危害的可能性及其严重程度，提出安全对策建议，从而为工程、系统制定防范措施和为管理决策提供科学参考。

3）四电系统集成的安全等级划分

根据运行出现危险所造成的人员伤亡和设备损失，并根据损失程度的大小，将四电系统的安全等级划分为五级：非常安全，很安全，安全，基本安全，不安全。

（1）非常安全：在这种安全等级下，四电系统不会发生任何危险

（2）很安全：此等级较“非常安全”稍低，在这种情况下，四电系统也比较安全，不会出现危险。

（3）安全：当运营时，没有人员伤亡和设备的损坏，属于安全等级居中的一级。一般情况下，系统的安全性都属于此等级。

（4）基本安全：处于形成事故的边缘状态，四电系统在这种情况下暂时还不会造成人员伤亡和系统的损坏。因此处于这种状态时，应采取控制措施或彻底排除。

（5）不安全：此等级会造成运营人员伤亡和四电设施损坏，要立即采取措施。

2. 四电系统安全评估指标体系

1）评价指标体系建立原则

系统评价指标体系是由弱冠单项评价指标组成的整体，系统评价指标体系的确

定是系统评价成功与否的关键，指标体系要实际、完整、合理、科学、尽可能全面反映四电系统安全的所有因素。在建立四电系统安全指标体系的过程中，要遵循以下原则。

（1）科学性原则：评价指标必须充分反映四电系统的内在安全机制，指标体系结构的确定、指标的取舍都要有科学的依据，以此保证评价结果的真实、可靠、正确反映四电系统的安全现状。

（2）全面性原则：四电系统是一个复杂的系统，安全影响因素众多，指标体系必须全面反映实际的安全现状，既要包括隐患指标，又要包括事故指标，综合衡量四电系统的安全水平。

（3）主导性原则：在全面性原则的基础上，指标要选择那些影响全局的安全关键因素。

（4）操作性原则：指标要求概念明确，能方便地测量，尽可能地把指标定量化。

（5）可比性原则：指标体系中同一层次的安全指标要具有相同的计量范围、计量口径和计量方法，使指标能反映实际情况，便于比较优劣。

2）评价指标的确定

根据评价指标体系的建立原则，将四电系统安全性综合评价指标分为三个层次：第一个层次为四电系统综合安全性水平；第二个层次包括四电系统设备、设施安全水平，运营相关人员安全水平，外界环境的安全水平，四电系统管理的安全水平；第三个层次为具体的评价指标。

3. 安全目标和安全因素

牵引供电、变电、接触网和 SCADA 系统应根据系统特点及运行实际情况，与已知风险等级的其他同等级铁路系统比较进行风险评估。风险评估的关键因素至少应包括对在线路旁作业时通过列车带来的风险评估，运行、维修期间落物的风险评估及来自接触网或其他设备的电击死亡的风险评估。还应包括接触网及牵引供电设备对旅客及公众、业主、工作人员在内的电击死亡的风险。风险评估应显示出牵引供电系统和接触网系统是否满足规定的目标。

安全的风险评估涉及系统设计、设备选择、施工及运行等各方面。

供电系统设计的安全因素：牵引供电系统是接入电力网的用户，因此应明确牵引供电系统的负荷等级及供电的要求。电力网应保证供电系统电能质量：电压、频率、波动、潮流及负序、谐波对电能质量影响。保证牵引变电所主接线可靠、灵活，合理安全的平面布置及安全净距。备用方式、二次接线的安全要求、防雷和接地等都影响供电系统的安全。

（1）牵引变电所内架构、架构基础、爬梯、钢管支架等均需进行强度及抗震计算，考虑正常和安装检修状态下的荷载以及风荷载，并考虑三相短路情况下电动力的影响，确保设备安全运行。

（2）对于安装设备用架构，根据使用位置条件考虑不同的受力荷载综合计算确定。

（3）钢结构均应采取热镀锌措施，并根据不同环境条件选用不同规格材质，并考虑寿命期的安全因素。重视同一性和特殊性的正确结合，不可偏废，切忌不顾使用条件选用构件，确保安全可靠、经济合理和标准适度。

（4）可靠的接地系统是保证牵引供电系统长期安全运营的基本条件之一。

接地安全电位按 IEC/TC64 规定，在干燥或湿润区域，交流 50V 下不需要直接触电防护，即正常运行时不大于 50 V。

接地装置的设置不但是影响接地系统功能的主要因素，也在很大程度上影响整个接地系统的投资规模。接地装置的设置应满足雷击和短路情况下对运行设备和人身安全的要求。

影响电气设备安全运行的主要环节有三个方面：首先是产品设计和制造质量及正确选择，其次是设备安装和验收，再次是电气设备投运后的运行维护和缺陷管理。

（1）变电站的高压电器设备均按相关标准进行试验，所提供的产品均有现场成功运营经验。设备安装和验收按相关的施工和验收规范进行。

（2）牵引供电系统采用的 SCADA 和综合自动化装置，控制方式采用远动控制、变电站内集中控制、设备本体控制三级控制方式，整个系统在正常运行时采用远动控制。当设备检修时，采用变电站内集中控制或设备本体控制。三种控制方式相互闭锁，以达到安全控制的目的。

牵引供电系统不应产生铁路内部危害性干扰及对其他系统的危害性影响。

牵引供电系统的设计应考虑其他铁路系统接口的安全和可靠性要求，设计同时还要考虑与非铁路系统的潜在接口。

4. 安全防护

1）设备安全防护

常见的电气事故类型有短路事故、电气设备爆炸及火灾事故、电气误操作事故等。

（1）对短路事故：电气设备的选择应正确、系统接线合理、设备布置时安全净距必须可靠保证。运行维护管理人员应按运行规程要求加强对设备巡视监督，防止误操作，发现事故隐患应及时处理避免事故发生。另外还要采取措施防止小动物进入带电间隔，避免造成短路事故。

（2）对电气设备爆炸及火灾事故：造成爆炸和火灾的原因除了设备缺陷或安装不当等设计、制造和施工方面的原因外，在运行中电气设备过热和发生电火花或电弧是引起电气火灾和爆炸的直接原因，尤其是变压器等充油设备。要避免和减少这类事故，除要正确选择设备、不使用不合格产品、不使用伪劣次品、严格把好施工的质量外，还要严格做好运行维护管理和设备检修管理，完善验收制度。

（3）对电气误操作事故：牢固树立“安全第一”思想，严格按操作票程序操作，操作中思想集中、认真负责，同时做好“五防”闭锁装置的管理。

2）人身安全防护

人体触电一般有带电体直接接触触电、跨步电压触电、接触电压触电等几种形式。防止人身触电的技术措施有：保护接地和接零、采用安全电压、装设触电保安器等。

（1）保护接地：将电气设备的金属外壳通过接地装置（接地体和接地线）与大地相连。保护接地的接地电阻要求小于 4 Ω。采用保护接地后，若电气设备发生带电部分碰壳或漏电，人触及带电外壳时，由于人体电阻与接地装置电阻并联，人的电阻有 1000 ~ 2000 Ω，而保护接地电阻小于 4 Ω，人体电阻比保护接地的接地电阻大得多。因此，大部分电流通过保护接地装置走了，仅一小部分电流流过人体，这样大大减轻了人身触电危险。

（2）保护接零：将电气设备的金属外壳与供电变压器的零线直接相连接。实施保护接零后，若电气设备发生带电部分碰壳或漏电，就构成单相短路，短路电流很大，使碰壳相电源自动切断，这时人碰到设备外壳时就不会发生触电。

（3）安全电压：按《电业安全工作规程》规定：36 V、24 V、12 V 为安全电压。在干燥或湿润区域，交流 50 V 下不需要直接触电防护，即正常运行时不大于 50 V。

在高压电气设备或线路上工作，必须完成保证工作人员安全的组织措施（工作票制度、工作许可制度、工作监护制度、工作间断、转移和终结制度）和技术措施（停电、验电、装设接地线、悬挂标示牌和装设遮栏）。

7.5 四电系统集成试验

7.5.1 概　述

高速铁路与普速铁路相比，具有速度高、技术复杂、系统性强、专业接口多等特点，因此，高速铁路在开通运营前必须经过系统的试验与验证，才能保证各系统的完整性、合理性及系统间的匹配性，才能为高速铁路的安全、可靠运行提供数据支持并奠定良好的技术、管理基础。

高速铁路四电系统集成试验主要包括安装试验、部分试验、系统试验、集成试验、试运行等，用于检查验证各子系统功能及接口能否满足系统的完整性、先进性、安全性、可靠性的要求。各阶段的试验之间的关系如图 7-39 所示。从图中可以看出，这 5 个阶段是对四电系统集成交付物进行的梯次深入、逐级优化和验证的过程。

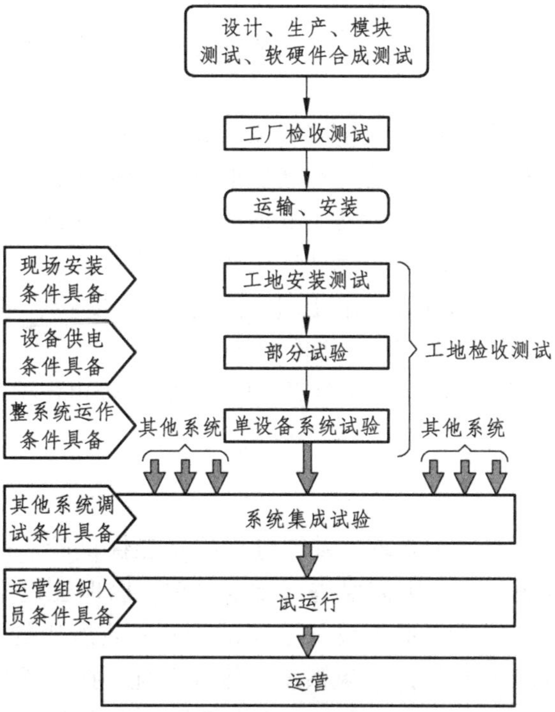

图 7-39　各试验阶段的关系

四电系统采用的新技术、新设备、新系统多，特别是通信、信号系统自动化程度高，涉及国外、国内的多种新技术、新标准，因此在工地验收测试之前应完成工厂检验及型式试验。

工厂检验时，应根据 ISO9001 的规定对元器件进行例行检查，只有检查合格的元器件才能用于系统。通过试验应证实设备满足系统要求，试验中发现的故障及功能失效等问题应在出厂前予以纠正。

控制系统设备的硬件和软件的工厂试验应包括仿真试验，测试环境同现场实际运行相似，并提供各类产品的质量检验和测试报告。

已通过型式试验的成熟产品应提供详细的型式试验报告。

专门为本工程开发改进的设备应进行型式试验，该试验将按照由业主代表和承包人代表双方在系统设计阶段确认的标准在供货商工厂或权威机构进行。试验内容必须满足合同文件技术规格书规定的要求，包括环境试验、电源波动试验和电磁干扰试验。试验的样机取自将要发往施工现场的同一批货中，做过型式试验的样机不作为供货内容。同时提供详细的型式试验报告。

通过技术引进在国内组装、制造的设备将按上述要求进行型式试验，并提供型式试验报告。

1. 安装试验

安装试验是对单体、单体与子系统或系统之间进行的静态试验，是下一步开展部分试验的基础工作。

通信系统安装试验主要包括光缆线路安装试验、电缆线路安装试验、无线漏缆线路安装试验、综合布线安装试验、铁塔安装试验和通信设备安装试验等项目。

信号系统安装试验包括电源设备、电缆测试、轨道电路、信号机、道岔转辙装置、联锁设备、车载设备、CTC、信号集中监测等项目。

牵引供电系统安装试验包括：高压电气设备单体试验、继电保护单元试验、SCADA 子系统单体试验、接触网安装检测等项目。

电力供电系统安装试验包括高压电气设备单体试验、继电保护单元试验、其他试验。

2. 部分试验

部分试验是指对部件、子系统、系统进行的功能性试验。在试验过程中如果任何设备重新更换或变更位置，则需要进行重复试验，以保证设备保持完全的功能和运行安全状态。所做试验不得低于设备原先试验和验收所用的要求程序。

通信系统部分试验主要包括电源系统、传输系统、接入系统、数据网、同步及时钟分配系统、GSM-R 移动通信系统、调度系统、电视会议、电话会议、综合视频监控系统部分试验等项目。

信号系统部分试验包括联锁设备、列控设备、CTC、信号集中监测等项目。

牵引供电系统部分试验包括：综合自动化系统联调、变电所整组试验、接触网静态检测、变压器绝缘油特性试验、接地装置试验等项目。

电力供电系统部分试验包括：变、配电所整组试验，箱式变电站试验、电缆试验、架空线路试验、站场供电设备试验等。

3. 系统试验

系统试验是为证明整个工程（含通信系统、信号系统、牵引供电系统、电力供电系统等各系统）能按合同规定的各项要求正常发挥整体功能而做的联调试验，为集成系统集成试验、试运行等提供条件。

4. 集成试验

集成试验是指在试运行前进行的综合联调试验，集成试验要证明所有各系统接口之间的整体能力，检查所有经过成功测试的子系统是否可以连接在一起运行。集成试验合格后，被试验项目便可用作试运行。

5. 试运行

试运行系指由建设单位组织、相关建设单位和运营单位配合进行的对固定设备、动车组及运营程序的最终试验，主要通过运行图参数测试、故障模拟、应急救援演练、按图行车，检验各系统在正常与非正常条件下运输组织的适应性，验证行车组织方式能否满足运营要求；检验模拟设备故障和自然灾害条件下的应急处理能力；为完善科学合理的运输组织方案提供技术依据。

7.5.2 安装试验

7.5.2.1 通信系统安装试验

1. 通信光缆线路安装试验

1）试验内容

光缆单盘性能指标测试，光纤接续衰耗指标测试，光中继段性能指标测试。

2）试验步骤

（1）光缆到货后进行光缆单盘测试，测试项目包括光纤固有衰减及长度，并做好单盘测试记录。

（2）光缆敷设一定数量后，光缆接续时进行光纤接续衰耗指标测试，测试方法采用“终端光纤环接，测试点随接续点移动的双向监测法”，用 OTDR 实时监视接续质量，并做好测试记录。

（3）中继段光缆接续完成并引入成端后，用 OTDR 测试光缆中继段光纤线路衰耗，其实测值应小于光缆中继段光缆线路衰减计算值，并做好测试记录。

（4）用回波损耗测试仪进行 S ~ R 点间最大离散反射系数和 S 点最小回波损耗的测试。

2. 通信电缆线路安装试验

1）试验内容

电缆单盘电特性指标测试，电缆接头电特性指标测试，全段电特性指标测试。

2）试验步骤

（1）电缆到货后先对电缆进行单盘直流电特性指标测试，并做好单盘测试记录。

（2）需要电缆接头时，对电缆接头进行电特性指标测试，并做好测试记录。

（3）电缆引入成端后对整段电缆进行交、直流电特性指标测试，并现场做好测试记录。

3. 漏泄电缆线路安装试验

1）试验内容

漏缆单盘电特性指标测试。

2）试验步骤

漏缆到货后，对漏缆单盘直流电特性指标进行测试，测试项目包括：内导体直流电阻、外导体直流电阻、绝缘介电强度、绝缘电阻，并做好测试记录。

4. 综合布线安装试验

1）试验内容

缆线的（单盘）电特性指标测试，金属桥架等构件的接地电阻测试；缆线连接插座后连通性和正确性测试；综合布线系统光电缆特性指标测试。

2）试验步骤

（1）线缆到货后对线缆（单盘）电特性指标进行测试。

（2）对桥架等构件的接地电阻进行测试，并做好测试记录。

（3）最后对综合布线系统光电缆特性指标（包括信道衰减量、基本链路衰减量、信道近端串音、基本链路近端串音、光缆布线链路衰耗、光缆布线链路的最小光回波损耗）进行测试。

5. 通信铁塔安装试验

通过对铁塔基础用钢材、水泥等原材料性能以及铁塔安装性能进行静态试验，检测其相关性能是否符合规定要求，确保其安装质量。

1）试验内容

基础坑深度、标高、塔靴安装位置检测；基础原材料检验；混凝土试块送检；铁塔高度及垂直度检测，防雷接地电阻测量。

2）试验步骤

（1）基坑开挖完成后，进行铁塔基础深度、标高等指标检测。

（2）钢材、水泥等原材料运达现场后进行质量检验。

（3）基础混凝土浇筑时做试块送检，进行强度等级检测试验。

（4）待铁塔安装完成后，进行高度、垂直度检测及铁塔防雷接地电阻检测。

6. 通信设备安装试验

通过对通信各系统的设备安装、配线及部件、设备单机性能等进行试验，检测其性能是否符合规定要求，确保其安装质量，为通信各系统部分试验做好准备。

1）试验内容

接地电阻值；线缆的连通性能及绝缘性能；电源指标；各系统单机性能和接口性能。

（1）电源系统单机试验。

① 用绝缘表测试电源设备的绝缘性能。

② 测试电源系统加载前应检查各处无短路。

③ 用电压表测试相线与相线、各相线与零线之间的交流电压应在正常范围内。

④ 给设备送电前应按设备电气原理图与施工配线图检查核对，所有电源设备的开关均应处于“断开”的位置。

⑤ 测试交流配电箱的机械电气双重联锁功能、切换功能、欠电压和过电流保护等功能。

⑥ 利用计时装置自动切换配电柜通电试验时，对两路电源自动切换装置的延时性能进行测试。

⑦ 不间断电源（UPS）系统启动后，对 UPS 性能及功能进行调试。

⑧ 测试蓄电池的性能。

⑨ 进行高频开关电源通电试验。

⑩ 对电源系统配线进行通电试验。

（2）传输系统单机试验。

① 对 SDH 设备下列功能和性能进行检查或调试。

出厂检验报告检查项目：SDH 光接口的消光比、发送信号眼图、激光器工作波长、最大均方根谱宽、最大-20 dB 谱宽、最小边模抑制比、光通道代价。

单机性能调试项目：SDH 光接口、SDH 抖动、SDH 误码、SDH 设备的告警功能、SDH 定时和同步。

② 对以太网下列功能和性能进行调试或检查。

出厂检验报告检查项目：千兆物理接口、透传功能、汇聚功能、二层交换功能、

千兆以太网物理接口调试项目：平均发送光功率、中心波长、接收机灵敏度。

③ 对 ATM 的物理接口功能和性能进行调试。

④ 对 MSTP 设备时钟的功能和性能进行调试。

（3）接入网系统单机试验。

出厂检验报告检查项目：光线路终端（OLT）设备性能、光网络单元（ONU）设备性能。

单机调试项目：OLT、ONU 的时钟接口同步功能试验；OLT、ONU 的告警和监视功能试验；系统业务节点（SNI）的 V5 接口（2M 电接口）物理层性能误码、比特率、输出抖动、输入抖动容限。

（4）数据网系统单机试验。

① 设备单机加电后，对数据通信设备进行 IP 地址、路由协议等参数的配置。

② 检查数据通信设备出厂检验记录或出厂检验报告接口性能与路由协议。

③ 对路由器单机设备进行下列性能和功能进行调试：接口测试、单机状态检查、性能测试、路由协议功能试验、服务质量（QoS）测试、可靠性测试。

④ 对以太网交换机单机设备下列性能和功能进行调试：接口测试、功能试验、二层性能测试、三层性能测试、协议功能试验、可靠性测试。

⑤ 对防火墙单机设备性能和功能进行调试。

（5）同步及时间分配系统单机试验。

① 对下列时间同步设备进行功能试验：设备工作状态检查；倒换功能检查；告警功能检验；通信功能检验，当外时钟标准信号源故障时，母钟能利用自身的稳定信号源工作，并按自身的计时精度输出校时信号；当中断外部校时信号时，子钟能按自运行计时精度正常显示时间。

② 对下列时间同步设备的单机性能进行测试。

出厂检验报告检查项目：母钟、显示子钟、NTP 接口处理能力；

单机调试项目：NTP 接口的时间精度、NTP 协议；测试 BITS 输出端口。

（6）GSM-R 移动通信系统单机试验。

① 子系统设备试验：

设备上电调测之前，应确认设备配线正确、接地良好、供电以及机房温度和湿度正常。设备上电后，机架所有指示灯应指示正常，对设备所有单元进行状态查询，应工作正常。

子系统调测前，设备单机测试应完成并合格，并应确认相关的传输通道良好。

网管调试加载数据过程中严禁断电，应用数据配置时应及时进行备份。

② 无线子系统设备试验：

基站加电前，应对基站设备的电源配线、射频电缆、机柜配线及相关的重点部分进行检查确认；应依次加电并检查设备各电源和单板供电情况，确保供电回路的工作电压和电流正常。

应根据设计文件和相关技术标准，并参照产品说明书，对基站子系统下列参数进行配置：接口数据配置；小区数据配置；系统数据配置和切换数据配置。

按照现行通信行业标准《900/1800 MHz TDMA数字蜂窝移动通信网基站子系统设备技术要求及无线指标测试方》（YD/T 883）或相关铁路行业标准，对下列项目进行调试：链路指示调试、基本性能调试、设备控制调试、发射指标调试、接受指标调试。

中继直放站设备调试应进行衰减设置，满足下行信号电平覆盖及上下行平衡。对中继直放站设备的标称最大输出功率、增益、自动电平控制范围、频率误差（仅适用于移频传输直放站）、GSMK调制时调制准确度（仅适用于移频传输直放站）、最大允许输入电平、输入/输出电压驻波比等进行测试。

（7）调度系统单机试验。

对单机的下列项目进行调试：

① 相关接口电气性能测试：ISDN基群速率接口、ISDN基本速率接口、Z接口电气特性、终端平衡回损、共总接口、共分接口、磁石接口、接收灵敏度、音频2/4线接口、模拟调度总机接口、用户信号方式直流脉冲接收、信号音和铃流指标。

② 单机呼叫处理能力测试：内部呼叫接通率、过负荷控制能力。

（8）电视会议系统单机试验：对摄像机性能、MCU设备的视频/音频特性、调音台主要性能参数进行调试。

（9）综合视频监控系统单机试验。

对视频监视设备单机进行下列功能试验和性能调试：摄像机性能调试、管理服务器和数据库服务器调试、视频监视客户端调试。

（10）应急通信系统单机试验。

① 对视频参数、静图参数、语音参数进行配置。

② 对应急语音指挥台、视频监控管理台、网管服务器、静图服务器的单机功能进行调试。

2）试验步骤

（1）设备及部件机架安装后，检测接地电阻值。

（2）设备配线前后检测其线缆的连通性能及绝缘性能。

（3）设备通电前检测其电源指标。

（4）单机工作正常后检测其单机性能和接口性能。

7.5.2.2 信号系统安装试验

信号系统的安装试验包括电源设备、电缆测试、轨道电路、信号机、道岔转辙装置、联锁设备、车载设备、CTC、信号集中监测等项目。

1. 电缆线路安装试验

1）电缆试验内容（见表 7-11）

表 7-11 电缆试验有关内容

序号	试验项目	试验内容及要求	备注
1	规格检查	符合设计要求	
2	型号检查	符合设计要求	
3	外观及安装	外观完整，安装位置符合设计要求	
4	配线	配线工艺、质量符合设计要求	
5	技术参数	导线直流电阻； 工作线对导体电阻不平衡； 绝缘电阻； 工作电容	

2）试验步骤

（1）对电缆的 A、B 端进行技术确认，检查电缆铝护套密封性能。

（2）线间、对地绝缘电阻测试。

（3）导线直流电阻测试。当周围环境温度变化较大时，将测试值换算成 20℃时电阻值。

（4）屏蔽四线组内每个工作线对的电阻不平衡计算。

2. 电源设备安装试验

1）试验内容（见表 7-12）

表 7-12 电源设备试验内容

序号	试验项目	试验内容及标准
1	规格检查	符合设计要求
2	型号检查	符合设计要求
3	外观及安装	外观完整，安装位置符合设计要求
4	配线	配线工艺、质量符合设计要求
5	技术参数	各类电源输出参数符合要求； 防雷单元、绝缘电阻符合要求； 正常绝缘、潮湿绝缘耐压符合要求； 输出电源对地电流符合要求

续表

序号	试验项目	试验内容及标准
6	功能	智能电源设备： 输入电源过压/欠压/断相检测； 两路电源输入的自动、手动快速切换性能、切换时间； 直流电源输出均为主、备两组热备用； 有关电压、电流及工作状态的监控显示装置； 各路输出电源均设输出监督继电器或其他监督设备； 系统应具有安全、稳定、可靠的性能； 监控模块声光告警功能； 电源模块采用 1+1 热备用； 具有短路保护、可靠的人身安全防护及电气火灾防护系统； 可靠的雷击浪涌保护装置； 绝缘电阻及性能； 整机噪声； 有电源接地检测设备。 UPS 电源设备： UPS 电源系统的设备容量符合设计规定； 过载保护功能； 输入市电故障，UPS 电源系统转换时间、供电时间； 试验监控单元工作正常； 试验故障告警功能

2）试验步骤

（1）电源屏试验步骤：

① 电源设备送电前，应对电源设备进行配线检查；

② 整机测试前对电源设备的有关元器件进行测试；

③ 对电源屏进行空载测试，保证各项指标符合设计要求；

④ 对电源屏进行电源输出试验前，检查其输出配线正确、负载端空载；

⑤ 测量各类输出电源；

⑥ 对电源屏进行两路电源切换试验；

⑦ 对输出电源进行主备切换试验；

⑧ 试验监控单元工作情况和故障告警功能。

（2）UPS 试验步骤：

① 测试 UPS 系统的设备容量、输出电源电压、频率、过载保护性能；

② 测试 UPS 电源系统满负荷放电时间；

③ 试验监控单元工作情况和故障告警功能。

3. 轨道电路及轨旁设备安装试验

1）试验内容（见表 7-13）

表 7-13　轨道电路及轨旁设备试验内容

序号	试验项目	试验内容
1	外观	外观完整
2	型号规格	设备型号符合设计要求； 轨道连接线、道岔跳线规格符合设计要求
3	配线	配线工艺、质量符合设计要求
4	安装	安装位置符合设计要求； 安装符合供货商提供安装图纸； 设备安装限界
5	电气参数	轨道发送器技术参数； 轨道接收器技术参数； 通用调谐单元、匹配变压器电压； 轨道调整电流、分路电流； 轨道调整电压、分路残压； 轨道电路信息发送检测； 信息传输试验； 分路试验

2）试验步骤

校核室内配线，由电源屏分别给机柜空载送电，逐架（柜）合上断路器，核对各架（柜）电源输入是否正确，有无短路、混电、接地等故障。

对接收盒、发送盒及继电器等器件进行检测和外观检查，按照设备布置图将发送器、接收器插入对应的 U 形槽，并用专用工具锁闭。

调整发送器的输出电平；调整电缆模拟网络组匣，使各个区段都在 7.5 km 长度；调整接收电平为 400 mV。

按轨道区段逐一送电，接通断路器；启动电源，经过约 5 s 延迟，发送“工作”表示灯点亮，表示发送盒工作正常；正常后测量发送盒的输出电平、载频、低频。

按轨道区段逐一送电，接通断路器；开启电源，经过约 5 s 延迟，接收“工作”表示灯点亮，表示接收盒工作正常。

分别模拟进站信号为正线接车、侧线接车，观察进站口发送器编码状态并测量相应移频信号的载频、低频，同时观察相关通过信号机的显示及测量移频信号。

逐一切断通过信号机点灯电源，使 DJ 失磁，观察灯光转移及信号降级显示。

逐一断开发送器电源，检查发送器能否自动转换到备用发送器。进行移频报警试验。

向室外的送电端送电，在室外测量轨道连接线处的电压值。

在分线盘处将本区段发送软线通道与接收电缆通道连接，测量室外接收端轨道连接线处的电压值。

测试设备正常工作时发送盒的输出电压，测试轨道电路调整和分路状态下接收盒接收电压、调谐单元及轨面电压。

4. 信号机安装试验

1）试验内容（见表 7-14）

表 7-14　信号机试验内容

序号	试验项目	试验内容
1	外观及安装	外观完整无损坏，机内设备安装牢固，安装位置符合设计要求
2	型号规格	符合设计要求
3	配线	配线工艺、质量符合设计要求
4	建筑限界	按客运专线限界标准
5	灯光显示	灯位显示颜色； 显示距离
6	控制系统	控制单元模块工作正常； 断丝报警
7	电压	变压器输入、输出电压； LED 灯盘点灯电压

2）试验步骤

（1）检查信号机外观、型号、配线规格及安装限界；

（2）在分线盘进行信号机单项送电试验，核对灯位及显示颜色；

（3）测量变压器输入、输出电压；

（4）测量点灯电压；

（5）进行灯丝断丝报警试验，并测量控制单元报警端子电压。

5. 道岔转辙设备安装试验

1）试验内容（见表 7-15）

表 7-15　道岔转辙设备试验内容

序号	试验项目	试验内容
1	外观	外观完整

续表

序号	试验项目	试验内容
2	型号规格	型号规格符合设计要求； 安装装置规格型号及安装方式符合设计及安装图并执行施工规范
3	配线	配线工艺、质量符合设计要求
4	安装	安装方正，转辙机与道岔主线基本轨平行； 尖轨（心轨）与基本轨（翼轨）有 4 mm 及以上间隙道岔不得锁闭； 道岔密贴； 外锁闭在尖轨（心轨）定、反位两侧动程均等； 道岔表示缺口
5	表示	定位表示及接点检查； 反位表示及接点检查； 密贴检查器检查； 定反位挤岔试验； 4 mm 无表示试验
6	电气参数	转辙机工作电压； 转辙机启动电流； 转辙机动作电流； 转辙机故障电流； 道岔转换时间； 多点牵引道岔前后转辙机动作一致性； 道岔现地操纵试验

2）试验步骤

（1）进行道岔转辙装置外观、型号、配线规格及道岔方正等机械特性检查。

（2）在分线盘处，将道岔控制电缆与道岔操纵箱连接，并检查配线是否正确。

（3）接通道岔操纵箱电源，在室外测量电压。

（4）电压值达到标准后，对道岔进行定、反位操纵，测量转辙机工作电压、转辙机启动电流、转辙机动作电流，检查定位表示及接点检查、反位表示及接点检查。

（5）进行多牵引点道岔转辙设备动作一致性试验。

（6）进行尖轨 4 mm 不锁闭试验。

（7）进行挤岔报警试验。

（8）用万用表测量故障电流。

6. 列控地面设备安装试验

1）试验内容（见表7-16）

表7-16 列控地面设备试验内容

序号	试验项目	试验内容及标准
1	外观	外观完整
2	型号规格	型号规格符合设计要求
3	配线	配线工艺、质量符合设计要求
4	设备性能试验	SILAM控制的确认测试； SEI输出测试； SEI基础输入； 临时限速测试； 安全输入测试； 机车信号地面码序调试； 应答器测试； 机车信号地面码序调试

2）试验步骤

（1）对列控地面设备进行技术确认。

（2）对列控设备外观、型号、配线进行检查。

（3）进行SILAM控制有效性测试、调车信号机测试、限速测试、运行方向功能测试、SEI输出测试、SEI安全输入测试、双冗余SEI安全输入测试、SEI基本输入测试、子进路锁闭解锁电路测试、轨道电路调整和分路测试。

（4）SEI的采集信息试验。

（5）临时限速的输入、输出试验。

（6）应答器静态测试。

（7）机车信号地面码序调试。

7. SEI联锁设备安装试验

1）试验内容（见表7-17）

表7-17 SEI联锁设备试验内容

序号	试验项目	试验内容
1	外观	外观完整
2	规格检查	符合设计要求

续表

序号	试验项目	试验内容
3	安装	安装符合供货方提供的图纸要求； 安装符合设计要求
4	配线	输入、输出配线规格检查
5	基本联锁	正方向运行接近锁闭； 反方向运行接近锁闭； 区间封锁； 道岔锁闭； 方向锁闭； 道岔控制和表示； 信号控制和有灯丝检查的信号点灯； 冒进信号检测和防护；
6	其他功能	道岔状态表示； 信号机开放位置； 轨道状态表示； 3 秒钟轨道分路的进路防护； 与其他系统接口； 现地控制功能
7	冗余热备	两套系统互为热备； 换模式可选择手动或自动； 任何故障都可导致系统自动切换

2）试验步骤

（1）制作道岔、信号机模拟条件，将继电器全部插上。由接口柜向组合柜送模拟条件电源，脱机完成外部电路采集、驱动单送电试验。

（2）检查显示器的控制与表示功能；按联锁表检查每条进路的联锁情况。

（3）检查每条进路的排路、取消、信号重复开放、正常解锁、人工解锁、调车中途返回解锁、引导接车进路解锁、区段人工解锁、道岔单独锁闭等电路功能。

（4）检查室内外设备报警电路动作及显示情况；其他电路调试试验情况。

（5）对 SEI 设备 CPU 板、输入板、输出板、驱动板的监测和故障定位进行测试。要求正确反映各种插接板的工作状况，一旦出现故障，应给出故障点所在插接板及其在板中的位置，并具有声光报警功能。

（6）对站场的实时跟踪和运行回放功能进行测试，要求其既可动态跟踪当前的站场信息，也可查看过去的作业情况。

（7）对联锁机电源及电源屏运行状态的实时监测功能进行测试。

（8）对进路的办理与响应时间的登记以及故障按钮、加封按钮的使用记录功能进行测试。

（9）对列车信号点灯状态、轨道电路，转辙机状态进行检测、记录功能进行测试。

8. CTC 设备安装试验

1）试验内容（见表 7-18）

表 7-18 CTC 设备安装试验内容

序号	试验项目	试验内容
1	外观	外观完整
2	规格检查	符合设计要求
3	安装	安装符合供货方提供的图纸要求； 安装符合设计要求
4	配线	输入、输出配线规格检查
5	设备电气参数	CTC 中心各工作站； 中心系统局域网上连接的服务器； 调度员台； 助理调度员台； 调车员台； 计划员台； 操作员台； 综合维修台； 各站分机

2）试验步骤

（1）检查控制中心、车站分机设备安装、配线符合设计及技术标准要求。

（2）对室内设备进行通电检查试验，主机各显示屏正常工作，性能达到出厂指标。

（3）室内设备能正常运行和切换，编码、译码、校核、记忆等单项功能正常、综合特性符合要求。

（4）检查确认 CTC 中心各工作站的工作状态是否正常。

9. 集中监测设备安装试验

1）试验内容（见表 7-19）

表 7-19 集中监测设备试验内容

序号	试验项目	试验内容
1	外观	外观完整
2	规格检查	符合设计要求

续表

序号	试验项目	试验内容
3	安装	安装符合供货方提供的图纸要求； 安装符合设计要求
4	配线	采信、电源配线规格检查
5	设备电气参数	服务器电气参数试验； 监测终端电气参数试验； 显示设备电气参数试验

2）试验步骤

（1）检查车站（含区间中继站）监测分机设备安装、配线符合设计及技术标准要求。

（2）检查集中监测终端设备安装、配线符合设计及技术标准要求。

（3）监测分机、监测终端电气参数测试。

7.5.2.3 电力牵引供电系统安装试验

1. 牵引变电高压电气设备单体试验

包括变压器试验、断路器试验、互感器试验、保护装置试验、电抗器试验、隔离开关试验、避雷器试验、电容器试验、高压熔断器试验。

2. 牵引变电继电保护单元件试验

（1）对继电保护单元件进行外观检查和外部接线检查；通电后，使用继电保护测试仪输入继电保护单元电流、电压等模拟量，在液晶显示面板上观察显示值应与实际值相符（回路正确、误差合格）。

（2）在继电保护单元件的液晶显示面板上对控制范围内所有开关进行操作，分、合正常，闭锁关系正确。

（3）用继电保护测试仪对继电保护单元件输入电流、电压等模拟量，模拟各种保护跳闸，对应的开关应可靠动作，动作值应正确，同时通过当地维护计算机或液晶显示屏观察事故信号显示是否正确。模拟各种预告信号动作，当地维护计算机或液晶显示屏上预告信号显示正确、音响正常。在对开关进行分、合闸操作的同时，通过当地维护计算机观察开关位置信号显示是否正确。

3. SCADA 子系统单体测试

所有 SCADA 系统主站和被控端设备安装完成后均应进行单元件试验。试验的内容包括其主站和被控端设备的各模块地址设置、与控制保护装置的接口和通信规约，数据库的定义、主站系统的全部功能如打印制表、主备切换、显示报警、事件记录，各终端的系统一致性、兼容性、适配性、可扩展性等测试等。

4. 接触网安装检测

接触网安装检测项目主要有：支柱安装检测、腕臂装配检测、硬横梁安装检测、恒张力架线检测、接触悬挂调整检测、附加悬挂检测等。

7.5.2.4 电力供电系统安装试验

电力供电系统的安装试验是对设备的主要性能参数如绝缘、耐压、泄漏、动作等性能进行检测试验。

1. 高压电气设备单体试验

单体调试包括变压器试验、真空断路器试验、电压互感器试验、电流互感器试验、隔离开关试验、避雷器试验、电容器柜试验以及高压电缆试验等内容。在设备安装就位后，安装地点应备有稳定可靠的试验电源，且现场环境达到试验要求后即可开展试验工作。针对不同设备，使用专用试验仪器，按规定的试验方法对设备的电气参数、电气性能、机械性能等进行测试，测试结果符合有关标准或满足产品技术要求。

2. 继电保护单元件试验

用继电保护测试仪输入继电保护单元件电流、电压等模拟量，在液晶显示面板上观察显示值应与实际值相符（回路正确、误差合格）。

在继电保护单元件的液晶显示面板上对控制范围内所有开关进行操作，分、合正常，闭锁关系正确。

用继电保护测试仪输入继电保护单元件电流、电压等模拟量，模拟各种保护跳闸，对应的开关应可靠动作，动作值应正确，同时通过当地维护计算机或液晶显示屏观察事故信号显示是否正确。模拟各种预告信号动作，当地维护计算机或液晶显示屏上预告信号显示是否正确、音响是否正常。在对开关进行分、合闸操作的同时通过当地维护计算机观察开关位置信号显示是否正确。

7.5.3 部分试验

7.5.3.1 通信系统部分试验

1. 电源系统部分试验

1）试验内容

输出电压及监测功能试验、管理和控制功能、告警和保护功能、远程监控功能试验。

2）试验步骤

（1）检查输出电压和监测功能。电源设备加电并工作稳定后，用数字万用表检测其输出电压，通过显示屏检查系统运行状态。

（2）管理和控制功能试验。通过操作面板，输入系统各种控制参量对系统实施人工管理、自动管理以及调整系统输出试验。通过设定充电数据（电压保护值、电池容量等参数）调整其整流模块充电方式、充电电流，对其保护和自动完成电池精确充电管理功能进行试验。

（3）告警和保护功能试验。通过模拟电网掉电，电压过高、过低进行声光告警试验；通过模拟电网掉电，使电池向负载供电，进行电池电压降至低压告警值的声光告警和保护电池功能试验；以及电网供电恢复后电源对电池自动均充功能试验。

（4）向负载正常供电。在进行上述试验合格并向电池充电后，电源设备即可向负载正常供电。

（5）远程监控功能试验。待传输通道连通后，进行系统远程控制功能试验。

2. 传输系统部分试验

通过对传输系统进行系统调试，保证传输系统提供符合设计要求的传输通道和设计功能，为其他业务系统联网或信息传递提供标准的承载平台。

1）试验内容

主要是指光通道指标测试、系统设置、传输性能、系统功能、网管系统功能试验，内容包括：

（1）在单机测试正常的情况下，按系统设计，可靠连接各设备单元，用网管进行数据配置。

（2）对 SDH 业务的功能和性能进行调试。

（3）对以太网业务的透传功能、汇聚功能、二层交换系统性能和功能进行测试、试验。

（4）对 ATM 业务的 ATM 系统功能、ATM 物理接口进行测试、试验，通过系统网管确认 MSTP 的时钟性能。

（5）对传输系统网管的通用功能、故障管理功能、性能管理功能、配置管理功能、安全管理功能进行试验。

2）试验步骤

（1）光通道测试。检查核对系统光接口所接光纤序号。用光功率计、回波损耗测试仪等仪表进行 R 点接收光功率、S 点回波损耗测试。

（2）传输性能测试。用 SDH/PDH 分析仪对系统传输性能进行测试，包括 2 Mb/s 通道误码性能、2 Mb/s 通道输出抖动、2 Mb/s 通道漂移特性、SDH 网络接口、PDH 网络接口最大允许输出抖动指标测试。

（3）系统功能试验。用 SDH/PDH 分析仪等仪表对复用段保护功能、通道等保护功能、告警功能、误码性能和开销字节、交叉连接功能、定时基准源倒换功能、业务电话功能进行试验。

（4）网管系统功能试验。网管系统接入，对其性能管理、故障管理、配置管理、安全管理功能和保护功能进行试验。

3. 接入网系统部分试验

通过对接入网系统进行系统调试和试验，保证接入网系统提供符合设计要求的接入通道，为其他业务系统联网或信息传递提供接入承载平台。

1）试验内容

包括光通道指标测试、业务节点接口性能与功能、用户网络接口性能与功能、系统性能和功能及网管系统功能试验。

（1）在单机测试正常的情况下，按系统设计，可靠连接各设备单元，用网管进行数据配置，进行接入网的系统调试。

（2）对接入网下列功能和性能进行调试：站间音频二/四线性能、OLT 与 ONU 之间的传输时延、系统业务节点（SNI）的 V5 接口、系统保护功能、时钟同步功能、系统业务功能、用户电话业务功能试验、接通率测试。

（3）对接入网网管的网络拓扑、业务拓扑管理功能、配置管理功能、故障管理功能、性能管理功能、安全管理功能进行调试、试验。

2）试验步骤

（1）光通道测试。检查核对系统光接口所接光纤序号。用光功率计、回波损耗测试仪等仪表进行 R 点接收光功率、S 点回波损耗测试。

（2）业务节点接口检测。采用通用规程测试仪进行 V5 接口协议检测。检测内容包括：物理层测试、系统启动程序测试、公共交换网呼叫协议测试、控制协议测试、承载通道连接（BCC）协议测试、保护协议测试、链路控制协议测试。V5 接口协议的测试，必须在本地交换机检测合格已开通并与接入网设备连接后方可进行。通常采用不中断业务的“监视方式”测试，即通用规程测试仪跨接在接入网设备光线路单元 OLT 与本地交换机之间的 V5 接口上，实时监视两设备间的信令流量，记录、显示各层协议的信息内容。

（3）用户网络接口检测。用 PCM 话路特性分析仪、数据电路分析仪、ISDN 性能分析仪测试音频二线/四线接口的六项指标、数据接口误码特性，对普通电话业务接口进行功能试验。

（4）系统性能与功能试验。用光功率计、光衰耗器、SDH/PDH 分析仪测试光线路终端（OLT）、光网络单元（NU）的光发送器的平均发送光功率和光接收器的接收灵敏度。用数据电路分析仪进行 N×64 kbit 数字链路的误码特性测试。用 SDH/PDH 分析仪进行高比特率通道误码性能指标测试。用 SDH/PDH 分析仪进行光接口输入抖动和漂移容限测试以及 PDH 通道输出抖动、PDH 输入口抖动和漂移容限、PDH 网络接口容许的最大输出抖动测试。对系统的保护功能、业务电话功能、测量台测量功能进行试验。

（5）网管功能试验。对其基本管理功能、配置管理功能、故障管理功能、性能管理功能、安全管理功能、日志管理功能、环境监控功能进行试验。

4. 数据网部分试验

通过对数据网及其互联功能进行测试和试验，保证数据网提供符合设计要求的数据通道及互联功能，为其他业务系统互联或数据信息传递提供数据传输平台。

1）试验内容

数据网试验包括中继通道测试、接口连接、系统调试、网络指标测试、网管功能试验。

（1）对系统进行性能测试和功能试验，包括：

① 操作维护终端登录；

② 数据保存测试；

③ 时间设置测试；

④ 软件加载试验；

⑤ 网络性能测试；

⑥ 路由收敛测试。

（2）对系统路由策略功能进行试验，包括：

① 路由协议的选用；

② 路由路径验证；

③ 流量均衡检查。

（3）对系统功能进行试验，包括：

① VLAN 功能；

② Eth-Trunk 逻辑端口功能；

③ MPLSVPN 功能；

④ GRE 的基本功能；

⑤ QoS 策略；

⑥ 安全功能；

⑦ NAT 基本功能；

⑧ 可靠性功能、主/备倒换功能。

（4）对系统网络安全功能进行试验，包括网络设备安全和路由安全。

（5）系统网管调试，包括：

① 数据通信系统网管配置、管理、诊断等功能；

② 对数据通信系统网管的资源管理、拓扑管理、配置管理、故障管理、性能监测与分析、路由管理、QoS 管理、WEB 信息发布、报表统计、VPN 管理、流量采集与分析、安全管理等功能进行验证试验。

2）试验步骤

① 中继通道测试。用误码测试仪等仪表对中继通道进行误码特性测试。

② 接口连接。数据通信设备的接口类型包括 E1 接口、V.35 接口、V.24 接口、FE 接口、GE 接口等。连接前应根据设备情况，按设计要求分清接口类型，然后进行正确连接。不同接口间的转换连接要配以正确的转换电缆或 DCE 设备，有转接时还要特别注意时钟问题。

③ 系统调试。在数据网设备正常工作并做好参数配置的基础上，若传输通道调通且接口正确，即可自动寻找和识别路由与网管系统连通。此时利用本地终端便可登录到网管，调用网管提供的管理和诊断功能检查本机状态及与相邻节点连接的状态，同时检查有无硬性故障，若有故障，可以迅速定位是线路的问题还是设备的问题。如果是设备问题，即可判断是本端设备问题还是对端设备问题，以便及时排除，保证网络正常工作。

④ 网络指标测试。利用网管系统提供的测试试验功能或专用数据网络分析仪对数据设备和网络的各项性能与功能指标进行逐项检验测试。

⑤ 网管功能试验。对其配置管理功能、故障管理功能、性能管理功能、安全管理功能、日志管理功能等进行逐项试验。

5. 同步及时间分配系统部分试验

通过测试和试验，保证时钟精度和时间精度满足通信系统及各种应用系统的要求，为各站及各应用业务系统提供统一的时钟接口。

1）试验内容

母钟时钟源输出信号测试。

（1）系统调试，包括：

① 检查既有时钟同步网输出的 2048 kHz、2048 kbit/s 同步信号。

② 对传送同步信号的 SDH 传输网的时钟功能和性能调试。

③ 参照相关测试规范或产品说明书，对 BITS 系统的下列性能进行检查：频率准确度、牵引入/保持入范围、漂移、抖动、输入漂移容限、输入抖动容限、漂移传递特性、相位瞬变、保持性能、相位不连续性。

④ 测试调度中心（所）时间同步输出接口至车站、段所的链路传输误码、传输时延，确认调度中心（所）与各车站之间的时钟传输通道连接正常。

⑤ 时间服务器应能采用 NTP 客户端/服务器方式发播标准时间，NTP 协议功能试验正常；测试调度所 NTP 时间输出端口至客户端的时间同步精度。

⑥ 观察子钟复位及走时状态，子钟应能正常复位追时至与母钟显示时间一致。

（2）系统网管调试，包括：

① 对监测功能进行试验；

② 对告警功能进行试验；

③ 对配置功能进行试验；

④ 对性能数据进行试验；

⑤ 以仿真终端形式直接访问时钟设备，仿真试验；

⑥ 根据库中信息做出各种报表，进行统计功能试验；

⑦ 建立和修改监控系统本身的运行参数（如增、删设备，修改轮询时间），进行系统维护功能试验；

⑧ 对用户权限设置、记录关键性操作、程序运行密码保护进行安全性能检验；

⑨ 对通信功能进行调试，应能够完成通信链路的建立和拆除；

⑩ 对监控管理系统软、硬件故障进行统计试验。

2）试验步骤

时钟源母钟输出接口测试。使用便携仿真终端对时钟源提供的标准时钟信号格式及误码率进行测试，确认满足通信系统时钟精度要求。

6. GSM-R 移动通信系统部分试验

通过对 GSM-R 移动通信系统测试和试验，保证 GSM-R 移动通信系统提供符合设计要求的无线传输通道和无线调度功能，为其他业务系统联网或信息传递提供标准的移动传输平台。

1）试验内容

包括天馈线系统测试、设备性能和功能试验、系统试验。

（1）交换子系统调试。

① 接口电路的断开、复位、阻塞等功能验证测试。

② 2M 数字中继电路接口物理层性能测试：传输误码比特率、比特率偏差、输出电平脉冲图及输出抖动。

③ 检查交换子系统的局间中继，应能保证正常通话，无应答、中继忙及呼叫空号等功能应良好。

④ 检查交换子系统的时钟同步性能：时钟同步的状态显示及监测功能、控制功能、告警功能；网同步基准、主/备时钟自动或人工倒换功能；时钟频偏。

⑤ 对交换机的忙时处理能力（BHCA）、交换子系统的接通率指标进行调测。

⑥ 对 BSS（BTS 与 BSC）基站系统侧无线网络参数、网络交换子系统（NSS）网络侧无线参数、局间数据、电路域业务数据等进行配置，通过电路拨打方式验证对接中继电路的可用性。

⑦ 对移动用户与移动用户间、移动用户与固定用户间的单呼、组呼、广播、优先级呼叫、注册、切换等 GSM-R 相关业务进行验证。

⑧ 对移动交换设备的下列接口功能进行调试：

- A 接口业务功能试验；
- C、D、Gr 接口业务功能试验；
- E 接口业务功能试验；
- Gr 接口业务功能试验；
- 与 PSTN 接口业务功能试验；
- 与 FAS 系统接口业务功能试验。

（2）智能网子系统调试。

① 对 SCP/SSP 数据、呼叫矩阵关系数据、智能业务触发数据进行配置。

② 对功能号注册与呼叫、呼叫矩阵、基于位置寻址功能、调度区域呼叫限制、不唯一车次呼叫等业务进行验证。

③ 对下列接口功能协议进行分析和试验：

➢ MSC 与 gsmSSP 在同一物理实体，采用内部接口：触发相关智能业务功能验证。

➢ gsmSSP/IP 与 SCP 间的接口：由 MSC/gsmSSP 在 SCP 的控制下通过 GSM-R 网络完成呼叫的处理和选路功能验证分析。

（3）通用分组无线业务（GPRS）子系统调试。

① 对下列数据进行配置：

➢ GPRS 核心网数据：信令点码、IP 地址分配、APN、车载设备域名、网元域名等。

➢ GSM-R 相关业务，如车次号与调度命令传送等数据。

② 对 PDP 激活/去活、上下行数据传输、业务挂起与恢复、流量控制、无线接入能力等数据业务通过 FTP 方式进行验证。

③ 对下列接口功能协议进行分析和试验：

➢ Gb 接口业务功能试验。

➢ Gn 接口业务功能试验。

（4）网管子系统调试。

① 网管调测包括基站子系统网管、中继子系统网管、交换子系统网管、智能网子系统网管、通用分组无线（GPRS）子系统网管的调测。

② 调测应首先进行调试准备，包括检查操作维护软件运行正常、软件版本正确、网络通信正常。

③ 硬件调测应包括本局数据的配置和上电加载，检测单板运行情况和硬件数据配置的正确性。

④ 中继、信令调测应包括分组与传输、对端局局间中继和信令的对接；检测局间中继、信令连接；验证配置的正确性。

⑤ 业务试验应包括对基本业务、智能业务等系统要求提供的所有业务的调试，检测系统能否正常提供业务、计费是否正常等。

⑥ 网管功能试验应包括配置管理、故障管理、测试管理、维护管理、安全管理等。

（5）系统调试。

系统调测包括场强及干扰调测、系统业务及功能试验、系统服务质量（QoS）调测。

① 场强及干扰调测，包括：

● 系统应进行全线场强及网内越区干扰检测。

● 对于不满足要求的场强覆盖及网内越区干扰，应针对具体原因进行下列调整：天线方位角、俯仰角；基站设备发射功率；中继设备发射功率；设备参数调整；

天馈线驻波比。

- 系统调整后应进行场强及网内越区干扰复测，直至达到要求。

② 系统业务及功能试验，包括语音功能试验、数据功能试验。

语音功能试验应包括下列内容：

- 点对点语音呼叫；
- 发起方以 GSM-R 组 ID 发起的语音广播（VBS）；
- 语音组呼（VGCS）；
- 移动发起方以紧急呼叫组 ID 发起紧急呼叫。

数据功能试验包括电路域数据传输和分组域数据传输功能。

对于不满足相关要求的，应分析具体原因并进行相应调整，包括设备参数调整；核对单体设备工作状况和核对设备配置文件。

系统调整后应进行功能复测，直至达到相关要求。

③ 系统服务质量（QoS）调测，包括：电路域语音业务与非列控类数据业务 QoS 测试、电路域列控数据业务 QoS 测试、分组域 QoS 测试和移动点对点短消息 QoS。对于不满足相关要求的性能指标应分析具体原因并进行相应调整，包括设备参数调整；核对单体设备工作状况和分析干扰并采取相应措施。

系统调整后应进行性能复测，直至达到相关要求。

2）试验步骤

（1）天馈线系统测试。

用天馈线测试仪对天馈线系统衰减及端口驻波比进行测试，系统衰减包括发信馈线衰减及收信馈线衰减。

（2）设备性能和功能试验。

固定终端设备检测：主要进行调度终端、车站终端及各类电话分机设备功能试验。

移动终端设备检测：用无线综合测试仪检测其发射功率、接收参考灵敏度、频率配置、频偏、音频输出功率、信噪比、失真、移动数据终端设备的传输误码率等技术指标。

光纤直放站检测：用光功率计、可调光衰耗器、传输分析仪检测设备的光路参数，包括入纤光功率、光接收灵敏度；用无线综合测试仪、射频信号源检查测试光纤直放站的射频参数，包括下行输入电平、上行输入电平；用无线综合测试仪、射频信号源、天馈线测试仪检查测试光纤直放站的传输参数，包括传输载噪比、接收端 AGC（自动增益控制）范围、接收端 AGC（自动增益控制）范围。

基站信道机检测：用无线综合测试仪检测发射设备的发射功率、发射频偏、相位误差、杂散辐射功率电平等指标；检测接收设备接收灵敏度、同频干扰保护比、邻频干扰保护比、杂散辐射功率电平等指标。

基站控制器检测：主要试验对信道机初始化、分配与再分配、软件下载、监控与观测功能，自我保护功能，基站系统配置数据存储及无线资源管理功能，移动台越区切换管理功能，信道机及移动台发射功率控制功能，短消息业务管理功能。

基站系统检测：主要试验自动检测及故障诊断功能，查阅、设置、更改各设备基本参数功能，查阅、控制各设备运行状态功能，查阅各设备告警状态并输出告警的功能；用场强测试仪测试无线覆盖区内覆盖率。

（3）系统试验。

① 系统场强测试和优化。

参照设计的覆盖场强指标，测试系统范围内接收信号电平的分布情况，以便正确地确定基站的无线覆盖范围；测试环境噪声的大小和同频干扰的范围，以便为确定覆盖区边缘的最小保护场强和最小的频率复用距离提供依据。

调整各基站信道机的发射功率，对设计中各基站覆盖边缘及系统覆盖区域内各地点的上网情况进行优化。

② 系统性能检验。

用计时仪、自动拨打测试仪、电子地图和路测工具等测试仪表进行 GSM-R 网络服务质量测试，包括端到端连接建立时间、呼损率、透明 TCH/F2.4 的比特错误率、传输干扰率、掉话率、连接重建时间、越区切换处理时间、越区切换中断时间。

用自动拨打测试仪进行电路呼损测试，包括无线信道呼损、MSC 至 BSC 中继呼损、MSC 至 MSC 中继呼损、MSC 至固网关口局中继呼损指标。

用计时仪、自动拨打测试仪、电子地图和路测工具等测试仪表进行 GPRS 数据业务系统性能测试，包括 GPRS 附着（Attach）成功率、平均附着时间，PDP 激活成功率、平均激活时间、GPRS 时延指标，平均误码率、上行/下行平均吞吐量等技术指标。

③ 系统功能试验：试验 GSM-R 无线通信系统所有铁路应用业务功能，包括调度通信功能、车次号校核及列车停稳信息传送功能、调度命令的功能等。

3）试验设备

天馈线测试仪、射频信号源、无线综合测试仪、光功率计、光衰耗器、传输分析仪、大话务量测试仪、模拟呼叫器、场强测试仪、计时仪、自动拨打测试仪、电子地图和路测工具等仪表。

4）验收标准

试验各项指标满足设计文件、《客运专线铁路 GSM-R 数字移动通信工程施工质量验收暂行标准》及供货商的安装手册要求。按现行的国家、铁路总公司有关技术标准、规范；采用所在国的有关国家标准、制造商有关产品技术标准进行验收。

7. 调度系统部分试验

通过测试和试验，保证调度系统实现设计的所有调度功能，为客运专线运输管理、行车指挥等调度业务系统提供优良的调度服务。

1）试验内容

包括系统软件安装、通道检测、系统数据配置、系统功能试验、集中管理维护功能试验。

（1）系统调试，包括：

① 对系统的时钟同步性能进行调测，对系统的呼叫业务功能进行试验。

② 对系统的 2M 数字环自愈功能、掉电直通功能、主要设备冗余倒换功能的可靠性进行试验。

③ 对系统数字电路系统间传输误码、系统间呼叫接通率、呼叫建立时延、传输性能进行试验。

④ 进行与 GSM-R 系统间功能验证及性能调测：系统间 DSS1 信令协议测试；系统间呼叫业务实现验证；系统间性能测试。

（2）系统网管调试，包括：对下列网管功能进行调试：配置管理功能；性能管理功能；故障管理功能；安全管理功能。

2）试验步骤

① 系统软件安装。按设备技术说明书要求，进行集中维护管理终端的操作系统、数据库管理系统软件的安装和数据导入；然后进行集中维护管理系统、通信服务器和数据库服务器的安装；建立操作系统与主系统之间的命令、数据通信功能。

② 通道性能及设备接口特性检测。用误码分析仪对传输及接入网系统提供的传输通道进行检测，用振荡器、电平表、直流电桥、阻抗测试仪、数字示波器对系统设备提供的各种接口特性进行检测。

③ 系统数据配置。按设计文件和设备技术说明书的要求，用集中维护管理终端对主系统的环数据和车站数据进行配置，加载系统批量数据。然后对主/分系统的各类板卡、主系统侧调度台、分系统侧操作台、连接分系统的各类行车指挥电话等进行具体设置。

④ 系统功能试验。将主系统侧的调度台、分系统侧的车站值班员操作台及各种行车电话接入系统，按调度业务分类在集中维护管理终端的配合下分别对各种调度业务功能进行试验，包括调度台功能、值班台功能、设备接入功能、调度系统的系统功能以及接入 GSM-R 系统的各种调度业务功能。

⑤ 集中管理维护功能试验。通过对集中管理维护系统的操作，试验其对调度

系统数据设置和修改功能，自动检测通路及设备故障、故障定位、故障统计报表功能。并对其一般管理功能、配置管理功能、故障管理功能、安全管理功能等进行全面的检查试验，确保维护台实现各种集中管理维护功能。

8. 电视会议系统部分试验

通过测试和试验，保证电视会议系统实现设计要求的所有电视会议功能，为客运专线运营管理工作提供优良的电视会议服务。

1）试验内容

包括信道测试、系统基本功能、监测管理功能试验。

（1）对系统的下列项目进行调测：

① 端到端传输性能要求；

② 会议电视系统视频性能指标；

③ 视频复合信号主视频要求：图像质量、图像清晰度、图像连续性、图像色调及色彩饱和度；

④ 会议电视系统音频性能指标；

⑤ 音频信号主观评定要求：回声抑制、唇音同步、声音质量；

⑥ 会议电视系统功能试验要求：多种控制方式、远端摄像机控制功能、本地摄像机控制功能、本地音量调节、本地和远端视频源选择、静音及取消静音功能、哑音及取消哑音、混音功能、字幕功能（系统能实现字幕功能，并能实时修改、叠加混合）。

（2）对网管系统的下列项目进行调试：

① 对远端终端的参数设定；

② 异地编码/解码器工作状态；

③ MCU 组网方式中还应能实现的功能：会议预约、会场实时加入。

2）试验步骤

（1）信道特性测试：用误码分析仪分别对提供的专用传输信道以及会议电视网内任意两个编码/解码器之间端到端的传输性能进行测试。

（2）系统基本功能试验，包括：

① 画面显示功能。全部会场显示同一画面，可用双监视器或画中画的方式显示画面。

② 主会场遥控操作功能。主会场通过遥控操作，可使参加会议的全部受控摄像机动作，并可调整画面内容和清晰度，受控摄像机应能进行正常的摇摆、倾斜、焦距调整、聚集等动作。

③ 主会场控制功能。通过操作，主会场能任意选择主席控制方式、导演控制方式、声音控制方式或演讲人控制方式，全部会场的画面可依次显示或任选其一。

④ 通话功能：除主会场与发言会场可以进行对话外，还允许 1 ~ 2 个会场进行插话。

⑤ 请示发言功能。任何会场均有权请示发言，申请发言的信号在主会场的特设显示屏上显示。

⑥ 切换会场的画面功能。当某一会场需要长时间发言时，主会场能任意切换其他会场的画面进行轮换广播，而不中断发言会场的声音。

（3）监测管理功能试验：会议电视效果的监测管理系统，应具备本地或远端监测、诊断和实时显示的功能。

9. 综合视频监控系统部分试验

通过对综合视频监控系统进行调试和试验，保证系统实现设计的所有视频监控功能，实时地为运输管理提供各监控点现场视频信息，保障运输安全。

1）试验内容

包括通道特性检测、摄像机功能及系统功能试验、系统图像质量检验。

参照产品说明书，对视频监视系统进行下列功能试验和性能调测：

① 前端采集设备与监控中心间调试；

② 现场至监控中心间系统传输通道性能测试；

③ 监控中心对各车站内的摄像机控制功能试验；

④ 系统性能要求；

⑤ 系统显示与记录等其他功能；

⑥ 集中维护管理功能。

2）试验步骤

（1）通道性能检测。用光源、光功率计和 OTDR 进行光通路检测，测试线路衰减指标。

（2）摄像机功能试验。用现场操作的方法，对摄像机云台转动及镜头控制范围进行试验。

（3）系统功能试验。按设计提供的功能表，在监控中心维护终端，逐一对视频切换和图像存储等系统功能和管理功能进行试验。

（4）系统图像质量检验。在摄像机标准照度下，用综合测试卡进行系统图像水平清晰度及系统图像画面灰度检验；按规定要求对系统图像进行评价。

10. 应急通信系统部分试验

通过对应急通信系统进行调试和试验，保证系统实现设计的所有应急通信功能，保证应急救援的通信畅通。

1）试验内容

包括通道特性检测、系统功能试验。

（1）对应急通信系统下列性能进行调试：

① 应急现场设备到达现场展开至系统开通的时间；

② 移动影音设备最大传输距离；

③ 应急现场所有设备可连续工作时间；

④ 应急现场至应急中心间端对端通道带宽、时延、丢包率等。

（2）对应急通信下列系统功能进行试验：

① 应急救援现场动图上传功能；

② 应急救援现场静图和数据上传功能；

③ 指挥中心与现场语音通信功能；

④ 现场内部通信功能；

⑤ 其他功能：图像与语音通话的存储、回放、检索等。

2）试验步骤

（1）对应急通信设备及通道进行试验；

（2）对应急通信图像和语音上下传等系统功能进行试验。

7.5.3.2 信号系统部分试验

系统设备安装试验完成，各单体设备安装达到设计、标准要求后进行系统设备部分试验。

根据本信号系统的设备组成，部分试验项目如下：联锁子系统部分试验；列控子系统部分试验；CTC 子系统部分试验；集中监测子系统试验。

7.5.3.3 电力牵引供电系统部分试验

1. 综合自动化系统部分试验

综合自动化系统通常由主控单元、液晶显示器、下位综合保护监控单元、通信接口等部分组成，设置有用于控制断路器和电动隔离开关的控制按钮（带指示灯）

及当地/远方转换开关，配有与调度系统主站主备通道的通信接口以及与便携式维护计算机的通信接口。

综合自动化系统联调是指变电所、AT 所、分区所内各子系统之间的系统调试，包括综合自动化系统与变电所、AT 所、分区所内各设备间隔层间的控制保护、信号报警、电气参数测量的联合测试。

2. 变电所整组试验

整组试验是检验各工序的施工质量符合施工规范、验收标准、设计要求的重要步骤，是保证系统工程顺利开通的关键。

参加试验的技术人员在整组试验开始前必须认真、仔细地熟悉施工图及相关设计变更的内容，熟悉系统工作原理；校验盘（柜）端子排的配线、端子排编号是否与设计图一致；将电源接入保护装置，按照设计及产品技术要求检查其功能是否能实现。

根据设计施工图首先做电动隔离开关、断路器的单控操作，灯光、位置信号试验。在所有的电动设备单控操作，灯光、位置信号试验完成后进行联动试验，检查相互之间的闭锁关系能否实现。联动试验完成后，认真校核电流、电压回路的接线，并逐个在控制保护单元输入整定值，根据保护的不同类型，在保护回路中多次输入大小不同的电压、电流量及相位角，模拟各类故障，检查保护装置动作是否可靠、正确，各种保护功能能否正常实现。在试验中发现与设计原则不符的问题应及时纠正。

在整组试验中发现的问题，要予以复核，并通过改线、配线等方式及时解决。在试验完成后，恢复电压互感器、电流互感器的二次接线时必须经技术人员现场确认方可进行。

各种保护动作可靠，不得出现拒动、误动的现象。电动隔离开关和断路器之间相互闭锁关系正确。

3. 接触网静态检测

接触网工程的检测是评价工程质量的科学和公正的依据，而检测的项目、标准和可靠的检测手段是检测技术的关键，接触网检测分静态检测和动态检测两个阶段。

（1）静态检测。

静态检测主要在工程安装阶段对接触网结构参数（导线高度、拉出值、限界、动态包络线检查等）进行测量。

（2）受电弓动态限界检测。

接触悬挂安装调整完毕后，应根据设计给定的电力机车受电弓外形尺寸和受电弓最大抬升量及最大左右摆动量制作受电弓动态限界（包络线）检查尺，安装在作业车上，模拟受电弓检测定位装置、锚段关节、岔区接触悬挂和线岔的位置。

腕臂、定位装置、锚段关节、岔区接触悬挂和线岔各部位均应在受电弓动态限界以外，不得有碰弓和钻弓等现象发生。

（3）接触悬挂静态弹性检测。

接触悬挂全部安装调整完毕后，应利用接触网检测车或人工用弹簧秤以 80 N 上抬力进行静态弹性检测，即进行悬挂点与跨距中部弹性非均匀度检测。

4. 接地装置试验

接地装置在竣工后以及运行中均按规定测量其接地电阻值。

5. 绝缘油特性试验

对变电所绝缘油取样进行击穿试验。

7.5.3.4 电力供电系统部分试验

试验内容主要包括：

（1）电缆的绝缘电阻测量、工频耐压试验、直流泄漏电流测试、相序检测。

（2）架空线路三相对地绝缘测试、相间绝缘测试。

（3）站场供电中的配电箱与负荷设备的控制测试。

（4）箱式变电站的高低压控制、保护测试。

（5）变配电所高低压控制、保护测试，如接地、短路、断电故障下的自动保护等。

（6）变配电所控制保护装置性能测试，如主控单元、液晶显示器、下位综合保护监控单元、通信接口等部位的测试。

7.5.4 系统试验

1. 系统试验的目的

系统试验是为证明整个工程（含通信、信号、牵引供电系统、电力供电系统等各系统）能按合同规定的各项要求正常发挥整体功能而做的联调试验，为集成系统集成试验、试运行等提供条件。通过系统试验要达到下述目标：

（1）验证通信系统的高可靠性、高安全性、高有效性能否满足信号系统、牵引供电系统、电力供电系统等通信需求。

（2）验证 CTC 系统、列控系统、联锁系统、信号集中监测系统功能的正确性、完整性和适应性。

（3）验证中心设备与车站设备之间的连通性和性能指标测试。
（4）验证列控系统地面设备与车载设备的功能完整性测试和性能指标测试。
（5）验证 GSM-R 系统传输车次号与 CTC 系统结合功能测试。
（6）验证轨道电路与牵引供电吸上线配合性能测试。
（7）验证系统防雷、接地、电磁兼容性能测试。
（8）验证 SCADA 子系统对电力、牵引供电设施及四电系统各设备用房的动力及环境参数的遥控、遥信、遥测功能，以及 SCADA 子系统与通信的传输网之间的接口能力。
（9）验证电力供电系统对四电系统内部各用电设备供电的可靠性、灵活性和匹配性。

2. 系统试验内容

系统试验主要包括以下内容：
（1）系统的全部功能性和性能性要求的试验；
（2）故障条件下的性能测试，例如转换为冗余硬件；
（3）故障发生后设备和系统的恢复。
系统试验具体内容见表 7-20。

表 7-20　系统试验具体内容

序号	试验项目	试验内容
1	传输系统与接入系统、调度通信系统、GSM-R 专用移动通信系统、数据网系统、应急通信系统间系统试验	接入系统 V5.2 接口测试、音频二线/四线接口测试、自动电话功能测试； GSM-R 专用移动通信系统数字通道迂回功能、主备用控制倒换功能、网管监控功能等； 数据网数字通道迂回功能、主备用控制倒换功能、网管监控功能等； 应急通信系统话音业务测试、静止图像传输功能测试、动态图像传输功能测试等
2	数据网与综合视频监视系统、会议电视电话系统间系统试验	综合视频监控系统图像功能测试、视频内容分析报警功能、图像检索、设备管理功能等； 会议电视电话系统编码/解码器传输性能测试、会议电视系统基本功能测试、会议电话基本功能测试等
3	GSM-R 专用移动通信系统与调度通信系统间系统试验	调度通信系统话路电平调节功能、网管监控功能、备用通道通话功能、音量调节功能、调度台全呼/组呼功能、主系统录音功能、数字通路旁路功能等；分系统功能试验包括录音功能、音量加减功能、单呼键/组呼键/全呼键功能/会议键功能等

续表

序号	试验项目	试验内容
4	综合视频监视系统与SCADA 系统间系统试验	综合视频监视系统与 SCADA 系统的联动性测试
5	电力供电系统与各用电设备间的供电试验	根据各用电设备的负荷等级，按照设计要求模拟可能发生的停电状态，试验供电的可靠性、灵活性和匹配性
6	CTC 系统中心设备与车站设备之间联调试验	列车及调车进路控制；按计划自动排列进路；临时限速及各种行车信息显示；车次号确认及列车运行自动跟踪；列车运行图管理；双通道、双网功能试验；遥控与非常站控模式切换测试等
7	GSM-R 系统传输车次号与CTC系统结合功能测试	GSM-R 系统与 CTC 系统通信通道测试；GSM-R 传输车次号正确率测试；GSM-R 传输的车次号与系统软件设定的车次号校核测试
8	列控系统地面设备与车载设备之间联调试验	连续信息（含道岔区段）接收测试；点式信息接收测试；各种进路模式应答器功能测试；防超速、防冒进信号功能验证；最高运行速度监控验证；临时限速功能验证；站间安全信息传输试验验证；常用制动与紧急制动测试；失电制动测试；CTCS2 与 CTCS0 级间切换测试；调车超速及调车危险试验；故障降级测试
9	车站列控中心与车站（中继站）列控中心之间联调试验	站间安全信息传输指标测试；站间联系、方向电路条件测试；临时限速信息传输测试；双通道切换测试；故障降级测试
10	轨道电路与牵引供电吸上线配合性能测试	接触网通电后，检验变电所内回流情况，并选择典型区段测试吸上线处轨道电路工作性能
11	车站信号集中监测与监测中心监测系统之间联调试验	车站监测主机与监测中心服务器数据传输测试；远程测试、远程诊断功能测试；与联锁、列控系统、CTC 结合功能测试
12	系统防雷、接地、电磁兼容性能测试	防雷系统性能测试；各子系统接地电阻值测试；电磁兼容功能检查及性能测试
13	牵引变电子系统与SCADA 联调	SCADA 与牵引变电子系统变电所、AT 所、分区所内本地监控系统及各设备间隔层间的控制保护、信号报警、电气参数测量和接触网运行情况的联合测试
14	电力供电子系统与SCADA 联调	SCADA 与铁路电力供电子系统变配电所内本地监控系统及各设备间隔层间的控制保护、信号报警、电气参数测量的联合测试

续表

序号	试验项目	试验内容
15	动力环境监控系统联调	主站对红外对射、烟雾报警等被控端功能的联合调试
16	接触网冷滑检测	接触网全部竣工后，应利用接触网检测车进行冷滑试验检测
17	送电试验	送电试验包括变电所、分区所、AT 所、接触网线路及设备的受电。通过送电试验，可检验系统设备及线路的性能和绝缘水平

7.5.5 集成试验

1. 集成试验目的

集成试验是指在试运行前进行的综合联调试验，集成试验要证明所有各系统接口之间的整体能力，检查所有经过成功测试的子系统是否可以连接在一起运行。集成试验合格后，被试验项目便可用作试运行。下述系统集成试验所描述的内容由业主组织实施，承包人配合并承担系统集成试验中四电系统自身缺陷所引起的相关责任。系统集成试验的费用不在本合同价格范围内。

进行集成试验所要达到的主要目的如下：

（1）对整个运营系统进行集成试验、评估，尤其是对弓网系统、综合调度系统、安全监控系统等需要进行重点测试和评估，以保证系统的安全性和可靠性。

（2）检查并测试特殊情况下各系统操作手册的应急预案是否可行。

（3）通过对集成试验的检测、评估，对整个系统能否安全开行达到设计速度的列车进行论证。

（4）在最真实的条件下对客运专线的各系统进行验证。

（5）为系统整体功能的实现、保证高效率及安全运作提供最准确的参考意见。

（6）实现各系统的有机整合。

（7）实现系统参数的相互配合和优化整改。

（8）实现对员工的培训。

（9）对系统指标和功能进行求证，以进行开通前的安全评估。

2. 集成试验的前提条件

（1）单系统调试和现场验收交接。

在单系统调试阶段，承包人的试验人员深入现场，认真阅读各系统的合同技术规格书、设计联络文件、设计文件、详细设计图以及施工情况，对单系统测试报告进行收集、了解，依据技术规格书和相关标准、规范的要求协助业主进行现场验收和交接工作，编制统一的现场验收交接程序，提出系统整改要求。

（2）初验。

在各系统验收交接完成后，为便于集成试验，应组织对本工程四电系统所有子系统进行初验，以对工程和系统进行评价。在单系统现场验收和交接的基础上，联合体将汇集各系统在验收交接过程中存在的问题，编制总初验报告，上报业主，对系统现状和存在问题进行评价，提出跟进和纠正措施建议；承包人将建立事故报告及改修行动系统，综合记录、追踪及监察各系统承包人是否有效解决技术遗留问题，履行其合同职责。

3. 集成试验内容

客运专线集成试验主要可分为四大类：一是动车及相关系统调试，二是车站系统调试，三是传输信道调试，四是综合调度中心功能调试。

动车及相关系统集成试验主要包括动车、轨道、桥梁、站场、环保、牵引供变电、接触网、车载设备和信号系统的集成试验。

车站系统集成试验主要包括信号系统、防灾安全监控系统、综合调度系统、票务管理信息系统、旅客服务信息系统、SCADA 系统以及给排水系统间的集成试验，主要进行就地级测试和车站级测试。

传输信道集成试验主要是通信传输子系统为其他系统提供传输信道的测试，包括信号系统、SCADA 系统、票务管理信息系统、旅客服务信息系统、防灾安全监控系统等。

综合调度中心系统主要有综合调度系统、信号系统、SCADA 系统、无线通信系统、票务管理信息系统、旅客服务信息系统、防灾安全监控系统和时钟系统。

车站级的功能测试完成后，就可以进行中央级的功能测试。

4. 集成试验主要内容

集成试验主要内容如表 7-21 所示。

表 7-21 集成试验主要内容

序号	集成试验项目	集成试验内容	集成试验的目标
1	电磁兼容测试	测试各种行车组织下强电对弱电系统的电磁兼容	检验在铁路电磁环境下各类弱电系统工作的稳定性

续表

序号	集成试验项目	集成试验内容	集成试验的目标
2	噪声、振动测试	各种行车组织下进行噪声和振动试验	检验各种行车组织下噪声和振动对周围居民、建筑物的影响是否超标，检验声屏障的效果
3	牵引变电所综合测试	机车负荷特性测试、电能质量测试、三相不平衡度测试、钢轨电位测试、分区所末端网压测试、继电保护试验进行	检验对外部电网的影响是否超标、供电系统设计是否合理、变电所的保护在各种运行工况下与机车保护的配合性和动作的准确性等
4	接触网动态检测	动车组在各种运行工况及线路条件下，进行弓网受流关系及各类参数测试、自动过分相测试	检验接触网的整体性能
5	通信通道与各系统接口测试	对通信系统为各系统提供的通信通道、时钟等功能进行测试，与既有系统、外部系统的接口试验	检查通信系统接口的正确性
6	ATP系统相关试验	对ATP车载设备的防溜逸功能、防空转功能、超速防护功能、临时限速功能等进行测试	检查系统功能的完整性及可靠性
7	CTC综合试验	运输计划与相关系统信息交换功能测试	检查系统功能的完整性及可靠性

5. 集成试验各项试验内容

1）电磁兼容测试

测试各种行车组织下强电对弱电系统的电磁干扰。

（1）接触网导线工频电场、磁场测试。试验内容主要包括不同工况条件下，接触网导线工频电场、工频磁场的空间分布特性及衰减特性。

（2）牵引变电所工频电场、磁场干扰测试。试验内容主要包括不同变压器布置形式、工况条件下，变压器所产生的工频电场、工频磁场的空间分布特性及衰减规律。

（3）电力机车运行产生的电磁辐射测试。试验内容主要包括电力机车运行产生的电磁辐射频谱特性研究，电磁辐射空间传播特性，电磁辐射随运行速度的特征变化研究等。

2）噪声、振动测试

机电系统噪声是电力机车在运行过程中，由于受电弓与接触网滑动接触产生火花放电而引起的电磁辐射噪声。

通过试验研究分析客运专线电磁辐射噪声的变化特性，为我国客运专线噪声防护设计提供依据。

试验内容主要包括电力机车运行产生的集电系统噪声频谱特性研究，弓网系统噪声空间传播特性，弓网系统噪声随运行速度变化的特征研究等。

3）牵引变电所综合测试

（1）机车负荷特性测试，主要内容包括：

① 测试电力机车及牵引供电系统内各监测点的电压水平，包括牵引变电所220 kV/110 kV 进线侧电压、牵引变电所馈线侧母线电压、供电臂末端电压（包括越区供电时的末端电压）以及电力机车主变压器原/副边电压及电机端电压。

② 测试电力机车及牵引供电系统内各监测点的电流值，包括牵引变电所220 kV/110 kV 进线侧电流、牵引变电所馈线侧母线电流、机车运行时的负荷电流及电机电流。

③ 研究和测试变电所和电力机车功率，包括牵引变电所 220 kV/110 kV 进线侧有功、无功、视在功率，牵引变电所馈线侧有功、无功、视在功率，电力机车上有功、无功、视在功率。

④ 研究和测试电力机车及牵引供电系统的负序与谐波，包括牵引变电所220 kV/110 kV 进线侧电压、电流及相位，牵引变电所 220 kV/110 kV 进线侧各次谐波电流，牵引变电所馈线侧各次谐波电流，牵引变电所补偿回路内各次谐波电流，电力机车主变压器原边各次谐波电流。

（2）控制保护系统试验，包括：

① 分别进行机车短路试验和接触网短路试验，检验变电所的保护与动车组保护的选择性和配合性，验证牵引变电所保护动作和牵引回路的正确性、完整性以及承受短路电流的能力，验证故障测距的准确性；验证机车在不同运行工况（启动、制动、再生等）下变电所保护动作的准确性。

② 对变电所内综合自动化系统的各项指标进行测试和研究，验证所有测试项目是否满足指标要求；验证在整个线路试验过程中及各种负荷冲击条件下，整个自动化系统能否正常工作。

4）接触网设备的综合性能试验

（1）接触网静态弹性测试，测试各种不同参数的接触悬挂的静态弹性。

（2）接触网安全参数检测，包括拉出值、接触导线高度、硬点、冲击、定位器坡度、线岔位置、锚段关节位置、跨距的测量。

（3）弓网受流性能测试，包括：

① 弓网动态接触压力测试。在动车组的 A 车和 B 车受电弓的弓头上各安装四个压力传感器和两个加速度传感器，用以测量滑板两端所受压力和滑板的动态加速度。

② 接触导线硬点和冲击加速度测试。在受电弓的滑板底面分别安装线路和垂直方向的加速度计，测量滑板运行中受到垂向和沿线路方向的冲击加速度。

③ 接触导线动态高度测试。在各受电弓上安装高度测量仪，测量接触导线的动态高度。

（4）弓网性能地面测试，包括：

① 接触导线动态抬升量测试。测试试验区段接触导线各环节（跨中、定位点、锚段关节）的动态位移，分析其最大抬升量、振动频率和衰减系数。

② 接触导线弯曲应力和振动加速度的测试（跨中）。

5）通信与各系统综合测试

（1）传输系统、数据网与运营调度系统：配合运营调度系统完成相关试验，如系统时延、数据误码率等，验证为运营调度系统提供的通信通道及接口的可靠性。

（2）传输系统、数据网与客运服务系统：配合客运服务系统完成相关试验，如系统时延、数据误码率等，验证为客运服务系统调试提供的通信通道及接口的可靠性。

（3）传输系统、数据网与防灾安全监控系统：配合防灾安全监控系统完成相关试验，如系统时延、数据误码率等，验证为防灾安全监控系统调试提供的通信通道及接口的可靠性。

（4）会议电视电话系统与既有会议电视电话系统结合的试验，包括：语音通话质量、图像质量、会议功能等。

（5）综合视频监控系统与客运服务系统结合的试验：包括图像播放功能、控制功能、报警功能、声音功能等试验。

（6）动车组及机车跨线试运行：GSM-R 系统调度通信功能、车次号传送功能等试验。

6）ATP 系统相关试验

（1）ATP 车载设备与 LKJ 监控装置通信测试、控车切换测试；制动过程中切换测试；控车交接区段临时限速结合测试；故障降级测试。

（2）与动车组和机车结合，验证防溜逸功能；测试该功能是否影响司机正常操作。

（3）人为制造机车空转条件，试验 ATP 防空转功能是否完善，是否影响司机正常操作。

（4）与 CTC 系统、牵引供电系统、动车组等结合，验证超速防护、临时限速等 ATP 有关的全部功能。

7）CTC 综合试验

（1）不同 CTC 系统之间运输计划交换测试；CTC 系统与 TDCS 系统之间运输计划交换测试；CTC 系统与 TDCS 系统基础信息交换测试；CTC 系统与部调度指挥系统中心设备的信息交换测试。

（2）CTC 系统与运营调度系统交换列车运行计划信息测试。

7.5.6 试运行

1. 试运行的目的

试运行是指由建设单位组织、相关建设单位及运营单位配合进行的对固定设备、动车组及运营程序的最终试验，以证明客运专线整体系统可投入运行。在这一阶段，列车将按公布的运营时刻表进行实际环境的运行，但不提供旅客商业运输服务。

2. 试运行的前提条件

（1）客运专线公司运营部门全面接管客运专线工程线路、车站、动车段、动车运用维修所和动车组存车场，完成“管理权、控制权、指挥权”三权移交。站务人员、司机、调度、工务、电务、综合维修人员全部在岗，按正常工作要求轮值。

（2）土木工程、供电设备、信号设备、通信设备、各机电设备、动车设备达到客运专线开通前的必备条件。各系统、设备通过由业主和监理主持的竣工测试，取得完整的系统、设备安装调试完工及验收报告和联合调试。

车站、桥隧、线路经限界车检查通过，满足高速动车组上线运行要求。

接触网完成冷滑试验、热滑试验、短路试验，并验收合格。

信号系统具备设计基本功能，完成信号系统单系统调试和与其他系统的联调，供货商提供安全证书。

通信系统完成调试，具备设计功能；实现车站－运营调度中心、列车－运营调度中心无线电覆盖范围测试；调度电话完成调试，具备设计功能；实现综合调度中心与各调度分机用户直接呼叫通话系统。

（3）施工作业按照运营线的相关规定执行。例行的设备、线路巡检和施工作业全部按相应的要点计划执行，试运营客运组织时间内，正线无影响行车的施工作业。

（4）车站出入口、站厅、站台的引导标志、安全标志及其他必需的指示标志及服务设施全部能够投入使用。

（5）运营组织机构已基本建立、健全；各种技术管理文本、制度、规定、办法编制完成并发布试用。

（6）动车段或者动车存车场按时刻表要求提供规定数量动车组，供客运专线试运营使用。

（7）客运专线行车组织规范及车站、司机、调度工种操作手册、应急处理等规章均发布实施；保证行车与客运组织工作安全运行所必需的工器具全部落实；站务人员、司机、调度人员经过培训，考试合格准予上岗并颁发上岗证。

（8）行车设备维护作业计划管理工作体系已经建立并具备实施条件。

（9）所有运营人员完成客运专线公司核准确定的各种运营演练桌面实施方案，及时跟进演练中暴露出来的问题和不足，具备一定的高速铁路运营客运和行车组织工作经验。

（10）对系统可能存在的安全风险做出合理的评估，确认没有任何不可接受的风险等级，即客运专线试运行开通以前已成功消除系统内所有高风险部分的危害（不可接受等级），从系统安全角度具备了试运行条件。

3. 试运行内容

（1）牵引供电系统综合性能试验。

在正常运营条件下进行牵引供电系统综合性能试验，系统性能试验（连续 14 天）确保牵引供电系统在正常的电气化运营期间的系统功能。

（2）信号系统综合性能试验。

信号集成系统安全性、可靠性、可用性、可维护性考验和验证。

CTC 系统实现了分散自律调度指挥的功能，与相邻线和铁路局或铁路总公司调度中心实现计划交换和信息共享。

列控系统和联锁系统配合实现监控列车安全运行的各项功能，对设计的最高速度、最小间隔进行验证。

信号集中监测系统实现集中监测、综合维修的各项功能测试验证。

参考文献

[1] 蒋先国．高速铁路四电系统集成[M]．成都：西南交通大学出版社，2012.
[2] 潘功书，邵嘉声，吕锡纲．高速铁路四电系统集成实践与探索[M]．北京：中国铁道出版社，2014.
[3] 高仕斌．轨道交通电气工程概论．北京：科学出版社，2013.
[4] 李志亮．高速铁路“四电”系统集成接口管理探讨[J]．价值工程，2015（28）.
[5] 张磊．铁路专线四电系统集成的安全性探讨[J]．山西建筑，2015（20）.
[6] 李宝山，刘志伟．集成管理：高科技时代的管理创新[M]．北京：中国人民大学出版社，1998.
[7] 郭进．铁路信号基础设备[M]．成都：西南交通大学出版社，2008.
[8] 樊东．关于高速铁路技术体系的工程技术分析[J]．科协论坛（下半月），2011（09）.
[9] 武国梁．客运专线“四电”集成施工设计阶段牵引供电与相关专业接口浅析[J]．中国西部科技，2011（23）.
[10] 王峰．高速铁路工程系统接口技术研究[D]．中国铁道科学研究院，2013.
[11] 李海滨．高速铁路四电工程土建预留接口检查关键环节研究[J]．铁路通信信号工程技术，2012（06）.
[12] 刘瑞．高速铁路项目施工技术管理应用性探讨[J]．科技与企业，2012（22）.
[13] 吴太平．浅议高速铁路四电集成与接口[J]．铁道勘测与设计，2012（05）.
[14] 孙登攀．高铁四电集成系统接口管理常见问题分析[J]．山西科技，2012（02）.
[15] 祝晓红．高速铁路“四电”系统集成接口管理探讨[J]．现代城市轨道交通，2017（01）.
[16] 王海龙．客运专线通信信号系统集成接口管理研究[J]．铁路通信信号工程技术，2011（04）.
[17] 张汉波．郑西客运专线的四电系统集成与创新技术[J]．铁道建筑技术，2010（07）.
[18] 张磊．铁路专线四电系统集成的安全性探讨[J]．山西建筑，2015（20）.
[19] 张秀广．京津城际铁路信号系统集成[J]．铁路通信信号工程技术，2008（05）.

[20] 刘结平. 京沪高速铁路旅服系统集成管理平台路局集中方案[J]. 铁路通信信号工程技术，2012（05）.
[21] 杨海超. 京津城际轨道交通工程的接口管理[J]. 铁路通信信号工程技术，2010（01）.
[22] 刘家美，何正友. 郑西客运专线四电系统集成的安全性分析[J]. 铁道标准设计，2013（12）.
[23] 王立春. 合蚌高铁通信系统与四电等系统接口设计分工[J]. 铁路技术创新，2013（03）.
[24] 孙登攀. 高铁四电集成系统接口管理常见问题分析[J]. 山西科技，2012（02）.
[25] 胡晓红. 加强高速铁路“四电”工程合同管理的措施[J]. 铁路工程造价管理，2011（04）.
[26] 张新芳. 京津城际铁路通信系统集成方案及关键技术[J]. 铁道通信信号，2009（11）.
[27] Zhang Yi, Jianguo Wang, Yadong Fan, Mi Zhou, Li Cai. Grounding Impedance Measurement of High Speed Railway Integrated Grounding System[J]. Journal of Power and Energy Engineering, 2015 (04).
[28] Qizhou Hu, Ningbo Gao, Bing Zhang, Yongjun Shen. High Speed Railway Environment Safety Evaluation Based on Measurement Attribute Recognition Model[J]. Computational Intelligence and Neuroscience, 2014.
[29] W. Y. Liu, J. G. Han, X. N. Lu. A high speed railway control system based on the fuzzy control method[J]. Expert Systems With Applications, 2013 (15).
[30] Xionghui Tang, Chengnian Long, Bo Yang, et al. A Seamless Fast Handover Scheme Based on Dual-Antenna in GSM-R Systems[J]. Energy Procedia, 2012.
[31] Zhengyou H, Haitao H, Yangfan Z, et al. Harmonic Resonance Assessment to Traction Power-Supply System Considering Train Model in China High-Speed Railway. Power Delivery, IEEE Transactions on.. 2014.